KB213786

창세기 적용과 실천

변화를 만드는 성경 1
창세기 적용과 실천

초판 1쇄 인쇄 2025년 1월 20일
초판 1쇄 발행 2025년 1월 25일

지 은 이 | 김완섭
펴 낸 이 | 오복희

펴 낸 곳 | 도서출판 개혁과회복
등록번호 | 제2018-000044호
등록일자 | 2018년 4월 12일
주   소 | 서울특별시 송파구 마천로 100 C동 402호(오금동)
편 집 부 | 010-6214-1361
관 리 부 | 010-8339-1192
팩   스 | 02-3402-1112
이 메 일 | newvisionk@hanmail.net

디 자 인 | 참디자인

ISBN 979-11-89787-52-3 (04230)
        979-11-89787-51-6 (세트)

JMDC 경건훈련도서

창세기
적용과 실천

김완섭 지음

변화를 만드는 성경 1

도서출판
개혁과회복

변화를 만드는 성경

『변화를 만드는 성경』 시리즈는 성경개론, 묵상, 설교자료, 삶에 적용, 실천, 변화까지 만들어주는 경건훈련을 겸한 성경안내서입니다. 어떻게 그것이 가능할까요? 모든 초점을 오로지 변화에만 맞추면 그렇게 될 수 있습니다. 개론적인 부분도 적용과 변화가 가능한 정도까지를 종합하여 제시합니다. 묵상은 좀 더 근본적인 접근방법으로 인하여 하나님 중심적인 시각으로 자신과 세상을 바라볼 수 있게 만들어줍니다. 현실적으로 활용이 가능한 설교의 자료들을 풍부하게 제공합니다. 구약이든 신약이든 제자로서의 삶을 이끌어줄 수 있도록 적용하는 일에 초점을 맞춥니다. 결국 『변화를 만드는 성경』 시리즈를 창세기부터 꾸준하게 읽고 적용하다가 보면 자신도 모르는 사이에 시각이 바뀌고 삶이 서서히 변화되어 그리스도의 제자로서의 영성을 얻게 될 것입니다. 마치 새로운 성경을 보는 것 같은 생각도 들 것입니다.

성경을 대하는 방법은 여러 가지가 있지만 그 모든 것을 종합하면 성경을 읽거나 묵상하거나 공부하는 목적은 적용과 실천이라고할 수 있습니다. 물론 신학적인 입장에 따라 다양한 해석이 나오는 것은 사실이지만 말씀의 흐름과 목표의 범위를 크게 벗어나서는 안 될 것입니다. 본 시리즈의 목적은 그런 말씀의 원리를 어떻게 실제 삶 속에 적용하고 실천할 것인가에 대한 고민으로부터 출발했습니다. 그런 고민을 안고 기획하고 집필하다가 이런 형태의 안내서가 완성되었던 것입니다.

신앙은 삶과 유리될 수 없습니다. 삶에서 떨어져서 신앙 자체만을 고수하려고 하는 순간 우리는 말씀의 본질을 잃어버리게 될 것입니다. 물론 한시적으로 현실을 벗어나서 영성에 집중할 수는 있겠지만, 기본적으로 삶에 뿌리를 두어야 진정한 영성이 이루어질 수 있습니다. 그런데 많은 경우에 말씀을 삶에 적용하는 데 어려움을 느끼고 있습니다. 그것은 교회 안에서만 머무르려고 하는 시도와 깊이 연결되어 있습니다. 어떻게 참다운 신앙을 세상 속에서 살릴 것인가에 대해서 낯설어하는 것이 오늘날의 현실입니다. 이 책은 그런 면에서 하나의 모델이 될 수 있을 것입니다.

『변화를 만드는 성경』 시리즈는 성경 전체를 총 32권에 나누어서 날마다 한 장씩 성경을 읽고 묵상하고 적용하면서 은혜를 받고 변화될 수 있도록 기획된 특별한 목적의 책들입니다. 현실적인 신앙생활에 적용이 가능하도록 해설한 족집게 식 개론과 다른 시각으로 생각하도록 기획한 묵상과 실천적인 문제제시로 이루어진 이 책을 사용한다면 평이한 성경통독이나 묵상을 대체할 수 있는 뛰어난 안내가 될 수 있고, 하나님의 말씀의 귀한 양식을 취할 뿐만 아니라 소화까지 완벽하게 이루어냄으로써 날마다 하나님을 새롭게 만나게 되며 나날이 신앙이 성장해가는 경험을 할 수 있을 것입니다.

이 책은 교회 안에서 소그룹으로 활동하게 만들어도 교회에 많은 변화가 올 것입니다. 성경묵상이나 공부가 아니라 실천서이기 때문입니다. 매일 성경 한 장 속에 두세 가지 적용과 실천사항이

제공되는데 매일 감당하지 못하면 한 주에 한두 가지만 실천을 시도해도 자연스럽게 큰 변화가 올 것입니다. 다만 소그룹으로 진행할 때에는 반드시 성도들 스스로 해당되는 부분을 미리 온전하게 준비해야만 그 효용성이 나타날 것입니다. 자신이 소화하지 못한 말씀은 아무리 그럴 듯하게 감동적으로 듣더라도 거의 자기 것이 되지 못합니다. 신앙지식적인 면에서도 당연하지만 변화라는 측면에서는 오히려 그 변화를 훼방하게 될 뿐입니다. 자신이 소유한 것을 지체들과 나눔으로써 그 말씀이 객관화될 수 있고 온전하게 신앙의식 속으로 녹아들어갈 수 있을 것입니다.

다만 『변화를 만드는 성경』 시리즈는 주석이나 연구서가 아닙니다. 깊이 있는 신학적인 요구사항을 가지고 본다면 만족하기 어려울 것입니다. 적용 대상은 기본적으로 일반 성도들입니다. 그렇다고 목회자나 설교자에게 도움이 되지 않는 것은 아닙니다. 순수하게 신앙이라는 관점에서 작성한 내용들이기 때문입니다. 따라서 목회자라고 할지라도 마음을 열고 이 책을 진지하게 독파해나간다면 주님께서 더욱 기뻐하시는 제자로서의 삶을 살 수 있게 될 것입니다.

『변화를 만드는 성경』을 잘 활용하려면

무슨 교육이나 훈련이든지 간에 활용방식에 따라 엄청난 차이가 나타납니다. 똑같은 훈련이라도 접근방식과 훈련방식에 따라 큰 차이가 있습니다. 전혀 효과적이지 않을 수도 있고 너무나도 크게 변화될 수도 있습니다. 다음과 같은 방식을 그대로 따라간다면 반드시 놀라운 변화를 경험하게 될 것입니다.

1. 이 책을 대하기 전에 반드시 성경의 해당본문을 먼저 정독할 것을 권합니다. 원본인 성경의 내용을 파악하기 위해서입니다.

2. 이 책의 각 단원의 본문 개론, 본문 구성, 본문 적용까지를 읽습니다. 이 책에서 제시하는 구체적인 방향을 알기 위해서입니다.

3. 그 다음에 성경본문을 다시 한 번 정독합니다. 이제 이 책의 방향이 더 뚜렷해지고 묵상과 적용을 위한 준비가 됩니다.

4. 지금부터 이 책의 각 소제목의 내용을 읽고 묵상하고 적용해 나갑니다. 소제목은 2~3가지가 제시되는데 각 소제목들의 해당부분을 충분히 소화합니다.

5. 마지막으로 종합적으로 '하나님의 마음', '오늘 받은 은혜', '실천을 위한 도전'을 진행합니다.

6. '실천을 위한 도전' 부분은 반드시 먼저 성령님께 간구하여 깨닫게 해달라는 기도 후에 깊이 묵상하시기 바랍니다. 질문만으로는 자신의 신앙현실을 깨닫기가 쉽지 않기 때문입니다.

마지막으로 꼭 당부하고 싶은 것은 기존에 가지고 있는 생각을 다 내려놓기를 바랍니다. 비현실적인 내용을 현실적으로 적용하려면 선입견을 버려야 하기 때문입니다. 신앙이 자라지 못하는 이유는 고정관념 때문인 경우가 많습니다. 열린 마음, 긍정적이고 변화를 소망하는 마음으로 이 책을 진행해나감으로써 신앙의식이 변화되어 생각이 바뀌고 언어와 행동과 삶이 변화되는 모든 분들이 되시기를 간절히 바랍니다. 이 책을 사용하는 모든 분들을 축복합니다.

차 례

적용과 실천을 위한
창세기

창세기 개관

구약성경의 첫 부분은 모세오경인데 이것을 히브리어로는 토라 (Torah)라고 부릅니다. 이 토라는 '던져진 것'이라는 뜻인데 후에 지시, 교훈, 율법 등의 의미로 사용하게 되었고, 이것이 곧 모세오경을 가리키는 고유한 명칭으로 널리 불리게 된 것입니다. 창세기의 첫 구절은 베레쉬트(Bereishit, 태초에)인데, 따라서 유대인들은 창세기를 '베레쉬트'라고 불렀습니다. 그 후 70인역에서 창세기를 게네시스(Genesis)라고 불렀는데 이것은 계보, 세대, 기원, 생성 등의 뜻을 가지고 있고 이것을 따라서 창세기를 '게네시스'라고 부르게 되었던 것입니다.

창세기는 기원을 나타내는 책으로, 먼저 여호와 하나님의 존재에 대하여 명확하게 제시함으로써 성경말씀이 천지를 창조하신 여호와 하나님으로부터 직접 비롯되는 것임을 밝히는 책입니다. 그렇기 때문에 창세기는 우주와 인류의 기원을 밝힐 수 있는 유일한 책인 것입니다. 만약에 창세기가 없었다면 오늘날 우리가 가지고 있는 기독교신앙의 근거가 사라지는 것과 동일하게 되며, 인간이 지니고 있는 다른 모든 종교적 유산의 일부로서의 기능 밖에는 감당할 수 없게 되었을 것입니다. 창조의 기원, 인류의 기원, 가족형성의 기원, 죄의 기원, 히브리 민족의 기원, 구속사역의 기원을 말씀하심으로써 비록 인간이 타락했을지라도 하나님께서는 여전히 인간을 사랑하시고 인간과 늘 함께 하심으로 인간을 구속하시는 하나님의 계획을 보여주시는 것입니다. 오직 하나님의 주권 안에 있을 때에만 인간의 존재의미가 있다는 것입니다.

창세기는 또 다른 의미에서는 열쇠라고 할 수 있습니다. 성경에 담겨있는 모든 계시의 비밀의 문을 열 수 있는 열쇠라는 말입니다. 성경 속에 담겨있는 각종 비유와 은유, 심지어 많은 해석의 여지가 풍부한 요한계시록조차도 창세기가 빠진다면 결코 그 비밀을 풀 수 없습니다. 또한 창세기는 관계의 시작을 이야기하고 있습니다. 하나님과 사람의 관계, 사람과 사람의 관계, 사람과 자연의 관계의 본질을 이야기하고 있는 것입니다. 그런 의미에서 창세기는 마치 모든 생명체의 근본인 땅과도 같은 기능을 하고 있습니다.

창세기를 비롯하여 모세오경의 저자는 당연히 모세입니다. 몇 군데를 제외하면(출 17:14, 24:14, 신 31:24~26 등) 모세는 줄곧 '나'라는 일인칭대명사가 아니라 '그'라는 삼인칭대명사를 사용합니다. 그러나 이것은 모세가 저자가 아니라는 말이 아니라 이스라엘 민족의 역사를 하나님께서 주관하신다는 관점을 유지하기 위한 것이라는 이야기입니다.

다른 모세오경과 마찬가지로 저작 시기도 출애굽에서부터 모세가 최후를 맞이하는 느보산에 이르기까지의 40년 중의 어느 시점이라고 할 수 있는데, 연대로는 B.C.1446년~1406년 사이의 기간 중입니다. 이때 우리나라는 B.C.2333년에 단군이 고조선을 건국하고 난 후 청동기 시대를 지내오고 있었습니다. 그 후 고조선은 B.C.108년에 멸망하였습니다.

제1부 원시역사

제2부 선택된 가족

적용과 실천을 위하여

창세기는 기원(시작)의 책이라고 했습니다. 그와 동시에 창세기는 뿌리의 책이라는 사실도 생각해야 하겠습니다. 뿌리란 무엇입니까? 뿌리는 근원입니다. 식물로 말하자면 이 뿌리가 사라지면 그 식물의 존재 자체가 성립되지 않습니다. 창세기를 믿지 못하면 뿌리가 없어지는 것이기 때문에 기독교 복음과 신앙 자체가 무의미해지는 것입니다. 우리는 지금 창세기에 기록된 여호와 하나님을 믿고 있습니다. 하나님을 말씀 그대로 믿지 못한다면 그냥 잠깐 있다가 썩어져가는 일반 생명체와 다를 것이 전혀 없다는 사실을 알아야 합니다. 창세기를 읽을 때에는 그래서 우리의 신앙과 삶의 뿌리를 캔다는 마음으로 읽어야 실제로 적용이 가능하게 될 것입니다. 단지 조상의 옛 이야기로 읽는다면 그것이 우리에게 무슨 유익이 되겠습니까? 그래서 창세기는 우리에게 실제로 일어나는 이야기라야 하는 것입니다.

또 하나, 우리가 창세기를 읽으면서 어떤 전제를 가지고 있어야 하겠습니까? 창세기에는 주의 천사, 하나님의 사자, 하나님의 영이라는 용어가 자주 등장합니다. 그것은 구약에서만 나타나는 하나님의 임재 방식일까요? 그렇다면 구약은 하나의 전설이나 설화에만 그치게 만들지도 모릅니다. 우리가 창세기를 읽고 적용하려고 할 때 구약의 방식을 오늘날에도 그대로 사용하신다는 점을 믿어야 합니다. 물론 직접 천사가 나타나지는 않습니다만, 하나님은 이미 성령님과 성경말씀을 통하여 하나님의 마음과 뜻을 모든 백성들에게 계시하셨습니다. 이 때 하나님의 말씀을 어떻게 받아들이는가에 따라서 적용이 가능할 수도 있고 불가능할 수도 있습니다. 무슨 말인가 하면, 하나님의 말씀을 우리 자신에게 직접 주신 것으로 받아들인다면, 우리는 충분히 그 말씀을 적용하고 실천할 수 있게 된다는 것입니다. 구약이든 신약이든 성경말씀을 직접 하나님께서 말씀하신 것으로 받는 것이 변화와 성장의 전제조건입니다. 창세기를 통하여 우리 신앙의 본질과 생명력을 되찾는 시간이 되시기 바랍니다.

본문 개론

창세기 1장은 물론 창조의 책입니다. 이 창조에는 무에서 유를 새로 만드신 것, 생물에게 생명의 근원인 능력을 주시는 창조(종족 보존), 전혀 존재하지 않았던 영적 존재의 창조라는 세 가지 의미를 모두 담고 있습니다. 그리고 하나님의 창조를 상세하게 생각해보면 하나님의 뚜렷한 계획과 조화로운 질서를 엿볼 수 있는데, 첫째 날에서 셋째 날까지의 창조, 곧 우주, 빛, 궁창, 바다와 육지와 식물의 창조는 결과적으로 그 다음의 창조를 위한 준비 작업이었다는 것을 알 수 있습니다. 그것은 넷째 날에서 마지막 날까지의 해와 달과 별의 창조, 새와 물고기의 창조, 짐승과 사람의 창조를 위한 전제조건이었습니다. 그만큼 하나님의 창조는 빈틈이 없었습니다. 모든 창조는 다음 창조의 준비단계였던 것입니다.

한편 하나님은 순전히 말씀으로 창조하셨습니다. 천사나 하나님의 사자에게 명하심으로써 만물을 창조하신 것이 아니었습니다. 물론 그 때에는 이미 천사가 있었고 마귀도 존재하던 때였습니다. 그럼에도 불구하고 하나님께서 말씀으로 창조하신 것은 말씀의 능력과 말씀의 생명력을 깨우치시고 하나님 자신이 인격적인 존재이심을 가르치심과 동시에 그렇기 때문에 하나님의 말씀에 인간이 순종해야 함을 가르쳐주신 것이었습니다.

본문 적용

　하나님께서 사람을 지으실 때 하나님의 형상을 따라 하나님의 모양대로 만드셨습니다. 그리고 생육하고 번성하여 모든 생물을 다스리라고 하셨습니다. 생물을 다스릴 때 하나님의 형상과 모양을 따라 다스리게 하신 것입니다. 인간의 사명과 원리를 말씀하신 것입니다. 무조건 임의대로 자기 생각대로 세상을 다스리는 것이 아닙니다. 그러면 목적은 무엇입니까? 하나님께서 창조하신 세계를 그 창조하신 본래의 모습대로 보존하시는 것입니다. 자연세계만이 아닙니다. 인간의 본성을 하나님께서 주신 그대로 잘 보존하는 것이 중심입니다. 그것이 되면 자연은 자연스럽게 보존되기 때문입니다. 목적도 중요하지만 과정과 방식도 똑같이 중요합니다.

그리스도인이 어떻게 세상을 살아야 할지에 대해서 깊은 원리를 가르쳐주신 것입니다.

❶ 매일같이 새 날을 창조하라.

> **핵심구절** : "하나님이 이르시되 내가 온 지면의 씨 맺는 모든 채소와 씨 가진 열매 맺는 모든 나무를 너희에게 주노니 너희의 먹을거리가 되리라 또 땅의 모든 짐승과 하늘의 모든 새와 생명이 있어 땅에 기는 모든 것에게는 내가 모든 푸른 풀을 먹을거리로 주노라 하시니 그대로 되니라"(창 1:29~30)

당신은 매일 아침 또는 새벽에 잠에서 깨어 일어납니다. 그날은 어제의 그날이 아닙니다. 완전히 새롭게 만들어져야 할 새 날입니다. 우리는 언제나 새로운 날을 맞이하면서 살아가고 있습니다. 어제와 연속선상에 있지만 우리의 삶은 새로운 창조를 기다리고 있습니다. 당신이 어떤 선택을 하는가에 따라 새 날의 성격도 완전히 달라집니다. 하나님의 창조원리를 따라 살게 되면 새 날은 완전한 날이 되고 창조의 사실을 잊어버리고 단지 반복되는 날로 살면 새 날은 아무 것도 아닌 날이 될 수도 있습니다.

하나님의 창조는 신비하고 이해하기 어렵지만 새로운 날을 창조원리대로 살면 하나님의 창조가 우리의 삶 속에서 다시 일어나는 것입니다. 놀랍지 않습니까? 세상이 혼돈하고 공허할 때 하나님께서 신비한 능력으로 천지를 창조하셨는데 우리 그리스도인들의 삶 속에서 또다시 창조가 일어난다는 사실이요? 그 창조는 오롯이 당신의 몫입니다. 당신의 선택에 달려있습니다. 하나님의 창조를 믿는다면 자신만의 창조를 매일같이 이루어가야 할 것입니다. 창조적으로 사는 것은 능력이 아니라 적극적, 우선적으로 새로운 창조를 이루어가라는 말입니다. 이웃사랑도 새로운 창조라야 합니다. 그럴 때 우리 자신도 날마다 새로워지게 되는 것입니다.

"그러므로 우리가 낙심하지 아니하노니 우리의 겉사람은 낡아지나 우리의 속사람은 날로 새로워지도다"(고후 4:16)

적용하기 : 당신은 매일매일의 삶에 대해서 어떤 태도를 가지고 있습니까? 창조적입니까? 반복적입니까? 아니면 비관적입니까?

❷ 헛된 무생물인가, 영생하는 피조물인가?

핵심구절 : "하나님이 이르시되 우리의 형상을 따라 우리의 모양대로 우리가 사람을 만들고 그들로 바다의 물고기와 하늘의 새와 가축과 온 땅과 땅에 기는 모든 것을 다스리게 하자 하시고 하나님이 자기 형상 곧 하나님의 형상대로 사람을 창조하시되 남자와 여자를 창조하시고 하나님이 그들에게 복을 주시며"(창 1:26~28上)

오늘날 사람들은 자신을 스스로 무생물과 우연의 산물로 여기고 있습니다. 유기물이 수많은 환경의 변화를 통하여 아주 우연히 단세포생물이 되었고 또다시 수천만 번의 우연을 통하여 고등생물로 진화하였는데 적자생존과 약육강식의 반복의 원리를 통하여 점점 발전하여 오늘의 인간이 되었다고 주장하는 것입니다. 이 사상은, 사실은 가설에 불과합니다만, 인류사회와 국가의 역사에서 반복되어왔던 현상과 흡사합니다. 사람들은 적자생존과 약육강식을 당연하다고 생각합니다만, 그것은 하나님의 창조원리를 정면으로 거스르는 일임을 알아야 합니다.

세상은 생존경쟁이 펼쳐지는 현장이라고 생각하지만 하나님은 생존경쟁으로 살아남기를 원하셔서 천지를 창조하신 것이 아닙니다. 하나님은 생존경쟁을 펼치지 않아도 잘 살 수 있도록 창조하셨고, 또 비록 인간의 타락으로 적자생존과 약육강식의 원리가 활개를 친다고 해도 그리스도인들은 그런 원리가 아니라 사랑과 용서의 원리로 세상을 살기를 원하고 계십니다. 그래서 그리스도께서 십자가에서 죽으신 것이 아닙니까? 진화론을 믿지 않더라도 진화론에서 주장하는 생존의 방식대로 살고 있다면 그것은 하나님의 창조섭리에 어긋난다는 사실을 생각하시기 바랍니다.

"서로 친절하게 하며 불쌍히 여기며 서로 용서하기를 하나님이 그리스도 안에서 너희를 용서하심과 같이 하라"(엡 4:32)

적용하기 : 당신은 하나님의 창조원리를 따라 살고 있습니까? 아니면 생존경쟁에서 이겨내기 위해 살고 있습니까?

하나님의 마음

창세기 1장을 읽는 당신을 향한 하나님의 마음을 떠올려보십시오. 쉽게 생각나지 않을 수도 있습니다만, 우리는 우리 자신을 향한 하나님의 마음을 늘 생각하는 사람이 되어야 합니다.

오늘 받은 은혜

전체적으로 당신이 받은 은혜와 느낌을 기록해보십시오.

실천을 위한 도전 (기도하여 성령님의 인도하심을 받으십시오.)

하나님의 사랑과 예수님의 용서에 비추어볼 때 오늘 창조적으로 살 수 있는 한 가지 실천 아이디어를 이야기하십시오. 먼저 행하는 것이 창조적으로 사는 비결입니다.

본문 개론

창세기 1장에서는 시간의 흐름에 따라 창조의 모습이 기록되었지만, 2장부터는 인간이 중심에 위치하고 그 인간 자신으로부터 시작하여 인간의 외부환경으로까지 이야기가 전개됩니다. 2장도 역시 여러 가지 시작을 알리고 있는데, 최초의 안식, 최초의 동산, 최초의 금령(선악나무 열매 금지), 최초의 혼인 등을 제시함으로써 인간의 삶에 대한 분명한 근거와 원칙을 제공하고 있습니다. 이스라엘에게 명하신 안식일의 근원이 나오는데, 하나님은 여섯째 날까지 하늘과 땅의 모든 작품들을 완성하셨으며 더하거나 뺄 것도 없고 하나님께서 스스로 창조에 대해 아주 만족하셨습니다. 그래서 하나님은 이 날을 복되게 하시고 거룩하게 성별하셨던 것입니다.

제2장에서 또 다른 중요한 개념은 에덴동산입니다. 하나님은 인간과 에덴동산에서 더 깊은 사랑의 교제를 나누시고 인간으로부터 찬양과 영광을 받기를 원하셨습니다. 그러므로 인간은 자기 삶의 주인이 하나님이시고 항상 감사 찬양하며 동산을 지키라는 본분을 신실하게 지켜야 했습니다. 그러나 사람은 그것을 위하여 하나님께서 금하신 단 하나의 명령에 불순종하는 결과를 가져오고야 말았습니다. 선악나무의 실과를 먹지 말라는 말씀을 행위언약이라고

표현하는데, 이것은 은혜언약과는 달라서 그것을 어길 경우에 회개하여 돌이킬 수 있는 여지가 전혀 없는 계약이었습니다. 하나님은 전적으로 하나님 안에서만 거하기를 바라십니다. 그래서 가정을 주셨습니다.

일곱째 날에 안식하시다.   (1~3)
그때의 땅의 형편   (4~6)
인간창조와 에덴동산의 창설   (7~15)
선악나무 열매를 금하심   (16~17)
아담의 배필을 만들어주심   (18~25)

모든 것이 하나님의 섭리요 사랑입니다. 하나님의 뜻을 분별하려면 창세기 2장으로 돌아와야 합니다. 가정이 어려울 때, 하나님과의 관계가 희미해질 때, 사명을 감당하다가 고난이 올 때, 인간관계가 악화될 때에도 창세기로 돌아와야 합니다. 그 하나님의 사랑 안에서 안식일, 회복해야 할 에덴동산, 그것을 위한 우리의 섬김, 선악열매에 대한 새로운 깨달음과 적용, 배필을 주시고 가정을 허락하신 하나님의 계획을 다시 새기고 문제가 생길 때마다 창세기의 본질로 돌아와야 하겠습니다. 그것이 하나님의 계획이니까요.

❶ 완전한 안식을 누려야 산다.

핵심구절 : "천지와 만물이 다 이루어지니라 하나님이 그가 하시던 일을 일곱째 날에 마치시니 그가 하시던 모든 일을 그치고 일곱째 날에 안식하시니라 하나님이 그 일곱째 날을 복되게 하사 거룩하게 하셨으니 이는 하나님이 그 창조하시며 만드시던 모든 일을 마치시고 그 날에 안식하셨음이니라"(창 2:1~3)

하나님은 천지를 창조하시는 사역을 6일 만에 마무리하시고 나서 안식하셨습니다. 이 안식은 단순한 쉼이 아니라는 사실에 주목해야 할 것입니다. 왜냐하면 하나님은 창조사역을 '마치신 후'에 안식하신 것이기 때문입니다. 곧 다음 일을 위한 충전이나 피로한 몸을 회복하기 위해 쉬신 것이 아니라는 말입니다. 안식은 모든 일을 마친 후에 그 일을 내려놓는 것을 의미합니다. 곧 완전해진 것을 뜻합니다. 완전해진 다음에는 따로 더 보충하거나 연달아서 일을 할 필요가 없습니다. 그런 마음이 안식인 것입니다.

당신은 어떤 안식을 누리고 있습니까? 안식을 충분히 누리고 있다고 생각하는 사람은 별로 없을 것입니다. 때로는 주일에 교회에 가서 예배드리는 일을 안식한다고 생각할 것입니다. 그러나 그것은 온전한 안식이라고 할 수는 없습니다. 우리의 안식은 하나님의 안식을 따라가는 것인데 그것은 일을 완전하게 만든 후의 안식이기 때문입니다. 곧 하루를 마치든 한 주의 6일을 마치든 그 일로 완전해진 것을 믿는 안식이라야 하는 것입니다. 물론 다음 날 일을 계속할 것입니다. 하지만 그날그날 최선을 다함으로써 만약에 그날 죽더라도 후회 없는 삶을 사는 것을 의미합니다. 안식이란 일을 완전하게 만든 후에 느낄 수 있는 복이기 때문입니다. 얼마만큼 일을 한 것이 중요한 것이 아니라 어떤 마음가짐인가 하는 점이 중요합니다.

적용하기 : 당신은 안식을 누리고 있습니까? 그렇다면 어떤 안식을 누리면서 살았습니까?

❷ 당신이 세상을 다스려라!

핵심구절 : "하나님이 그들에게 이르시되 생육하고 번성하여 땅에 충만하라, 땅을 정복하라, 바다의 물고기와 하늘의 새와 땅에 움직이는 모든 생물을 다스리라 하시니라 … 여호와 하나님이 땅의 흙으로 사람을 지으시고 생기를 그 코에 불어넣으시니 사람이 생령이 되니라 여호와 하나님이 동방의 에덴에 동산을 창설하시고 그 지으신 사람을 거기 두시니라 … 여호와 하나님이 그 사람을 이끌어 에덴동산에 두어 그것을 경작하며 지키게 하시고"(창 1:28下, 2:7~8, 15)

요한계시록에 보면 마지막 때에 하나님은 끝까지 이긴 자들에게 열두 지파를 '다스리는' 권세를 주신다고 하셨습니다. 다스리는 권세란 무엇일까요? 왕좌에 앉아서 명령하고 가르치는 권한일까요? 다스림이란 일반적으로 통치하는 것을 뜻하지만 다른 의미로는 섬김과 관리로 볼 수 있습니다. 예를 들어 꽃씨를 땅에 심고 그 꽃을 다스린다고 하면 그것은 무엇을 뜻할까요? 씨를 심고 물을 주고 싹이 나면 잘 자랄 수 있도록 돌보는 것을 의미합니다. 하나님은 아담에게 에덴동산을 다스리고 지키게 하겠다고 하셨습니다. 무슨 뜻입니까? 아담으로 하여금 에덴을 돌보도록 하신 것입니다. 곧 아담은 하나님의 동역자로서 사명을 받았던 것입니다.

그렇다면 하나님께서 아담에게 주신 사명은 곧 우리들의 사명입니다. 비록 인간의 타락으로 말미암아 세상이 죄로 더럽혀졌지만 그럼에도 불구하고 하나님의 창조섭리의 관점에서는 아담에게 명하신 다스림의 사명이 우리에게 주어져 있는 것입니다. 왜냐하면 우리는 그리스도의 십자가로 말미암아 원래 아담을 회복한 사람들이기 때문입니다. 죄를 씻어주시고 회복시켜주셨다면 우리의 사명도 회복하신 것입니다. 그것이 세상을 다스리는 일이고 곧 섬김과 돌봄인 것입니다. 많은 환경들 앞에 놓여있지만 그리스도인은 여전히 세상을 다스리는 사람들입니다. 다스림의 본질과 원리를 이해하고 하나님의 뜻을 따라 살아가는 사람들인 것입니다.

"너희는 그렇지 않을지니 너희 중에 큰 자는 젊은 자와 같고 다스리는 자는 섬기는 자와 같을지니라"(눅 22:26)

적용하기 : 당신은 어떤 관점으로 세상과 사람들을 바라보고 어떤 방식으로 다스리고 있습니까? 그리고 당신을 향한 하나님의 사명을 어떻게 감당하며 사람들을 변화시키겠습니까?

하나님의 마음

안식과 다스림과 관련하여 당신을 향한 하나님의 마음을 아담에게서 떠올려보십시오. 아담을 향한 하나님의 마음이 당신을 향한 하나님의 마음입니다.

오늘 받은 은혜

전체적으로 당신이 받은 은혜와 느낌을 기록해보십시오.

실천을 위한 도전 (기도하여 성령님의 인도하심을 받으십시오.)

하나님의 창조섭리에 비추어볼 때 오늘 세상을 다스릴 수 있는 한 가지 실천 아이디어를 이야기하고 행해보십시오.

본문 개론

죄를 저지른 이후의 아담과 하와는 두려움과 반목과 질시, 책임 회피나 전가와 같은 모습으로 스스로의 죄를 인정하게 됩니다. 근본적으로 복된 존재인 사람이 슬픔과 고통의 비극적 존재가 되어 버린 것입니다. 그런데 죄가 본격적으로 들어오기 전에 하와는 뱀의 질문에 하나님의 말씀과는 다른 대답을 하게 되는데, '먹지 말라'고 하신 것을 '먹지도 만지지도 말라'고 하셨다고 대답했고, '반드시 죽으리라'고 하셨지만 하와는 '죽을까 하노라'고 변형하여 대답합니다. 이것이 마귀의 유혹의 힘입니다. 결국 선악열매를 먹어도 죽지 않고 오히려 하나님과 같게 되리라는 말에 넘어가고 맙니다. 인간의 비극은 바로 여기에서부터 오늘날까지 이어지고 있습니다.

이 행위언약을 어긴 결과 인간은 죄의 길에 빠졌고, 은혜언약에 의해 예수 그리스도를 통하여 회개의 길을 얻었습니다. 하나님에 의해 지음 받은 인간은 100% 하나님과의 관계가 살아있을 때에만 그 존재의미와 가치가 있습니다. 하나를 거역하면 전체를 거역하는 것입니다. 선악열매는 하나님과의 관계에 대한 계약(명령)입니다. 구원은 단지 하나님의 은혜로만 가능합니다. 본문에는 이와 같은 은혜언약의 단초가 될 만한 기사도 나오는데, 바로 뱀에 대한 저주를 내리실 때 "여자의 후손(동정녀 탄생의 그리스도)은 네 머리를 상하게 할 것이요 너는 그의 발꿈치를 상하게(십자가 고난) 할 것이니라"(15)는 말씀을 통하여 구원의 비밀의 열쇠를 주셨던 것입니다.

본문 구성

뱀이 하와를 유혹하다.   (1~5)

선악과를 따먹고 눈이 밝아지다.   (6~7)

하나님께서 아담을 추궁하시다.   (8~13)

뱀을 저주하시다.   (14~15)

아담과 하와를 징계하시다.   (16~21)

에덴동산에서 쫓아내시다.   (22~24)

본문 적용

어쩌면 마치 선악열매처럼 그 단 한 가지를 우리가 거역하고 있는지도 모릅니다. 아니, 우리가 조금이라도 거역하는 것이 있다면 그것이 선악열매입니다. 우리는 여전히 하나님의 말씀을 100% 순종하지 못하고 있습니다. 지속적으로 선악열매를 먹고 있는 것과 같은 것입니다. 뱀은 선악열매를 먹으면 어떻게 된다고 했습니까? 선악을 알게 되어 하나님과 같게 된다고 했습니다. 그 말은 스스로가 하나님처럼 판단하게 된다는 말입니다. 자기가 하나님입니다. 나에게 선악열매가 무엇인지를 생각해야 합니다. 내가 스스로 모든 것을 판단하고 거기에 대해 확신하고 움직인다면 그것이 바로 우상숭배입니다. 선악과의 결과입니다. 은혜 안에만 거해야 합니다.

❶ 두 가지 관계의 모순

핵심구절 : "아담에게 이르시되 네가 네 아내의 말을 듣고 내가 네게 먹지 말라 한 나무의 열매를 먹었은즉 땅은 너로 말미암아 저주를 받고 너는 네 평생에 수고하여야 그 소산을 먹으리라 땅이 네게 가시덤불과 엉겅퀴를 낼 것이라 네가 먹을 것은 밭의 채소인즉 네가 흙으로 돌아갈 때까지 얼굴에 땀을 흘려야 먹을 것을 먹으리니 네가 그것에서 취함을 입었음이라 너는 흙이니 흙으로 돌아갈 것이니라 하시니라"(창 3:17~19)

기독교신앙은 하나님과의 관계와 사람과의 관계입니다. 이것은 대립적인 개념이 아니라 보완적인 개념입니다. 하나님과의 관계가 좋으면 사람과의 관계도 좋아야 합니다. 왜냐하면 하나님과의 관계는 사람과의 관계를 통하여 실현되는 것이기 때문입니다. 흔히들 신앙생활이라고 하면 하나님과의 관계 곧 교회생활을 전부라고 생각하지만, 하나님의 창조섭리에 의하면 그것은 그릇된 생각일 뿐입니다. 왜냐하면 사람과의 관계도 하나님께서 허락하신 것이기 때문입니다. 하나님은 아담이 혼자 있는 것이 보기에 좋지 않기 때문에 하와를 만들어주셨습니다. 지금까지 하나님과의 관계 속에서만 살던 아담에게 사람과의 관계를 창조해주셨던 것입니다.

여기에서 하나님은 사람의 자유의지를 시험하십니다. 지금까지와는 달리 아담이 두 가지 관계의 중간에 자리 잡게 되었기 때문입니다. 아담은 항상 하나님과 하와 중 한 편을 선택해야 하게 되었습니다. 물론 하와도 똑같이 하나님과의 관계 우선이었다면 아무 문제가 없었을 것입니다. 그러나 사람과의 관계는 그렇게 쉬운 문제는 아닙니다. 사람은 자기 좋은 대로 행동하려는 본성이 있기 때문입니다. 아담은 하와를 한 여자가 아니라 타인으로 보아야 합니다. 아담은 타인의 유혹을 따랐지만, 오늘 우리도 사람에게 좋게 하려는 경향이 강합니다. 그러나 그렇게 하면 하나님과 멀어진다는 사실을 인식해야 합니다. 이것이 그리스도인들의 신앙 수준을 결정하게 됩니다.

"나와 함께 아니하는 자는 나를 반대하는 자요 나와 함께 모으지 아니하는 자는 헤치는 자니라"(마 12:30)

적용하기 : 냉정하게 생각해서 당신은 하나님을 선택하는 편이 더 많습니까? 아니면 사람을 선택하는 경우가 더 많습니까? 왜 그렇게 되었습니까?

❷ 세상이 좋은가, 에덴이 좋은가?

핵심구절 : "여호와 하나님이 에덴동산에서 그를 내보내어 그의 근원이 된 땅을 갈게 하시니라 이같이 하나님이 그 사람을 쫓아내시고 에덴동산 동쪽에 그룹들과 두루 도는 불 칼을 두어 생명나무의 길을 지키게 하시니라"(창 3:23~24)

아담과 하와는 에덴동산에서 쫓겨난 것일까요? 물론 행위의 결과는 쫓겨난 것이지만 아담과 하와는 이미 에덴동산에서는 더 이상 살 수가 없는 상태가 되었습니다. 식물에게 대낮의 햇볕은 따뜻함과 안락을 뜻하는 것이지만 주로 땅속에서 사는 지렁이에게는 그 햇볕이 마치 지옥의 형벌과도 같을 것입니다. 흑암 속에 사는 백성들은 하나님의 공의가 밝게 비추는 정의의 세상에서는 살 수가 없습니다. 아담이 하나님과 사람을 선택해야 하는 것처럼 에덴동산인가 타락한 세상인가를 스스로 선택해야 합니다. 물론 에덴동산은 이 세상에는 존재할 수가 없고, 타락한 세상이 우리가 살고 있는 세계입니다. 뚜렷하게 경계선이 보이는 것이 아닙니다. 그러나 우리는 에덴동산과 타락한 세상의 차이만큼이나 우리의 심령에 커다란 차이를 가지고 있습니다. 교회생활을 열심히 하고 있다고 해서 에덴동산인 것은 아닙니다. 신앙생활을 열심히 하고 있어도 하나님의 창조섭리를 거스르는 약육강식, 적자생존의 원리 속에서 살고 있다면 그것은 에덴이 아니라 타락한 세상인 것입니다.

"이 세상이나 세상에 있는 것들을 사랑하지 말라 누구든지 세상을 사랑하면 아버지의 사랑이 그 안에 있지 아니하니"(요일 2:15)

적용하기 : 당신은 엄밀하게 하나님께서 통치하시는 사랑과 용서의 세상에서 살고 있습니까? 아니면 여전히 살아남기 위해서 경쟁하는 세상에서 살고 있습니까? 왜 그렇게 생각합니까?

하나님의 마음

하와를 아담에게 주신 것은 하나님과의 관계를 더욱 깊게 하고 세상을 잘 다스리게 하고자 하심이었습니다. 이것과 관련하여 당신을 향한 하나님의 마음을 설명해 보십시오.

오늘 받은 은혜

전체적으로 당신이 받은 은혜와 느낌을 기록해보십시오.

실천을 위한 도전 (기도하여 성령님의 인도하심을 받으십시오.)

하나님과의 관계이든 에덴동산과의 관계이든 오늘 행할 수 있는 실천과제를 찾아보고 행해 보십시오.

04
가인의 살인과 문명의 시작
창세기 4:1~26

본문 개론

　아담의 타락 이후에 들어온 인간에 대한 죄의 영향력이 극대화된 현상을 보여주고 있습니다. 최초의 살인이라는 데에만 초점을 맞출 것이 아니라 선에 대한 악의 박해로 보는 것이 더 나을 것입니다. 그런데 그 악이 세상의 문명을 주도하고 있습니다. 타락한 인간이 죄의 지배를 받을 수밖에 없게 되는 역사의 기록이기도 합니다. 살인자 가인은 여호와 앞을 떠나 인간이 주역이 되는 자기들만의 세계를 꿈꾸며 거기에서 새로운 인간의 문명과 문화를 건설해나가게 되는 것입니다. 가인과 그 후예들이 건설한 문화는 인간의 힘과 지혜를 바탕으로 하는 물질적 풍요와 세속적인 아름다움의 논리가 지배하는 물신주의 사회였던 것입니다. 라멕의 노래(23~24)는 하나님을 벗어난 자의 포악하고 교만한 삶을 나타내는 것으로서 죄의 영향력 아래에서의 인간의 문화는 썩을 수밖에 없다는 것을 보여주고 있습니다. 그러나 하나님은 마지막에 거룩한 하나님의 씨앗을 보내주심으로써 여호와의 이름을 부르게 하시고 구원의 길을 여셨습니다.

본문 적용

　세상을 이분법적으로 볼 수는 없습니다. 완전한 의인은 없기 때문입니다. 그러나 인간의 삶의 근원을 찾는 일은 굉장히 중요합니다. 문명이란 가인의 후예들에게서 명백하게 드러나듯이 하나님을 벗어나면 이 세상은 완전히 지옥으로 변해버리고 맙니다. 선과 악의 개념은 단지 도덕적으로 옳고 그름이나 인간에게 덕이 되거나 해가 되는 기준으로 보아서는 안 됩니다. 선과 악은 어디까지나 하나님의 기준으로 분별해야 비로소 선과 악의 절대성을 부여받게 되는 것이기 때문입니다. 인간은 하나님의 피조물입니다. 이제 죄는 인간의 본성이 된 지 오래입니다. 따라서 인간은 죄를 따라가려는 강한 유혹에 직면해 있습니다. 그것을 이길 힘은 어디에서 오겠습니까? 하나님께로부터 나올 수밖에 없습니다. 오늘날 선과 악의 개념을 자꾸 인간과 사회의 필요성이나 다양성에서 찾으려고 하지만 그 자체가 이미 하나님을 떠난 가인의 시각이라는 사실을 잘 알아야 합니다. 그리스도의 사랑으로 품되 문화에 휘둘리지 말아야 합니다. 죄인은 죄를 아프게 여기지도 않고 자기가 받을 벌만 무겁게 생각합니다. 그러나 의인은 받을 벌의 무게는 생각하지 않고 자기 죄의 무게만 생각합니다.

❶ 죄는 본능이 되었다.

핵심구절 : "가인이 여호와께 아뢰되 내 죄벌이 지기가 너무 무거우니이다 주께서 오늘 이 지면에서 나를 쫓아내시온즉 내가 주의 낯을 뵈옵지 못하리니 내가 땅에서 피하며 유리하는 자가 될지라 무릇 나를 만나는 자마다 나를 죽이겠나이다 여호와께서 그에게 이르시되 그렇지 아니하다 가인을 죽이는 자는 벌을 칠 배나 받으리라 하시고 가인에게 표를 주사 그를 만나는 모든 사람에게서 죽임을 면하게 하시니라"(창 4:13~15)

가인은 하나님을 알고 대화를 할 수 있었고 하나님은 가인의 기도를 들으셨으며 가인은 자기가 어떤 죄를 지었는지와 하나님의 뜻도 알고 있었으며 어떻게 해야 하는지도 알고 있었습니다. 그러나 가인은 하나님과의 관계가 아니라 자기 자신과의 관계 속에만 갇혀있어서 타인과의 관계를 망가뜨려버렸습니다. 그리고 그것은 곧바로 하나님과의 관계를 단절시켜 버리게 되었습니다. 그래서 하나님은 죄를 다스리라고 말씀하신 것이었습니다. 그런데 죄를 다스리라는 이 말씀은 가인에게는 통하지가 않았습니다. 그 결과가 바로 동생 아벨을 죽인 사건이었습니다. 그는 동생을 죽인 후에도 하나님께 거짓말을 하고 오히려 자기가 동생을 지키는 자냐고 따지고 들었습니다.

죄의 속성은 한번 빠지면 헤어날 수 없는 것입니다. 하와가 이미 그러지 않았습니까? 죄는 모르고 지은 경우도 많지만 알고도 빠지는 경우가 훨씬 더 많습니다. 특히 그리스도인에게 있어서는 더욱 명백합니다. 예수님을 믿기 전에는 죄인 줄 모르고 살다가 거듭난 후에는 죄가 무엇인지 명확하게 이해하게 됩니다. 가인의 모습과 똑같습니다. 죄라고 하니까 가인과 같은 살인죄나 간음죄를 생각하겠지만, 사실 죄는 우리의 일상 가운데 우리를 둘러싸고 우리를 그 죄에 빠뜨리려고 항상 준비를 단단히 하고 있습니다. 하나님의 마음을 생각하지 않고 자기중심적으로 생각하고 자기 뜻대로 행동하는 모든 것이 죄라는 사실을 알아야 합니다. 그래서 하나님은 이 사실을 너무나도 잘 아시고 예수님을 십자가에서 죽게 하셨던 것입니다. 따라서 예수님을 우리 심령 가운데 모시고 예수님의 마음으로 세상을 보고 행동해야 하는 것입니다.

"믿음을 따라 하지 아니하는 것은 다 죄니라"(롬 14:23 下)

적용하기 : 하나님의 마음과 뜻을 생각하지 않고 당신의 생각대로 무엇을 결정한 것들이 있는지 생각해내고 기록해보십시오.

❷ 하나님은 심령을 받으신다.

핵심구절 : "세월이 지난 후에 가인은 땅의 소산으로 제물을 삼아 여호와께 드렸고 아벨은 자기도 양의 첫 새끼와 그 기름으로 드렸더니 여호와께서 아벨과 그의 제물은 받으셨으나 가인과 그의 제물은 받지 아니하신지라 가인이 몹시 분하여 안색이 변하니 여호와께서 가인에게 이르시되 네가 분하여 함은 어찌 됨이며 안색이 변함은 어찌 됨이냐 네가 선을 행하면 어찌 낯을 들지 못하겠느

냐 선을 행하지 아니하면 죄가 문에 엎드려 있느니라 죄가 너를 원하나 너는 죄를 다스릴지니라 가인이 그의 아우 아벨에게 말하고 그들이 들에 있을 때에 가인이 그의 아우 아벨을 쳐죽이니라"(창 4:3~8)

가인과 아벨의 제사문제는 많은 기독교인들이 잘 알고 있습니다. 당연히 제물의 종류의 문제가 아니라 심령의 문제라는 것이 맞는 말입니다. 가인은 땅의 소산으로 제사를 드렸고 아벨은 양의 첫 새끼와 그 기름으로 제사를 드렸는데 하나님은 가인의 제사는 받지 않으시고 아벨의 제사만 받으셨습니다. 얼핏 생각하면 아벨의 제물은 제물로서 거의 완전한 것이기 때문에 하나님께서 열납받으신 것 같지만, 하나님은 아벨의 심령을 받으신 것입니다. 가인이 자기 제물을 거부당했을 때 몹시 분하여 안색이 변한 것을 보면 알 수 있습니다. 예배를 드릴 때에는 형식과 제물과 태도가 하나님께 드릴만한 것이어야 하지만 그것보다 더 중요한 것은 예배자의 심령입니다. 하지만 이 심령은 단순히 마음가짐을 말하는 것이 아니라 그 사람의 평소의 삶의 태도를 말하는 것입니다. 세상을 어떤 마음으로 사는가 하는 것이 예배의 적합도를 결정한다는 말입니다.

그러면 그 예배의 적합도를 무엇으로 알 수 있겠습니까? 많은 사람들이 예배의 태도나 예물에 초점을 맞추지만 사실 예배에 가장 적합한 심령은 이웃과의 관계에 있습니다. 왜냐하면 하나님을 진정으로 사랑한다면 예수님의 마음으로 이웃을 사랑하게 되어 있기 때문입니다. 세상에서의 삶이 엉망이라면 교회에서 예배드릴 때 모든 정성을 다한다고 해도 하나님께서 그대로 받지는 않으십니다. 그렇다고 의식적으로 이웃을 돌보라는 것이 아니라 하나님을 사랑하면 자연스럽게 이웃에게 눈이 가게 되어 있다는 말입니다. 가인이 왜 악인인가 하면 하나님을 사랑하지 않음으로써 세상과의 관계에서 엉망이었기 때문이라고 할 수 있습니다. 그것이 결국 동생 아벨을 죽인 사건으로 나타났던 것입니다.

"임금이 대답하여 이르시되 내가 진실로 너희에게 이르노니 너희가 여기 내 형제 중에 지극히 작은 자 하나에게 한 것이 곧 내게 한 것이니라 하시고"(마 25:40)

적용하기 : 당신은 하나님을 사랑하고 있습니까? 그 사랑이 이웃에게 어떻게 나타나고 있습니까? 그 사랑을 증명해보십시오.

하나님의 마음

하나님께서 당신을 가인처럼 보시겠습니까, 아니면 아벨처럼 보시겠습니까?
아마 중간 어디쯤으로 보실 것입니다만, 하나님의 시각으로 당신을 솔직하게
평가해보십시오.

오늘 받은 은혜

전체적으로 당신이 받은 은혜와 느낌을 기록해보십시오.

실천을 위한 도전 (기도하여 성령님의 인도하심을 받으십시오.)

예배드리기에 적합한 삶이란 어떤 것인지 기록해보고 그 중 한 가지를 선택하
여 실천해보십시오.

아담부터 노아까지

창세기 5:1~32

본문 개론

본문은 노아가 탄생하기까지의 1656년의 역사를 압축하고 있습니다. 누가복음에서도 예수님의 족보에 동일하게 기록하고 있습니다. 하나님은 아담을 하나님의 모양대로 지으셨고 아담은 자기의 형상과 같은 아들 셋을 낳았습니다. 셋의 가계를 앞의 가인의 가계와 비교한다면 차이가 명백해집니다. 가인의 가계는 날이 갈수록 하나님으로부터 멀어졌고 급기야 라멕은 살인의 노래까지 불렀으며 일부다처주의로 나아갔지만, 셋의 가계는 문화발달에 대한 말은 없고 구원의 발전이 나타나 에녹과 같은 신앙의 모델이 생겨났던 것입니다. 우리의 믿음의 가계에 대해서 다시 한 번 깊이 생각해보아야 할 것입니다. 이 시대는 너무 현세적으로 바뀌어서 믿음의 가계에 대한 긍지가 거의 사라진 시대이기 때문입니다.

본문 구성

아담의 생애	(1~5)
셋, 에노스, 게난, 마할랄렐, 야렛	(6~20)
에녹, 므두셀라, 라멕, 노아와 세 아들	(21~32)

우리가 죽은 후에 만약에 성경에 기록된 것처럼 족보가 기록된다면 어떻게 나타날지 궁금하지 않습니까? 물론 사람들이 보기에 어떤 모습인가 하는 것도 중요하지만 하나님께서 우리의 전 인생을 어떻게 요약하실지가 훨씬 중요할 것입니다. 우리의 족보에 보면 대개 무슨 직책이나 학력이나 저서 등이 기록되겠지만, 하나님은 단지 우리가 얼마나 하나님과 동행했는가에 더 관심이 있으실 것입니다. 우리 인생의 삶의 과정은 하나님과 얼마나 더 가까워지고 얼마나 더 닮게 되고 예수님의 마음을 얼마나 더 많이 품고 있는가에 따라 평가가 달라진다는 사실을 알아야 합니다. 어떤 일을 했는가에 대한 문제가 아니라 우리의 영성이 얼마나 변화되고 성장했는가에 따라 우리 인생의 가치가 달라집니다. 그리스도에까지 성장하는 것이 우리 그리스도인들의 삶의 목표이고 원리가 되어야할 것입니다.

❶ 하나님께서 기뻐하시는가?

핵심구절 : "에녹은 육십오 세에 므두셀라를 낳았고 므두셀라를 낳은 후 삼백년을 하나님과 동행하며 자녀들을 낳았으며 그는 삼백육십오 세를 살았더라 에녹이 하나님과 동행하더니 하나님이 그를 데려가시므로 세상에 있지 아니하였더라"(창 5:21~24)

에녹을 통하여 우리는 놀라운 사실을 발견하게 되는데, 그것은 하나님을 기쁘시게 하는 사람은 하나님께서 이 세상에 두지 않고 하늘로 데려가신다는 사실입니다. 하나님께서 에녹을 365세 때 데려가신 이유가 그가 하나님을 기쁘시게 하는 자였기 때문이라는 사실이 히브리서에 기록되어 있습니다(히 11:5). 후에 엘리야를 살아있는 그대로 데려가신 적이 있지만 이것은 일반적은 현상은 아닙니다. 오늘날 아무리 하나님의 마음에 맞는 일을 하는 삶을 산다고 해도 하나님께서 에녹처럼 하늘로 직접 데려가시지는 않습니다. 그럼에도 하나님을 기쁘시게 하는 것이 무엇인지에 대해서 우리는 날마다 깊이 생각해야 합니다.

사람이 가장 기쁠 때는 언제이겠습니까? 그 기쁨이 무한하고 영원하며 지속적인 것이라면 얼마나 좋겠습니까? 하지만 그런 기쁨은 천국 밖에는 없습니다. 곧 하나님은 에녹을 천국으로 데려가셨다는 말입니다. 물론 당연합니다. 하나님께서 계신 곳이 천국이니까요. 그렇다면 우리는 거꾸로 생각해서 우리가 하나님을 심령 가운데 가득 채우고 살아간다면 우리의 심령이 곧 천국이어야 한다는 말이 됩니다. 에녹이 어떻게 해서 하나님을 기쁘시게 하는 사람이 되었는지에 대해서는 잘 모르지만, 아마도 에녹은 지상에서 살면서도 하나님과 깊은 교제를 충분히 나누면서 살았을 것입니다.

"오직 하나님께 옳게 여기심을 입어 복음을 위탁 받았으니 우리가 이와 같이 말함은 사람을 기쁘게 하려 함이 아니요 오직 우리 마음을 감찰하시는 하나님을 기쁘시게 하려 함이라"(살전 2:4)

적용하기 : 당신은 마음에 주님을 모시고 살면서 얼마나 자주, 어느 정도나 천국을 누리고 있습니까? 곧 얼마나 기쁘게 살고 있습니까?

❷ 풍요와 번영은 복인가, 저주인가?

핵심구절 : "셋도 아들을 낳고 그의 이름을 에노스라 하였으며 그 때에 사람들이 비로소 여호와의 이름을 불렀더라 … 라멕은 백팔십이 세에 아들을 낳고 이름을 노아라 하여 이르되 여호와께서 땅을 저주하시므로 수고롭게 일하는 우리를 이 아들이 안위하리라 하였더라 라멕은 노아를 낳은 후 오백구십오 년을 지내며 자녀들을 낳았으며 그는 칠백칠십칠 세를 살고 죽었더라 노아는 오백 세 된 후에 셈과 함과 야벳을 낳았더라"(창 4:26, 5:28〜32)

노아가 태어나던 시절은 땅이 극도로 저주를 받아 애써 일을 해도 생존하기가 몹시 어려운 시절이었습니다. 오죽하면 노아의 아버지 라멕이 노아를 낳고 그 아들에게 소망을 걸고 자기들을 위로하시리라는 기대를 표현했겠습니까? 본문에서 미루어보면 그렇게 어려운 시대를 살았기 때문에 그들은 누군가를 통하여 하나님께서 그 상황에서 구원해 주시기를 원하게 되었을 것입니다. 이미 셋이 에노스를 낳았을 때부터 사람들이 여호와의 이름을 불렀더라는 기록이 남아 있는데도 죄악으로 가득 찬 세상은 점점 악화되기만 하고 있었습니다. 세상은 죄악으로 넘칠수록 의인에 대한 기대가 점점 커지는 것입니다.

하지만 살기가 몹시 어려웠던 그 시절이나 모든 것이 풍요로운 오늘날이나 하나님을 외면하는 것은 더욱 짙어져만 가고 있고, 그 반면에 노아의 시대처럼 의인을 바라는 마음은 점점 더 간절해지는 것 같습니다. 세상은 죄악 가운데 묻혀서 아무 것도 돌아보지 않는 것 같아도 그 가운데에서 자기들의 빛이 되어줄 대상을 찾고 있습니다. 라멕이 아들을 낳으면서 노아에게 무엇인가 기대를 걸었던 것과 마찬가지입니다. 그렇다고 그들이 전부 노아를 따르는

가 하면 그렇지는 않습니다. 그럼에도 불구하고 세상은 의인을 찾고 있습니다. 그 의인은 바로 우리 그리스도인들입니다. 그리고 하나님도 그런 의인을 찾고 계십니다.

"낙타가 바늘귀로 나가는 것이 부자가 하나님의 나라에 들어가는 것보다 쉬우니라 하시니"(막 10:25)

적용하기 : 당신은 세상이 찾고 있는 의인의 삶을 생각하면서 살고 있습니까? 오늘날 어떻게 사는 것이 의인의 길일까요?

하나님의 마음

하나님은 당신에게서 노아를 발견하기를 원하실 것입니다. 영웅이 아니라 일상 속에서 당신이 노아가 되기를 원하십니다.

오늘 받은 은혜

전체적으로 당신이 받은 은혜와 느낌을 기록해보십시오.

실천을 위한 도전 (기도하여 성령님의 인도하심을 받으십시오.)

21세기 노아의 모습은 어떤 것일지 생각해보고 그 노아로 살 수 있는 한 가지 실천 사항을 찾아서 기록하고 행해보십시오.

본문 개론

세상은 결국 의인들이 죄인들의 길을 걷게 됩니다. 상징적으로 생각할 때 셈의 후예들이 가인의 후예들과 뒤범벅이 되었던 것입니다. 하나님의 심판은 언제 일어나겠습니까? 죄악이 사람들의 생각과 행위와 마음속에까지 가득 채워졌을 때입니다. 오늘날이 마치 홍수심판 직전처럼 죄악이 가득하고 모든 계획이 항상 악한 시대일 것입니다. 그러나 우리가 생각해야 할 것은 심판에는 언제나 심판 이외의 다른 목적이 있다는 것입니다. 그것은 바로 구원입니다. 심판이 없다면 구원도 없습니다. 홍수는 심판의 행위이지만 동시에 구원의 행위인 것입니다. 그러나 그것을 위하여 하나님과 동행하는 사람이 반드시 필요합니다. 그를 통하여 구원의 문을 여셔야 하기 때문입니다. 그 사람이 바로 노아입니다. 바로 우리들입니다.

본문 구성

하나님의 아들들과 사람의 딸들   (1~4)
홍수 직전의 세상의 부패   (5~7)
노아의 믿음과 세상의 대조   (8~12)

홍수예고와 방주 건조의 명령 　　　(13~17)
노아의 구원과 생명체의 보존 　　　(18~22)

본문 적용

　흔히들 교회가 방주라고 이야기합니다. 그렇게 생각합니까? 교회가 세상의 구원의 방주라고 생각한다면 우리는 교회의 개념을 다시 설정해야 할 것입니다. 물론 주님의 몸 된 교회가 구원의 방주의 기능을 감당해야 하는 것은 분명합니다. 그러나 그리스도인 한 사람 한 사람이 교회라는 사실을 우리는 생각해야 합니다. 그런 의미에서 우리 그리스도인들이 세상의 방주라야 할 것입니다. 노아가 방주 자체는 아니었습니다만, 노아의 삶이 방주를 제작하게 된 것입니다. 우리가 방주라는 말은 노아처럼 방주를 만드는 사람들이라는 뜻입니다. 아무 것도 하지 않고 단지 방주에 태워진 것이 아닙니다. 구원은 장소에 있는 것이 아닙니다. 노아가 방주를 지은 것과 같이 우리가 구원의 방주를 지어나가야 합니다. 어떻게요? 모든 것을 비우고 하나님과 동행함으로써 가능합니다.

❶ 노아에게 여호와의 은혜가 없었다면

핵심구절 : "여호와께서 사람의 죄악이 세상에 가득함과 그의 마음으로 생각하는 모든 계획이 항상 악할 뿐임을 보시고 땅 위에 사람 지으셨음을 한탄하사 마음에 근심하시고 이르시되 내가 창조한 사람을 내가 지면에서 쓸어버리되 사람으로부터 가축과 기는 것과 공중의 새까지 그리하리니 이는 내가 그것들을 지었음을 한탄함이니라 하시니라 그러나 노아는 여호와께 은혜를 입었더

라 이것이 노아의 족보니라 노아는 의인이요 당대에 완전한 자라 그는 하나님과 동행하였으며"(창 6:5~9)

구원은 어떻게 이루어질까요? 전적인 하나님의 은혜인 것은 맞지만 사람의 책임은 전혀 없는 것일까요? 개인의 공로가 아무리 커도 하나님의 은혜가 아니면 구원은 전혀 불가능합니다. 이것은 그리스도인들의 삶에도 그대로 적용이 되어야 합니다. 흔히들 구원은 100% 하나님의 은혜라고 말하면서 사역이나 사명에서는 자기 공로를 내세울 때가 많지만, 그럴 때에도 하나님의 은혜가 아니면 그런 일은 일어날 수가 없습니다. 노아가 그랬습니다. 노아는 의인이요 당대에 완전한 사람이었으며 게다가 하나님과 동행하는 사람이었습니다. 그 흑암의 시대에 어떻게 노아와 같은 의인이 존재할 수 있었을까요? 다만 모든 것이 하나님의 은혜라는 사실은 분명합니다.

수많은 기독교인들이 세상 목표에 초점을 맞추고 살고 있으며 때로는 그런 목표를 위해서 하나님을 이용하는 것처럼 보일 때도 많습니다. 그런 사람들은 자기 자신이나 자기공로를 드러내기 일쑤입니다. 하지만 하나님의 은혜가 아니라면 모든 것이 불가능하다는 사실을 알아야 합니다. 일시적으로 사람들의 호응이나 환영을 받을 수는 있지만 노아처럼 진정으로 하나님께 쓰임 받을 수는 없습니다. 하나님의 은혜임을 잊어버린다면 사람의 딸들(가인의 후예들)이나 네피림과 같은 영웅들을 추종하게 되는 것이고, 아무리 큰일을 감당하고 있거나 놀라운 성과를 내었더라도 그 모든 것이 전적인 하나님의 은혜임을 생각하면서 살아간다면 그 사람은 하나님께 노아와 같은 사람이 되어 세상을 구하는 데 쓰임 받을 수 있을 것입니다.

"그러나 내가 나 된 것은 하나님의 은혜로 된 것이니 내게 주신 그의 은혜가 헛되지 아니하여 내가 모든 사도보다 더 많이 수고하였으나 내가 한 것이 아니요 오직 나와 함께 하신 하나님의 은혜로라"(고전 15:10)

적용하기 : 당신은 믿음 안에서 하는 모든 일들에 대해서 전적으로 하나님의 은혜라는 사실을 얼마만큼이나 믿고 있습니까? 곧 주로 자기를 내세웁니까, 아니면 하나님의 은혜를 내세웁니까?

❷ 하나님 앞에서 대홍수를 준비하라!

핵심구절 : "그러나 너와는 내가 내 언약을 세우리니 너는 네 아들들과 네 아내와 네 며느리들과 함께 그 방주로 들어가고 혈육 있는 모든 생물을 너는 각기 암수 한 쌍씩 방주로 이끌어 들여 너와 함께 생명을 보존하게 하되 새가 그 종류대로, 가축이 그 종류대로, 땅에 기는 모든 것이 그 종류대로 각기 둘씩 네게로 나아오리니 그 생명을 보존하게 하라 너는 먹을 모든 양식을 네게로 가져다가 저축하라 이것이 너와 그들의 먹을 것이 되리라 노아가 그와 같이 하여 하나님이 자기에게 명하신 대로 다 준행하였더라"(창 6:18~22)

하나님은 노아에게 앞으로 일어날 일들에 대해서 상세하게 말씀하시고 그 홍수를 위해 준비하라고 하십니다. 에녹은 천국을 준비한 사람이었습니다. 노아는 구원을 준비한 사람입니다. 무엇을 하든지 우리는 하나님의 계획을 준비하는 사람들입니다. 하나님의 계획이 무엇인지는 다양하게 주어져 있습니다. 아주 작게 보이거나 사소해서 별 영향이 없을 것 같은 일들일 수도 있습니다. 중요한 것은 그런 모든 것들이 하나님의 계획 안에서는 모두가 중요한 일들이라는 것입니다. 그리스도인들은 이런 의식을 가지고 세상을 사는 사람들입니다. 그렇게 하나님의 계획을 준비하는 사람들인 것입니다.

그러면 하나님의 계획을 어떻게 준비하는가의 문제가 굉장히 중요해집니다. 왜냐하면 전혀 아닌데도 착각으로 열심히 할 수 있기 때문입니다. 노아의 경우를 보면 그가 준비한 것은 의인이요 당대에 완전한 자요 하나님과 동행하는 자라는 것입니다. 물론 노아는 수십 년 동안 방주를 준비했습니다. 하지만 그것은 2차 준비입니다. 그것은 1차 준비의 결과로서 보이는 모습인 것입니다. 사람들은 1차 준비를 생각하지 않고 2차 준비에만 관심을 기울입니다. 근본적인 준비는 1차 준비, 곧 하나님 앞에서의 준비인 것입니다.

"그런즉 깨어 있으라 너희는 그 날과 그 때를 알지 못하느니라"(마 25:13)

적용하기 : 당신은 1차 준비를 위해 노력합니까, 아니면 2차 준비에만 관심을 가지고 있습니까? 외적인 준비 이전에 내적인 준비가 생명이라는 사실을 잊지 마시기 바랍니다.

하나님의 마음

하나님은 당신의 심령을 먼저 보십니다. 하나님은 하나님의 일 자체보다 하나님과의 친밀한 관계를 더욱 원하십니다. 당신은 어떻습니까?

오늘 받은 은혜

전체적으로 당신이 받은 은혜와 느낌을 기록해보십시오.

실천을 위한 도전 (기도하여 성령님의 인도하심을 받으십시오.)

당신이 하나님의 계획을 준비하기를 원한다면 먼저 무엇을 실천해야 하겠습니까?

07
홍수심판
창 7:1~24

6장에서 하나님은 방주를 만들고 노아의 가족들과 생물체들을 방주에 태울 것을 명하셨고 노아는 그 명령을 모두 준행했다고 기록되었습니다. 이제 본장에서는 하나님의 말씀이 실체화되어 성취된 것에 대해 기록하고 있습니다. 정결한 짐승과 부정한 것들을 방주에 태운 것은 6장까지 총 네 번이나 나오는데 하나님의 계획이 결코 심판에 있는 것이 아니라 창조하신 세상을 끝까지 보존하시겠다는 뜻을 알려주신 것이었습니다. 노아는 아직 비가 내리기 전에 방주에 탔고 하나님은 문을 닫으셨습니다. 7일의 말미를 주셨는데, 이것은 수십 년의 회개의 기회를 주시고 마지막에 특별한 유예기간을 주신 것으로, 심판과 멸망은 전적으로 인간의 책임이라는 사실을 말해주고 있습니다. 하나님은 온 세상의 모든 생물들을 쓸어버리실 만큼 죄를 싫어하신다는 사실을 한시라도 잊지 말아야 하며, 그럼에도 불구하고 긍휼의 하나님이심을 알고 빨리 돌이켜야 하겠습니다.

방주에 태울 것을 명하시다.　　　　　　(1~4)

노아 가족들과 생명들이 들어가다.　　　　(5~9)

홍수가 40주야로 내리다.　　　　　　　(10~12)

방주 속의 생명들　　　　　　　　　　(13~16)

대홍수의 결과　　　　　　　　　　　(17~24)

본문 적용

　　노아시대와 조금도 다를 것이 없어 보이는 오늘날 우리 스스로가 자신이 노아인지를 반드시 살펴야 할 때입니다. 그 당시 살아있는 모든 사람들과 모든 생명체들이 물속에서 죽어갈 때, 그리고 홍수가 멈추고 물이 가라앉을 때까지 썩어가던 수많은 시체가 넘침에도 불구하고 노아의 여덟 식구는 방주 안에서 안전했습니다. 그리스도인들이 예수님의 보혈의 공로로 인하여 영적인 구원의 방주에서 살고 있는 것과 같은 이치입니다. 지금 하나님은 모든 죄악에 대해 침묵하고 계십니다. 마지막 심판이 가까워왔기 때문입니다. 분별력을 잃어버리고 세상 속에서 좌충우돌하지 말고 오직 하나님의 말씀대로만 순종해야 할 때인 것입니다.

❶ 부정한 짐승을 왜 태우셨을까?

핵심구절 : "여호와께서 노아에게 이르시되 너와 네 온 집은 방주로 들어가라 이 세대에서 네가 내 앞에 의로움을 내가 보았음이니라 너는 모든 정결한 짐승

은 암수 일곱씩, 부정한 것은 암수 둘씩을 네게로 데려오며 공중의 새도 암수 일곱씩을 데려와 그 씨를 온 지면에 유전하게 하라 지금부터 칠 일이면 내가 사십 주야를 땅에 비를 내려 내가 지은 모든 생물을 지면에서 쓸어버리리라 노아가 여호와께서 자기에게 명하신 대로 다 준행하였더라"(창 7:1~5)

하나님은 노아에게 명하시기를 부정한 짐승이든 정한 짐승이든 빠짐없이 방주에 태우라고 하셨습니다. 그런데 왜 하나님께서 창조하셨는데 부정한 것과 정한 것을 나누셨을까요? 놀라운 사실은 정결한 짐승은 일곱 쌍씩, 부정한 짐승은 두 쌍씩 태우라고 하셨다는 사실입니다. 부정한 짐승은 백성들이 먹을 수 없으므로 하나님께서 사용하지 않으실 생물들입니다. 그런데도 부정한 짐승들을 멸하지 않으시고 방주에 태워서 종족을 보존하라고 하셨습니다. 전체 생물들의 존립을 위해서는 필요한 것들입니다. 그리고 부정한 생물이라도 하나님께서 특별하게 사용하실 때가 있습니다. 하나님의 백성이 아니라도 하나님은 백성들을 권면하는 수단으로 사용하기도 하시고 도움이 되게도 하시기 때문입니다.

우리가 사는 세상에는 악인도 있고 선인도 있습니다. 하나님의 백성들도 있고 하나님을 비판하는 사람들도 있습니다. 본문을 통하여 보면 부정한 짐승들에게도 구원의 길은 열려있습니다. 물론 그 당시 노아의 여덟 식구 외에 다른 사람들은 전부 멸망당했지만, 인류 전체적으로 보면 노아의 가족들이 구원받았기 때문에 부정한 짐승들에게 생명이 보장된 것처럼 하나님의 백성들뿐 아니라 모든 인간에게도 생명이 보장되는 것입니다. 사실은 노아의 가족들도 타락한 존재들이기 때문에 원래는 부정한 짐승에 해당됩니다.

"이같이 한즉 하늘에 계신 너희 아버지의 아들이 되리니 이는 하나님이 그 해를 악인과 선인에게 비추시며 비를 의로운 자와 불의한 자에게 내려주심이라"(마 5:45)

적용하기 : 당신은 부정한 사람들, 곧 하나님을 모르는 사람들을 어떻게 대하고 있습니까? 마땅히 지옥 가야 할 사람들로 대하고 있습니까? 아니면 꼭 구원받아야 할 사람들로 대하고 있습니까?

❷ 땅 위에 움직이는 모든 생물

핵심구절 : "홍수가 땅에 사십 일 동안 계속된지라 물이 많아져 방주가 땅에서 떠올랐고 물이 더 많아져 땅에 넘치매 방주가 물 위에 떠 다녔으며 물이 땅에 더욱 넘치매 천하의 높은 산이 다 잠겼더니 물이 불어서 십오 규빗이나 오르니 산들이 잠긴지라 땅 위에 움직이는 생물이 다 죽었으니 곧 새와 가축과 들짐승과 땅에 기는 모든 것과 모든 사람이라 육지에 있어 그 코에 생명의 기운의 숨이 있는 것은 다 죽었더라"(창 7:17~22)

생명체라면 사람이나 동물이나, 심지어 식물들까지도 살기 위해서 몸부림을 칩니다. 당장 목숨이 끊어지는가의 문제가 아니라 생존하기 위해서 주어진 모든 일을 감당하고 있습니다. 생존하기 위해서, 살아남기 위해서는 다른 생물들에게 대한 관용은 전혀 필요가 없습니다. 그래서 세상은 생존경쟁의 사회라는 것입니다. 생존경쟁의 근본 원리는 약육강식입니다. 그러나 하나님은 살기 위해서 펼치는 모든 근거들을 단번에 거두어 가실 수 있습니다. 모든 생존활동들이 아무런 의미도 가치도 없게 될 때에는 망설이지 않고 거두어버리십니다. 노아는 생존경쟁을 위해서 살지 않고 하나님의 뜻을 따라 의롭게 살면서 하나님과 동행했습니다. 하나님도 "이 세대에서 네가 내 앞에 의로움을 내가 보았음이니라"(1)고 인정하셨습니다.

아무튼 홍수로 인하여 물이 불어서 15규빗(6.84m)이나 차올라 모든 산들이 잠겼다고 했습니다(20). 아마도 가장 높은 산꼭대기 위로부터 15규빗이었던 것 같습니다. 그 어떤 생명이라도 살아남을 수가 없습니다. 철저한 심판을 말씀하시는 것입니다. 살아날 가능성은 전혀 없습니다. 우리의 구원도 이와 같습니다. 전혀 가능성이 없는데 그리스도로 인하여 구원받은 것입니다. 그렇다면 생명의 주권자인 하나님 앞에서 어떻게 살아야 하겠습니까? 지금 하는 일을 멈추고 과연 생명의 주권자에게 의로움을 보일 수 있을까를 최우선적으로 생각해야 합니다. 나의 생명을 하나님께서 소중하게 보실까에 대해서 먼저 분별해야 하겠습니다.

"내가 달려갈 길과 주 예수께 받은 사명 곧 하나님의 은혜의 복음을 증언하는 일을 마치려 함에는 나의 생명조차 조금도 귀한 것으로 여기지 아니하노라"(행 20:24)

적용하기 : 구원의 확신 이전에 당신이 지금 살고 있는 방식은 하나님께서 기뻐하시는 것이 확실한지 점검하시기 바랍니다.

하나님의 마음

하나님의 마음은 홍수심판이 아니라 그 후에 펼쳐질 세상에 있었습니다. 하나님께서 당신에게 희망을 두시게 하려면 가정 먼저 어떻게 하는 것이 좋겠습니까?

오늘 받은 은혜

전체적으로 당신이 받은 은혜와 느낌을 기록해보십시오.

실천을 위한 도전 (기도하여 성령님의 인도하심을 받으십시오.)

방주를 제작하는 노아의 마음을 가지고 세상을 구원하는 일에 해당되는 일 한 가지만 택하여 실행하십시오.

본문 개론

　앞장에서는 세상은 멸망되고 믿음의 세계는 거의 사라지게 된 것처럼 보였지만 본장에서는 그와는 반대로 세상이 회복되고 믿음도 확장되는 모습을 보여줍니다. 하나님은 홍수를 그치게 하신 후에 다시 땅이 마르도록 바람을 지면에 불게 하심으로써 마른 땅으로 만들어 가십니다. 이제 홍수로 죽은 사람들은 기억되지 않고 370일 간의 홍수 속에서 잊힌 것 같았던 노아와 가족들과 생명체들이 주인공이 되는 장면입니다. 땅에 내려졌던 저주는 노아의 의로운 제사로 말미암아 거의 사라지게 되었고, 인간의 악한 모습을 인정하시고 대홍수와 같은 전 지구적인 심판은 더 이상 내리지 않기로 약속하시게 됩니다. 하나님께서 한 사람 한 사람의 죄악을 일일이 간섭하시면 그 누구도 살아남을 수 없기 때문입니다. 물론 노아의 견고한 믿음이 전제조건입니다. 세상에 대한 하나님의 징계는 우리 그리스도인들에게 달려있다는 말입니다.

본문 적용

본장부터는 홍수 이전의 세상과는 딜리 새로운 인간의 모습을 보여주고 있습니다. 노아로부터 아브라함까지 하나님께서 계획하신 삶의 모습을 따라가도록 인도하신다는 말입니다. 그 중에는 노아가 드린 번제가 포함된다고 생각할 수 있습니다. 그러나 노아가 번제를 드림으로써 의롭게 된 것이 아니라 하나님의 은혜에 대한 반응이라는 사실을 알아야 합니다. 우리가 대홍수를 만난 것은 아니지만 노아가 처한 환경이 바로 우리 자신의 형편이라는 것을 생각해야 합니다. 사람들 앞에 잘난 척할 필요가 전혀 없고 오히려 그것이 하나님의 은혜를 망각하는 것임을 기억해야 합니다. 하나님의 은혜 아닌 것이 어디 있습니까? 능력도 기질도 환경도 앞길도 전부 하나님의 은혜입니다. 오직 홍수에서 구원하신 하나님만 생각합시다.

❶ 까마귀와 비둘기로 분별하라.

핵심구절 : "사십 일을 지나서 노아가 그 방주에 낸 창문을 열고 까마귀를 내놓으매 까마귀가 물이 땅에서 마르기까지 날아 왕래하였더라 그가 또 비둘기를 내놓아 지면에서 물이 줄어들었는지를 알고자 하매 온 지면에 물이 있으므로 비둘기가 발붙일 곳을 찾지 못하고 방주로 돌아와 그에게로 오는지라 그가 손을 내밀어 방주 안 자기에게로 받아들이고 또 칠 일을 기다려 다시 비둘기를 방주에서 내놓으매 저녁때에 비둘기가 그에게로 돌아왔는데 그 입에 감람나무 새 잎사귀가 있는지라 이에 노아가 땅에 물이 줄어든 줄을 알았으며 또 칠 일을 기다려 비둘기를 내놓으매 다시는 그에게로 돌아오지 아니하였더라"(창 8:6~12)

노아는 홍수가 그친 후에 땅이 말랐는가를 알아보기 위해 까마귀와 비둘기를 사용하였습니다. 부정한 짐승의 대명사격인 까마귀는 죽은 짐승을 먹는 새이고, 정결한 짐승의 대명사격으로 제물로도 사용되는 비둘기는 곡식과 풀만 먹는 새입니다. 까마귀는 방주로 돌아오기는 했지만 땅이 마를 때까지 공중으로 날아다녔고 비둘기는 물이 마르고 나무에 싹이 난 후에 스스로 사라져갔습니다. 그것으로써 노아는 방주에서 나가서 살아갈 수 있을 정도가 되었는지 시험하였던 것입니다. 세상을 분별하는 데에는 부정적인 짐승도 정결한 짐승도 모두 필요한 것입니다.

오늘날 세상은 성경말씀으로도 분별하기 어려울 정도로 혼란스럽고 복잡한 시대가 되었습니다. 그럴 때 우리는 까마귀와 비둘기로 분별할 수 있습니다. 부정한 짐승인 까마귀로써 죄나 악들을 분별하여 그 길을 가지 않아야 합니다. 죄와 악 뿐 아니라 재물, 부귀, 권력, 영광, 자랑과 같은 것들도 까마귀에 해당되는지를 잘 살펴야 합니다. 우리의 신앙을 훼방하거나 미혹하는 모든 것들이 까마귀에 해당됩니다. 그리고 우리는 비둘기로 분별해야 합니다. 착한 일, 선한 일, 타인과 사회를 이롭게 하는 일 등 정결한 행위에 대해서 분별해야 합니다. 하지만 그런 행위라고 해서 무조건 받아서는 안 되고 그 동기와 목적과 근원을 헤아리려고 해야 합니다. 하나님의 마음으로 하는 것인지를 살피는 것입니다. 그렇게 하지 않으면 무작정 착한 행위에 끌려가게 되는데 사실은 하나님으로부터 더 멀어지는 것일 수 있기 때문입니다.

"너는 진리의 말씀을 옳게 분별하며 부끄러울 것이 없는 일꾼으로 인정된 자로 자신을 하나님 앞에 드리기를 힘쓰라"(딤후 2:15)

적용하기 : 당신은 세상을 어떤 기준으로 판단하고 분별하고 있습니까? 혹시 정치적 견해, 선입견, 경험, 지식을 기준으로 하고 있습니까? 한번 까마귀와 비둘기로 분별해 보시기 바랍니다.

❷ 감격의 제사

핵심구절 : "노아가 여호와께 제단을 쌓고 모든 정결한 짐승과 모든 정결한 새 중에서 제물을 취하여 번제로 제단에 드렸더니 여호와께서 그 향기를 받으시고 그 중심에 이르시되 내가 다시는 사람으로 말미암아 땅을 저주하지 아니하리니 이는 사람의 마음이 계획하는 바가 어려서부터 악함이라 내가 전에 행한 것 같이 모든 생물을 다시 멸하지 아니하리니 땅이 있을 동안에는 심음과 거둠

과 추위와 더위와 여름과 겨울과 낮과 밤이 쉬지 아니하리라"(창 8:20~22)

    신앙생활을 하면서 가장 감격스러웠던 예배를 드렸던 기억이 있습니까? 아니면 그렇게 은혜와 감격이 넘쳤던 시기의 예배들을 기억합니까? 본문에 보면 하나님께서 노아의 제사를 받으신 후에 이제부터는 사람으로 말미암아 땅을 저주하지 않겠다고 다짐하십니다. 하나님의 마음이 노아의 제사로 말미암아 바뀐 것처럼 보일 수 있지만 그런 것이 전혀 아닙니다. 노아를 의롭다고 하셨지만 그 의로움조차 노아 자신의 의로움이 아닌 것입니다. 아무튼 그렇게 의로워진 노아는 술에 취해 실수를 저지릅니다. 물론 의로움과 직결되는 것은 아닐 수 있지만 의로운 노아라도 실수하는 모습을 통하여 노아의 의로움조차 하나님의 은혜라는 사실을 알아야 합니다. 우리의 예배가 여기에서부터 출발해야 합니다.

    우리가 무엇을 함으로써 하나님께서 계획을 세우시고 마음을 바꾸시는 것이 아닙니다. 우리는 너무 자기중심적으로 우리 자신과 하나님을 해석합니다. 하나님 앞에서 무엇인가 일을 했다고 해서 뿌듯한 감정을 가지고 예배드립니까? 거기에 감격이 있을 수 없습니다. 자기만족이나 성취감일 뿐입니다. 하나님께서 기뻐하지 않으신다는 말이 아닙니다. 모든 것이 하나님의 은혜이므로 큰일을 하면 할수록 성취감이 아니라 하나님의 은혜에 대한 감격으로 가득 채워져야 합니다. 방주의 문을 열고 나오는 순간의 그 감격 말입니다. 하나님께서 우리의 예배를 받으시고 움직이시더라도 우리가 한 일, 우리의 열심, 준비한 것들 때문이 아니라 구원의 감격에 겨워서 드리는 예배 때문이어야 하는 것입니다. 사람에게 보이거나 인정받으려는 마음이 조금이라도 섞여있다면 그것은 더 이상 예배가 아닙니다. 완전할 수는 없지만 항상 이런 감격의 제사를 드리려는 마음으로 하나님을 높여드려야 합니다.

"너희는 여러 민족의 앞에 서서 야곱을 위하여 기뻐 외치라 너희는 전파하며 찬양하며 말하라 여호와여 주의 백성 이스라엘의 남은 자를 구원하소서 하라"(렘 31:7)

적용하기 : 예배가 마음 같지 못할 때가 많습니다. 혼자 드리는 것이 아니기 때문입니다. 당신이 기쁨과 감격으로 예배를 드리기 위해 가장 먼저 회복되어야 할 것은 무엇이겠습니까?

하나님은 우리 그리스도인들이 세상을 잘 분별하여 하나님의 마음으로 살 수 있기를 원하십니다. 하나님의 마음으로 당신을 바라볼 때 얼마나 잘 분별하고 있습니까?

오늘 받은 은혜
전체적으로 당신이 받은 은혜와 느낌을 기록해보십시오.

실천을 위한 도전 (기도하여 성령님의 인도하심을 받으십시오.)
노아 때 온 세상이 물로 뒤덮여 있듯이 오늘날에는 거짓과 죄악으로 온통 뒤덮여 있습니다. 마른땅이 무엇인지를 한 가지만 예를 들어 설명해 보십시오.

무지개언약과 노아의 가정

본문 개론

가장 한국적인 것이 가장 세계적인 것이라는 말이 있었습니다. 같은 의미는 아니지만 노아의 가정이 온 세상이라는 뜻입니다. 실제로 땅에는 노아의 여덟 식구밖에 없었습니다. 노아의 가정에서 일어난 일은 세상에서 일어나는 일의 전부입니다. 이런 마음가짐으로 세상을 살 수 있을까요? 노아와 그의 후손들은 이제 새로운 종류의 인간이 되었습니다. 그들은 육식을 할 수 있었고 다른 생물들이 두려워하는 존재가 되었으며 생명을 뜻하는 피를 멀리해야 했습니다. 그리고 하나님은 무지개를 통하여 노아와 언약을 맺으셨습니다. 그러나 노아가 술에 취해 벌거벗고 자다가 민족이 나누이게 된 사건이 벌어졌으니 비록 새로운 인간이기는 했지만 본질상 이전의 인간과 조금도 다를 바가 없는 보통의 인간에 불과했습니다. 그 중에서도 셈의 하나님(26)을 말씀하심으로써 구원의 길을 열어 가십니다.

본문 적용

제2의 아담이라고도 할 수 있는 노아에게 주신 여호와의 언약은 아담에게 주신 것과 거의 동일할 정도였습니다. 에덴동산과는 전혀 다른 세상이기는 했지만 그래도 생육하고 번성하여 땅에 충만하게 되는 복을 주셨고, 동물이든 식물이든 먹잇감으로 허락하셨습니다. 그리고 결코 물로 온 세상을 멸하는 일은 없을 것이라고 하셨습니다. 이런 모든 하나님의 약속은 어떤 조건이 필요한 것이 아니었고 쌍방 간의 계약이 아니라 일방적인 하나님의 주권계약이었습니다. 그러니까 구원이든 생존이든 모든 것이 하나님의 은혜와 사랑의 언약이었던 것입니다. 그럼에도 불구하고 노아는 온 인류에게 차별과 분열의 단초가 될 만한 실수를 저지르고 말았습니다. 우리 자신을 자기 주권적으로 생각하면 언제라도 일어날 수 있는 일입니다.

❶ 다른 사람의 피를 흘리면

핵심구절 : "그러나 고기를 그 생명 되는 피 채 먹지 말 것이니라 내가 반드시 너희의 피 곧 너희의 생명의 피를 찾으리니 짐승이면 그 짐승에게서, 사람이나 사람의 형제면 그에게서 그의 생명을 찾으리라 다른 사람의 피를 흘리면 그 사람의 피도 흘릴 것이니 이는 하나님이 자기 형상대로 사람을 지으셨음이니라" (창 9:4~6)

인류의 역사는 폭력의 역사였습니다. 전쟁과 피지배자에 대한 폭력으로 얼마나 많은 사람들이 죽었는지 모릅니다. 오늘날에도 여전히 지구 반대편 어딘가에서 전쟁이 일어나고 수많은 사람들은 죽거나 다치고 있지만 대개의 나라에서는 그런 폭력은 쉽게 일어나지 않습니다. 그러나 그렇다고 하여 인간의 폭력이 멈춘 것은 아닙니다. 다른 종류의 폭력이 난무하고 있습니다. 정치적인 폭력은 말할 것도 없지만, 물질폭력, 언어폭력, 차별폭력, 문화적 폭력, 권력과 힘에 의한 폭력 등 모든 종류의 폭력이 횡행하는 시대입니다. 이럴 때 그리스도인들은 어떻게 행동해야 하겠습니까?

하나님은 노아에게 명하시기를 동물의 고기를 먹되 피 채 먹지는 말라고 하십니다. 피는 생명을 뜻하기 때문입니다. 그것은 사람에 대해서도 마찬가지인데, 피를 부르면 반드시 되갚음 당할 것이라고 선포하십니다. 타인의 피를 흘리게 해서는 안 된다는 명령을 오늘날에는 각종 폭력을 사용하지 말라고 하신 것으로 생각할 수 있습니다. 실제로 여러 종류의 피를 흘리게 만드는 것이 바로 폭력입니다. 우리는 알게 모르게 누군가를 향한 폭력을 사용할 때가 많습니다. 수군거림과 비방과 뒷담화도 이 폭력에 해당됩니다. 정신적, 영적 피를 흘리게 하지 말아야 합니다.

적용하기 : 당신은 그릇된 사람들이나 정치적으로 반대파를 향하여 어떤 자세를 가지고 있습니까? 혹시 그들에게서 피를 보기를 원하는 것은 아닙니까?

❷ 무지개가 주는 경고

핵심구절 : "내가 너희와 언약을 세우리니 다시는 모든 생물을 홍수로 멸하지 아니할 것이라 땅을 멸할 홍수가 다시 있지 아니하리라 하나님이 이르시되 내가 나와 너희와 및 너희와 함께 하는 모든 생물 사이에 대대로 영원히 세우는 언약의 증거는 이것이니라 내가 내 무지개를 구름 속에 두었나니 이것이 나와 세상 사이의 언약의 증거니라 내가 구름으로 땅을 덮을 때에 무지개가 구름 속에 나타나면 내가 나와 너희와 및 육체를 가진 모든 생물 사이의 내 언약을 기억하리니 다시는 물이 모든 육체를 멸하는 홍수가 되지 아니할지라" (창 9:11~15)

우리가 오해하는 것 중 하나는 무지개가 축복이라고 생각한다는 점입니다. 왜냐하면 하나님께서 물로 심판하지 않겠다고 약속하시는 증표로 주신 것이기 때문입니다. 하나님은 사람뿐만 아니라 모든 생물들에게도 약속의 증거로 주셨습니다. 그러나 무지개 언약은 축복의 증거가 아니라 더욱 확실한 심판의 증거일 뿐입니다. 하나님께서 이 세상을 심판하지 않겠다는 것이 아니라 단지 물로는 심판하지 않겠다는 말씀입니다. 최후의 심판이 남아있고 그 심판은 더 무서운 불 심판이 될 텐데 심판이 조금 늦추어졌다고 해서 기뻐할 일은 아닌 것입니다. 물론 우리는 무지개를 보고 하나님의 기다리심의 은혜를 찬양해야 합니다. 다만 한번 구원으로 영원한 천국을 보장받은 것이라는 착각에서는 벗어나야 할 것입니다.

　인간을 구원하신 하나님은 구원받은 인간이 세상을 잘 다스려 창조주 하나님과 구원자 예수 그리스도를 믿게 하시기 위한 사명을 주셨습니다. 그것을 위해서 예수님께서 인간의 모든 죄와 허물을 짊어지고 십자가에서 죽으셨던 것입니다. 만약에 그리스도의 백성들이 그리스도의 제자는커녕 세상 사람들과 조금도 다르지 않은 삶을 산다면 그리스도의 보혈은 헛된 것이 되어버릴 것입니다. 그 결과를 우리는 바리새인들에게서 확인할 수 있습니다. 무지개언약은 심판하지 않겠다는 약속이 아니라 심판을 마지막 때까지 유보하시겠다는 표시입니다. 우리는 무지개언약에 합당한 삶을 살아야 합니다.

"하나님은 모든 사람이 구원을 받으며 진리를 아는 데에 이르기를 원하시느니라"(딤전 2:4)

적용하기 : 당신은 예수님을 영접하여 거듭난 것으로 만족하고 있습니까? 아니면 주님의 은혜에 보답하기 위해서라도 주님을 닮기 위해 애를 쓰고 주님을 따라가려고 힘쓰고 있습니까?

하나님의 마음

하나님은 우리 그리스도인들이 무지개를 볼 때 물 심판을 생각하고 불 심판을 준비하기를 원하실 것입니다. 당신은 하나님의 마음을 어느 정도나 이해하고 있다고 생각합니까?

오늘 받은 은혜

전체적으로 당신이 받은 은혜와 느낌을 기록해보십시오.

실천을 위한 도전 (기도하여 성령님의 인도하심을 받으십시오.)

혹시 다른 사람의 마음에 피를 흘리게 한 적이 있었습니까? 생각나는 사람이 있다면 사과하고 용서를 구하시기 바랍니다. 그리고 마지막 심판을 어떻게 준비해야 하겠는지 이야기해 보십시오.

본문 개론

　노아와 함께 방주를 짓고 대홍수를 이겨내며 무지개언약을 받은 노아의 아들 삼형제들을 통하여 하나님은 인류를 형성해가십니다. 이것은 성경이 단지 이스라엘만을 중심으로 기록된 것이 아니라 온 인류가 하나님의 뜻을 따라 진행되고 있음을 밝혀주는 것이며, 인간역사를 하나님께서 주관하신다는 사실을 드러내는 것입니다. 오늘날 비록 예수 그리스도의 구속을 받은 사람과 그렇지 못한 사람으로 구분되어야 하기는 하지만 전체적으로 볼 때에는 모든 나라 족속들이 모두 같은 하나님에 의해 조성되었음을 알고 평화와 화합과 연합을 추구할 수 있어야 하겠습니다. 노아의 아들들은 셈과 함과 야벳인데 족보에는 야벳과 함과 셈의 순서대로 기록된 것은 하나님의 언약을 성취해나갈 주인공들을 나중에 배치함으로써 하나님의 섭리가 점진적으로 성취되어간다는 사실을 말해주고 있는 것입니다.

본문 적용

   모든 인류는 셈과 함과 야벳의 후예 중 어느 하나에 속할 것입니다. 야벳은 물질문명의 발달, 함은 인간의 힘의 발달, 셈은 정신문화의 발달이라고 말할 수 있다면 모든 인간은 이 세 가지 요소에 의해 지배를 받거나 발전해 나갈 것입니다. 물론 복합적이거나 종합적일 수 있습니다. 이런 특성들은 분명히 존재하지만 오늘날 인류가 나아갈 길은 모든 것에도 불구하고 하나님과의 관계, 곧 영적 상태라는 사실을 알아야 할 것입니다. 그것은 하나님께서 간섭하시고 인도해 가시는 방향과 목표를 설명하고 있는데 창세기의 처음부터 하나님과 무관하게 나아갔던 인간들은 전부 멸절당하거나 심판으로 사라져간 데에서 더욱 명확해지는 것입니다. 성경에 나오는 이후의 족보에서도 마찬가지이지만 그렇게 기록하게 된 것은 하나님의 마음과 뜻을 헤아림으로써 하나님께서 기뻐하시는 인간으로 성장해나가도록 하시기 위한 배려라고 할 수 있습니다.

❶ 함의 발자취를 보면서

핵심구절 : "가나안은 장자 시돈과 헷을 낳고 또 여부스 족속과 아모리 족속과 기르가스 족속과 히위 족속과 알가 족속과 신 족속과 아르왓 족속과 스말 족속과 하맛 족속을 낳았더니 이 후로 가나안 자손의 족속이 흩어져 나아갔더라 가나안의 경계는 시돈에서부터 그랄을 지나 가사까지와 소돔과 고모라와 아드마와 스보임을 지나 라사까지였더라"(창 10:15~19)

본문에는 아직 기록되어 있지 않지만 우리는 함의 계보를 통하여 귀중한 원리를 배워야 할 것입니다. 함의 셋째 아들인 가나안의 계보에서는 우리에게 익숙한 이름들이 여럿 나옵니다. 여부스, 아모리, 기르가스, 히위 족속 등입니다. 모두 어떤 이름들입니까? 후에 이스라엘이 정복할 가나안 땅에 사는 족속들입니다. 함이 노아로부터 받았던 "가나안은 저주를 받아 그의 형제의 종들의 종이 되기를 원하노라"(9:25)는 저주는 사실 얼마 되지 않아서 그대로 실현되고 말았던 것입니다. 함의 후손들 중에는 니므롯과 같은 큰 용사도 있었는데(9) 그는 바벨에서부터 앗수르까지 방대한 영토를 차지했고(11) 앗수르의 수도 니느웨를 건축하기도 했다고 전해집니다. 니므롯에게서 함의 모든 특징들이 그대로 드러나는데, 후에 가나안 족속들에게서 드러나듯이 그들의 죄악이 가득 찰 때에 이스라엘에게 가나안 정복을 명하실 정도로 하나님을 대적하는 자들이었습니다.

이렇게 하나님을 대적하던 함의 족속들은 여호수아 시대에 이스라엘에게 정복당했고 솔로몬 시대에는 완전히 복속되었듯이 타종족의 지배 아래에서 많은 수모와 학대를 당할 정도까지 되었습니다. 오늘날뿐 아니라 세계 역사는 니므롯을 비롯한 함의 족속처럼 세상을 정복하고 하나님을 대적하며 사람들을 죽이고 학대하는 죄악들로 점철되어 왔습니다. 그것은 하나님을 대적하는 방식입니다. 그들은 함 족속들처럼 일시적으로 성공하고 잘 되며 물질과 명예를 축적시킨 듯이 보입니다. 그러나 조만간에 눈에 보이는 그런 성공들은 이 세상에서 다 썩어져서 아무런 의미도 없을 뿐만 아니라 오히려 인류에 해만 끼치는 그런 모습으로 드러나게 될 것입니다. 그런데도 여전히 성공과 부흥과 권력을 추구해 나간다면 그는 셈의 족속이 아니라 함의 족속임에 틀림이 없을 것입니다.

"무릇 하나님께로부터 난 자마다 세상을 이기느니라 세상을 이기는 승리는 이것이니 우리의 믿음이니라"(요일 5:4)

적용하기 : 셈의 후예이면서도 함의 길을 간다면 그는 셈의 후예가 아닐 것입니다. 당신 속에 함의 후예로서의 욕구가 얼마나 많이 남아 있습니까? 당장 버려야 할 것은 무엇입니까?

❷ 에벨 온 자손의 조상

핵심구절 : "셈은 에벨 온 자손의 조상이요 야벳의 형이라 그에게도 자녀가 출생하였으니 셈의 아들은 엘람과 앗수르와 아르박삿과 룻과 아람이요 아람의 아들은 우스와 훌과 게델과 마스며 아르박삿은 셀라를 낳고 셀라는 에벨을 낳았으며 에벨은 두 아들을 낳고 하나의 이름을 벨렉이라 하였으니 그 때에 세상이 나뉘었음이요"(창 10:21~25)

많은 이름들 중에는 특별하게 기억되는 이름이 있습니다. 본문에서 셈을 소개할 때에 '에벨 온 자손의 조상'이라고 했습니다. 아마도 에벨이 믿음의 본이 되었기 때문일 것이라고 말할 수 있습니다. 우리가 히브리 민족이라고 부를 때 '히브리'의 어원이 아마도 '에벨'(Eber → Heber → Hebrew)이었을 것입니다. 하나님께서 언약하신 백성인 아브라함과 그의 자손들의 믿음도 에벨로부터 계승되어 내려왔던 것입니다. 아브라함이 밑도 끝도 없이 갑자기 등장한 것이 아니었습니다. 거의 모든 사람들이 하나님과 무관하게 살았지만 그 중에서 에벨은 믿음이 뛰어난 사람이었고 셈 족속들 중에서도 경건하게 사는 모델과도 같은 사람이었던 것입니다. 그래서 그의 후손들은 '에벨의 자손'이라는 말을 자랑스럽게 생각했을 것이고 그 중에서도 믿음으로 사는 사람들을 가리켜 에벨의 자손이라고 통칭했을 것이라는 말입니다. 그래서 그의 조상 셈까지도 '에벨의 조상'이라는 명예로운 호칭을 받았을 것입니다.

함과 가나안의 후예들과는 완전히 정 반대의 위치에 있었던 이름이 바로 에벨입니다. 오늘날 우리들에게는 에벨의 자손이 아니라 그리스도인이라는 이름이 붙여져 있습니다. 물론 영적으로 볼 때에는 우리가 아브라함의 후예들이라고 불리는 것과 마찬가지로 에벨의 후예라고 불려도 전혀 이상할 것이 없습니다. 다만 우리는 영적 히브리인으로서 그리스도의 피로 말미암아 구속받은 존재들이기 때문에 구약의 개념이 아니라 인간구원의 성취의 개념으로서의 그리스도인이라고 부르게 된 것입니다. 에벨이 구체적으로 어떻게 믿음의 삶을 살았는지에 대해서는 알 수 없으나 마치 노아나 아브라함처럼 당대에 의인으로서 승리하는 삶을 살았던 것만은 분명합니다. 오늘날 그런 육신적인 의미에서의 가문, 족보 등은 크게 중요하지 않지만 우리 그리스도인들에게도 믿음의 자손들이 계승되어야 합니다. 우리 개인의 이름이 뚜렷하게 드러나지 않더라도 우리는 에벨의 자손이요 아브라함의 후예요 부르심 받고 구속된 그리스도인들입니다. 그리스도인으로서 자부심을 가지고 살아야 하겠습니다.

"만나매 안디옥에 데리고 와서 둘이 교회에 일 년간 모여 있어 큰 무리를 가르쳤고 제자들이 안디옥에서 비로소 그리스도인이라 일컬음을 받게 되었더라"(행 11:26)

적용하기 : 에벨의 시대에는 교회와 같은 집합적인 종교행위가 없었습니다. 에벨의 삶과 일생을 통하여 믿음이 전파되었다는 말입니다. 당신의 삶은 종교적입니까 신앙적입니까?

하나님의 마음

하나님은 인간의 족보를 통해서 구원사역을 성취해 오셨습니다. 이제는 족보가 아니라 믿음의 계승을 원하십니다. 당신은 어떤 믿음을 어떻게 계승하고 있습니까?

오늘 받은 은혜

전체적으로 당신이 받은 은혜와 느낌을 기록해보십시오.

실천을 위한 도전 (기도하여 성령님의 인도하심을 받으십시오.)

후손들에게 믿음의 본이 될 만한 삶의 모습들 중에서 당신이 할 수 있는 한 가지를 선택하여 당신만의 신앙의 모습을 보여주시기 바랍니다. 그것은 무엇입니까?

11
바벨탑 사건에서 데라까지
창세기 11:1~32

본문 개론

홍수 후 100여년이 지날 무렵에, 즉 에벨이 벨렉을 낳을 무렵에 (홍수 후 2년에 셈이 아르박삿을, 이어서 아르박삿이 35세에 셀라를, 셀라는 30세에 에벨을, 에벨은 34세에 벨렉을 낳음) 흩어지던 인간은 시날 평지라는 넓고 살기 좋은 땅을 만납니다. 하나님은 세상의 곳곳으로 흩어져서 나름대로 살기를 원하셨지만 인간은 하나님께 도전하는 바벨탑 사건을 일으킵니다. 인간의 능력을 믿고 돌 대신 벽돌을 굽고, 역청 대신 진흙을 사용하여 바벨탑을 쌓게 됩니다. 이것은 인간의 힘의 극대화로 하나님을 모독하고, 자기들의 이름을 떨치고자 하는 것이었으며, 온 세상으로 흩어짐을 막고 단일 권력을 이루고자 하는 일이었습니다. 바벨탑은 지금도 똑같이 일어나는데 최후에는 세상의 권력을 상징하는 바벨론을 멸하신다고 기록하기도 했습니다(계 18장). 아무튼 그 후에 하나님께서 언어를 흩으셨고 아브라함을 준비시켜 가신 것이었습니다.

바벨탑을 쌓는 인간   (1~4)
하나님께서 언어를 혼잡하게 하심   (5~9)
셈의 족보   (10~26)
데라의 족보   (27~32)

본문 적용

단일 권력이 생기면 모든 국가들이나 구성원들의 특징과 권리는 다 사라질 것이고 하나님을 정면으로 공격하고 대립하는 현상이 일어날 것입니다. 오늘날에도 언어가 하나가 되는 현상과 과학의 발달로 인간의 힘으로 세상을 지키기 위해 애를 쓰고 있습니다. 하지만 하나님의 방식은 이와는 전혀 다릅니다. 세상은 여전히 세력화, 권력화, 단일의 힘을 자랑하는 쪽으로 흘러가도 하나님은 그와는 정 반대되는 방식으로 하나님의 나라를 지켜나가십니다. 예수님을 이 땅에 내려 보내신 것을 보면 명확합니다. 하나님은 에벨을 준비시키시고 그의 후손 중에서 아브라함을 택하여 하나님의 구원을 이루어가십니다. 고유한 하나님의 방식으로 돌아와야 합니다.

❶ 무엇을 위해 하나가 되는가?

핵심구절 : "여호와께서 이르시되 이 무리가 한 족속이요 언어도 하나이므로 이같이 시작하였으니 이 후로는 그 하고자 하는 일을 막을 수 없으리로다 자,

우리가 내려가서 거기서 그들의 언어를 혼잡하게 하여 그들이 서로 알아듣지 못하게 하자 하시고 여호와께서 거기서 그들을 온 지면에 흩으셨으므로 그들이 그 도시를 건설하기를 그쳤더라 그러므로 그 이름을 바벨이라 하니 이는 여호와께서 거기서 온 땅의 언어를 혼잡하게 하셨음이니라 여호와께서 거기서 그들을 온 지면에 흩으셨더라"(창 11:6~9)

바벨탑은 하나님을 대적하고 하나님의 나라와는 전혀 다른 질서를 꿈꾸는 것입니다. 오늘날 갖가지 종류의 바벨탑이 쌓아올려지고 있습니다. 언어의 바벨탑이 있습니다. 외국어를 하지 못해도 번역기와 같은 수단으로 언어가 전부 통하는 시대입니다. 정보의 바벨탑이 있습니다. 실시간으로 공유됩니다. 기술의 바벨탑이 있습니다. 각 나라가 서로 협력하여 기술을 쌓아올리고 있습니다. 새로운 바벨탑이 높아지고 있는 것입니다. 인본적으로는 세계가 하나가 되는 일이 복된 것으로 인식되지만, 하나님의 관점으로 보면 모든 것이 창조주 하나님을 배척하는 방향으로 흘러가는 것입니다.

교회는 무엇으로 하나가 되어야 하겠습니까? 세상의 바벨탑을 쫓아 정보와 기술과 언어의 하나 됨을 따라가야 하겠습니까? 아니면 언제나 변함없고 영원토록 진리 되시는 하나님의 말씀으로 하나가 되어야 하겠습니까? 안타깝게도 말씀이라는 기준이 아니라 세상의 바벨탑과도 같은 세태를 따라가는 것이 오늘날 교회의 모습입니다. 뿌리 없는 식물처럼 이리저리 세상의 바람에 휩쓸리는 모습을 보인다면 거기에서는 아무런 희망도 찾을 수가 없습니다. 오직 하나님의 말씀으로 하나가 되어야 하겠습니다.

"우리가 다 하나님의 아들을 믿는 것과 아는 일에 하나가 되어 온전한 사람을 이루어 그리스도의 장성한 분량이 충만한 데까지 이르리니"(엡 4:13)

적용하기 : 당신은 세상에 대해 얼마나 잘 분별하고 있습니까? 혹시 말씀의 뿌리 없이 세상 속에 흔들리고 있지는 않습니까?

❷ 하나님은 정말 역사에 개입하실까?

핵심구절 : "사래는 임신하지 못하므로 자식이 없었더라 데라가 그 아들 아브람과 하란의 아들인 그의 손자 롯과 그의 며느리 아브람의 아내 사래를 데리고 갈대아인의 우르를 떠나 가나안 땅으로 가고자 하더니 하란에 이르러 거기 거류하였으며 데라는 나이가 이백오 세가 되어 하란에서 죽었더라 … 여호와께서 아브람에게 이르시되 너는 너의 고향과 친척과 아버지의 집을 떠나 내가 네게 보여 줄 땅으로 가라"(창 11:30∼12:1)

우리는 보통 하나님께서 역사를 이끌어 가신다고 믿고 있습니다. 맞습니다. 하나님은 역사의 주관자이십니다. 그렇다면 하나님은 언제 역사에 개입하실까요? 본문에 보면 하나님은 인간의 흐름을 그대로 보고 계시다가 결정적으로 위험해질 때에 개입하셨습니다. 그것이 바벨탑 사건이었습니다. 인간들이 하나님의 뜻과는 관계없이 자기들의 뜻대로 세상을 주관하기 위하여 바벨탑을 쌓기 시작했습니다. 만약에 그대로 내버려두면 하늘에 닿을 수 있는 크기의 바벨탑을 쌓아올려서 하나님을 대적할 것입니다. 하나님은 그 때 언어를 흩으심으로써 인간들의 의지대로 성공하지 못하게 하셨습니다. 하나님께서 역사에 개입하실 때가 따로 있습니다.

그렇다면 하나님은 어떤 방식으로 인간 역사에 개입하시겠습니까? 바벨탑 사건처럼 직접 개입하실 때가 있습니다. 그러나 일반적인 방식은 아브람을 부르시는 모습을 보고 깨달을 수 있습니다. 하나님은 인간의 역사에 개입하실 때 사람을 통하여 개입하십니다. 인간역사뿐 아니라 국가의 역사에도 그렇게 개입하십니다. 바벨탑 사건 이후에 하나님은 인간구원의 계획을 이루어 가셔야만 합니다. 인간구원의 역사가 바로 하나님의 역사개입입니다. 국가를 위해 기도하십니까? 그렇다면 당신은 하나님께서 찾으시는 사람이 되어야 합니다. 사람이 준비되지 않으면 하나님은 개입하지 않으십니다. 하나님께서 쓰실 수 있는 사람으로 준비해 나아가야 합니다.

"그러나 너희는 택하신 족속이요 왕 같은 제사장들이요 거룩한 나라요 그의 소유가 된 백성이니 이는 너희를 어두운 데서 불러내어 그의 기이한 빛에 들어가게 하신 이의 아름다운 덕을 선포하게 하려 하심이라"(벧전 2:9)

적용하기 : 하나님은 당신을 사용하여 하나님의 일을 이루기를 원하십니다. 당신은 그 일에 있어서 어느 정도나 준비되어 있습니까? 그런 의식으로 준비하고 있습니까?

하나님의 마음

하나님은 하나님의 자녀들이 말씀으로 하나가 되기를 기다리고 계십니다. 말씀으로 하나가 되려면 다 같이 자라가야 합니다. 당신은 조금씩이라도 자라가고 있습니까?

오늘 받은 은혜

전체적으로 당신이 받은 은혜와 느낌을 기록해보십시오.

실천을 위한 도전 (기도하여 성령님의 인도하심을 받으십시오.)

사회를 위하여 무엇인가를 행하기 이전에 자기를 준비하는 것이 먼저입니다. 하나님께서 쓰시기에 합당하도록 오늘 당신이 내릴 결단 한 가지를 이야기하십시오.

본문 개론

　세상은 자기들 뜻대로 흘러가도 이제는 하나님의 이야기가 시작됩니다. 하나님께서 세상을 방관하시는 것 같아도 인간구원계획을 실현하고 계시는 것입니다. 비록 세상과 전혀 관계없는 것 같아도 때가 되면 퍼즐이 맞추어지게 되어 있습니다. 하나님께서 아브라함에게 약속하신 모든 말씀들은 바벨탑을 쌓던 인간들과 정확하게 반대되는 개념입니다. 바벨탑은 하나님을 대적하여 자기들의 능력으로 이름을 내고 하나로 뭉치자는 것이었습니다. 그러나 하나님은 아브라함에게 하나님께 순종하여 작은 식구들을 떠나기만 하면(1) 하나님의 능력으로 큰 민족을 이루고 그 이름을 창대하게 하시며(2) 모든 족속이 그를 통하여 복을 받을 것이라고(3) 하셨습니다. 마침내 아브라함은 어디로 갈지도 모르면서 고향을 떠나 가나안에 도착합니다. 하지만 하나님께서 명하신 땅에 기근이 들자 아브라함은 조금의 망설임도 없이 애굽에 거류하려고(10) 내려가게 됩니다.

본문 적용

오직 믿음으로 고향을 떠난다는 것은 결코 쉬운 일이 아닙니다. 더구나 유목민으로서 삶의 근거를 버리는 일은 여호와의 언약을 믿는 믿음이 아니라면 가능한 일이 아닐 것입니다. 그렇게 아브람은 오직 하나님만을 의지하고 모든 것을 떠나서 가나안의 세겜 땅에 도착합니다. 거기에서 하나님께서 다시 나타나셔서 언약을 다짐해주셨고 아브람은 그곳에 단을 쌓고 하나님께 제사를 드립니다. 하지만 그 땅에는 이미 가나안 족속들이 다 자리를 잡고 있었으며 아브람이 거주할 만한 곳은 발견할 수 없었습니다. 이럴 때 우리의 신앙은 그 정체를 드러내게 되어 있습니다. 애굽이라는 바벨탑 속으로 들어가는 일의 옳고 그름을 떠나서 하나님의 말씀과 대치된다는 말입니다. 후에 야곱도 애굽으로 내려갔는데, 그때는 하나님께서 허락하시고 그 길이 하나님의 섭리 가운데 있음을 가르쳐주셨습니다. 아무튼 하나님의 일을 하면서도 바벨탑을 의존하려는 경향은 누구나 가지고 있습니다. 그러나 애굽에 내려가서도 거기에 어떻게 대처해야 하는가가 우리 앞에 놓인 문제입니다. 우리에게는 항상 애굽이 놓여 있습니다.

❶ 상상할 수도 없는 하나님의 약속

핵심구절: "여호와께서 아브람에게 이르시되 너는 너의 고향과 친척과 아버지의 집을 떠나 내가 네게 보여 줄 땅으로 가라 내가 너로 큰 민족을 이루고 네게 복을 주어 네 이름을 창대하게 하리니 너는 복이 될지라 너를 축복하는 자에게는 내가 복을 내리고 너를 저주하는 자에게는 내가 저주하리니 땅의 모든 족속이 너로 말미암아 복을 얻을 것이라 하신지라 이에 아브람이 여호와의 말씀을 따라갔고 롯도 그와 함께 갔으며 아브람이 하란을 떠날 때에 칠십오 세였더라"(창 12:1~4)

하나님은 아브람을 불러서 가나안으로 가게 하실 때 아브람이 상상할 수 없는 약속을 강하게 주셨습니다. 큰 민족을 이루고 이름을 창대하게 하시며 복의 근원이 되게 하시고 모든 족속이 너로 인하여 복을 얻게 될 것이라고 말씀하셨습니다. 그 때 아브람의 마음이 어땠을까요? 하나님께서 어떤 방식으로 말씀하셨는지는 알 수 없지만, 아브람이 하나님의 약속을 굳게 믿고 결단하여 고향을 떠날 수 있을 정도로 그 약속은 엄청난 것이었습니다. 물론 아브람의 믿음이 가장 크게 작용했을 것입니다. 오늘날 그리스도인들 중에는 이 아브람의 복을 꿈꾸는 사람들이 많이 있습니다. 물론 아브람처럼 모든 족속이 너로 인하여 복을 받을 것이라는 정도는 아닐 것입니다마는, 아무튼 눈으로 볼 수 있고 손으로 만질 수 있는 그런 복을 생각할 것입니다. 하지만 하나님께서 약속하신 복은 그렇게 손으로 잡을 수 있는 복이 아니라 오히려 영적이고 실체적인 복이라는 사실을 알아야 합니다. 아브람이 받은 복은 그리스도로 완성되었기 때문입니다. 하나님은 오늘 우리에게도 아브람에게 허락하신 참된 복을 주셨습니다. 그것은 영생의 복입니다. 우리로 인하여 그리스도의 복음이 수많은 사람들에게 전파될 것입니다. 사실은 그것보다 더 큰 복은 없습니다. 아무리 큰 세상의 복을 받아도 죽음으로써 끝이 난다면 그 모든 것이 무슨 소용이 있겠습니까?

"그가 우리에게 약속하신 것은 이것이니 곧 영원한 생명이니라"(요일 2:25)

적용하기 : 당신은 지금도 물질적, 세상적 꿈을 꾸고 있습니까? 그렇다면 당신은 아직 아브람에게 주신 복을 오해하고 있는 것입니다. 하나님께서 당신에게 주신 참된 복은 무엇이겠습니까?

❷ 하나님의 약속이 혼란스럽다.

핵심구절 : "여호와께서 아브람의 아내 사래의 일로 바로와 그 집에 큰 재앙을 내리신지라 바로가 아브람을 불러서 이르되 네가 어찌하여 나에게 이렇게 행하였느냐 네가 어찌하여 그를 네 아내라고 내게 말하지 아니하였느냐 네가 어찌 그를 누이라 하여 내가 그를 데려다가 아내를 삼게 하였느냐 네 아내가 여기 있으니 이제 데려가라 하고 바로가 사람들에게 그의 일을 명하매 그들이 그와 함께 그의 아내와 그의 모든 소유를 보내었더라"(창 12:17~20)

앞으로 계속해서 반복될 일이지만 하나님은 아브람이 무슨 짓을 해도 항상 아브람의 편이 되어 주셨습니다. 처음에 애굽의 바로에게 아내를 빼앗겼을 때에도 하나님께서 구해 주셨지만, 나중에 이삭을 낳기 얼마 전에도 아비멜렉에게 아내를 빼앗겼는데 그때도 하나님께서 구해 주셨습니다. 하나님은 아브람이 무슨 일을 해도 반드시 그의 편이 되어주셨고 위기나 문제가 닥쳤을 때에는 반드시 구해주셨습니다. 그런데 많은 그리스도인들은 바로 이런 하나님을 원하고 있습니다. 하지만 하나님은 왜 이렇게까지 아브람을 보호하시는 것일까요? 후대의 기독교인들이 이런 아브람을 꿈꿀까봐 은근히 겁나기까지 하는데도 말입니다.

우리는 아브람에게서 믿음이 모델을 찾아야 합니다. 하나님께서 이렇게 무조건적으로 아브람의 편이 되어 주신 것은 아브람이 믿음으로 완전히 새롭게 되기를 기다리시기 때문입니다. 하나님은 이미 아브람과 사래에게서 약속의 아들이 나올 것을 말씀하셨습니다. 아브람에게 약속하신 큰 복은 전부 아브람과 사래에게서 태어날 자녀에게서만 성취된다는 말입니다. 하나님이 사래를 보호하실 수밖에 없는 이유입니다. 그렇다고는 해도 아브람은 40년 이상의 시험과 연단과 훈련을 통하여 비로소 믿음의 사람, 곧 자기중심에서 벗어나서 하나님 중심의 사람이 되었습니다. 일평생을 이삭 중심주의자로 살았던 아브람이 이삭을 벗어나서 하나님 중심적으로 변화되기 위한 시간들이었던 것입니다.

"사랑하는 자들아 너희를 연단하려고 오는 불 시험을 이상한 일 당하는 것 같이 이상히 여기지 말고 오히려 너희가 그리스도의 고난에 참여하는 것으로 즐거워하라"(벧전 4:12~13上)

적용하기 : 당신은 지금 어떤 어려움을 겪고 있습니까? 혹은 별 문제가 없습니까? 아브람처럼 삶에서 닥치는 어려움을 당신은 어떻게 받아들이고 있습니까? 문제를 통하여 변화되고 있습니까?

하나님의 마음

하나님께서 당신을 사랑하신다면 당신에게 문제를 허락하실 것입니다. 문제를 만나지 않으면 변화될 수 없기 때문입니다. 가장 최근에 겪은 문제를 이야기해 보십시오.

오늘 받은 은혜

전체적으로 당신이 받은 은혜와 느낌을 기록해보십시오.

실천을 위한 도전 (기도하여 성령님의 인도하심을 받으십시오.)

복음을 받아들이는 사람에게는 반드시 하나님의 약속이 있습니다. 어떤 식으로든 하나님께서 주신 약속이 있다면 이야기해 보십시오. 그것을 붙잡고 나아가십시오.

본문 개론

어찌 되었든지 아브람은 아내를 누이라고 속인 덕분에 바로로 부터 양과 소와 노비와 암수 나귀와 낙타를 풍성하게 얻었고(12:16) 아마도 은과 금도 많이 얻었던 것 같습니다(2). 기근을 만나 곤란 한 지경에 애굽으로 내려갔지만 애굽을 나올 때에는 모든 것이 풍 성해진 것입니다. 비록 아브람이 욕심을 부려서 얻는 것은 아니었 지만 하나님께서 아브람을 도우셔서 부자가 된 것이었습니다. 하 지만 재물이 많아지면 다툼이 생기는 법입니다. 땅도 넓지 않았고 또 그 땅에는 가나안과 브리스 사람들이 이미 살고 있었습니다. 아 브람은 롯에게 모든 것을 양보했습니다. 어차피 하나님께서 허락 하셔야 모든 것이 이루어집니다. 비록 믿음이 약하여 아내를 누이 라고 속였지만 아브람에게 하나님의 은혜와 사랑은 더욱 확실하게 확인한 터였습니다. 그리고 하나님은 양보한 아브람에게 다시 약 속하십니다.

아브람과 롯이 다시 가나안으로 돌아오다.　　(1~4)

아브람과 롯의 종들이 다투다.　　(5~7)

롯이 독립하여 소돔으로 향하다.　　(8~13)

아브람이 헤브론으로 옮겨가다.　　(14~18)

본문 적용

　그 사람의 신앙은 그 사람이 내린 결정을 보면 알 수 있습니다. 똑같은 상황이 아브람과 롯에게 주어졌습니다. 아브람은 마음대로 선택할 수 있었습니다. 가나안에 대한 약속은 아브람에게 주신 것이었습니다. 애굽에서 큰 실수를 했지만 오히려 복을 받고 나온 것에서 아마도 아브람은 처음으로 하나님의 간섭하심을 체험했을 것입니다. 비록 아직은 믿음의 조상과는 거리가 멀지만 하나하나 하나님 체험을 쌓아나가고 있는 중이었고, 그 믿음이 이번 결정에 영향을 끼쳤던 것입니다. 아브람은 모든 것을 조카 롯에게 양보했습니다. 결국 하나님은 롯이 여호와의 동산 같고 보기에 좋은 땅으로 떠나자말자 이미 하신 약속을 확증해주셨습니다. 롯이 알지 못하는 믿음이 아브람에게 있었던 것입니다. 롯이 비록 믿음이 부족했더라도 인간적으로라도 아브람에 양보했다면 그의 삶도 달라졌을 것입니다. 지금도 우리는 날마다 하나님과 세상의 갈림길에 서 있습니다.

❶ 큰 성공은 욕심일 뿐이다.

핵심구절 : "이에 롯이 눈을 들어 요단 지역을 바라본즉 소알까지 온 땅에 물이 넉넉하니 여호와께서 소돔과 고모라를 멸하시기 전이었으므로 여호와의 동산 같고 애굽 땅과 같았더라 그러므로 롯이 요단 온 지역을 택하고 동으로 옮기니 그들이 서로 떠난지라 아브람은 가나안 땅에 거주하였고 롯은 그 지역의 도시들에 머무르며 그 장막을 옮겨 소돔까지 이르렀더라 소돔 사람은 여호와 앞에 악하며 큰 죄인이었더라"(창 13:10~13)

아브람과 롯의 소유가 많아지고 함께 움직이기에는 여러모로 불편해졌습니다. 아브람과 롯의 일꾼들 사이에 다툼이 일어났습니다. 아브람과 롯의 가축이 많아졌을 때 선택할 수 있는 몇 가지가 있는데, 그 자리에서 함께 세력을 확장시키는 것을 우선 생각할 수 있습니다. 그리고 함께 외지로 이전하는 것도 생각해볼 수 있습니다. 이런 마음들은 되도록 세력을 유지하려는 마음이 강할 때 선택할 수 있는 길입니다. 말하자면 욕심의 결과라는 것입니다. 하지만 이렇게 되면 가나안 원주민들로부터 오히려 멸망까지 당할 수 있는 위험을 감수해야 합니다. 아브람과 롯은 결국 헤어지기로 결심했습니다. 이것이 가장 바른 길입니다.

무엇이든지 대형화되면 그것을 유지하려고 노력하고, 더 크게 세력을 확장시키려고 하게 됩니다. 만약에 교회도 크게 부흥하여 세력을 확장하려고 하면, 커지면 커질수록 하나님의 마음과는 멀어지기가 쉽습니다. 큰 교회는 나름대로 특별한 기능이 있기 때문에 필요한 부분이 있지만, 너도나도 수적인 부흥을 추구하고 거기에 몰두하게 되는 것이 큰 문제인 것입니다. 작은 교회이든 중형 교회이든 모두가 대형교회를 부러워하고 꿈을 꾼다면 주님은 그런

교회에서 견디기 어려우실 것입니다. 규모를 떠나 주님의 마음을
드러내려고 하는 교회가 바른 교회입니다. 커지면 되도록 나누어
지는 것이 하나님의 마음입니다.

"나는 나사렛 예수의 이름을 대적하여 많은 일을 행하여야 될 줄 스스로
생각하고 예루살렘에서 이런 일을 행하여 대제사장들에게서 권한을 받아
가지고 많은 성도를 옥에 가두며 …"(행 26:9~10 上)

적용하기 : 우리는 무엇이든지 커지면 하나님께서 하셨다고 생각합니
다. 그러나 주님의 마음이 사라진다면 아무것도 아닙니다. 당신은 일
이전에 주님의 마음을 얼마나 알려고 애를 씁니까?

❷ 하나님은 눈을 감지 않으신다.

핵심구절 : "롯이 아브람을 떠난 후에 여호와께서 아브람에게 이르시되 너는
눈을 들어 너 있는 곳에서 북쪽과 남쪽 그리고 동쪽과 서쪽을 바라보라 보이
는 땅을 내가 너와 네 자손에게 주리니 영원히 이르리라 내가 네 자손이 땅의
티끌 같게 하리니 사람이 땅의 티끌을 능히 셀 수 있을진대 네 자손도 세리라
너는 일어나 그 땅을 종과 횡으로 두루 다녀 보라 내가 그것을 네게 주리라"
(창 13:14~17)

우리가 더 나쁜 것을 선택할 때 하나님은 눈을 감고 계실까요?
아브람은 조카 롯에게 전부 양보했습니다. 롯은 자기가 보기에 좋

은 곳을 선택하고 그리로 향했습니다. 롯이 선택한 곳은 얼핏 보기에 마치 여호와의 동산 같았습니다. 하와가 선악열매를 보고 보암직도 하고 먹음직도 하게 느낀 것과 똑같지 않습니까? 그리스도인이 무엇인가를 선택할 때 무엇을 기준으로 결정해야 하겠습니까? 롯입니까, 아브람입니까? 당신이 먼저 택합니까, 이웃이 먼저 택하게 합니까? 어느 곳이든지 하나님과 함께 하는 곳이라면 하나님은 반드시 그 뜻을 이루어주십니다.

만약에 롯이 요단 들판이 아니라 그 반대편을 택했다면 하나님께서 어떻게 응하셨을까요? 할 수 없이 소돔 쪽으로 가게 된 아브람을 저주하셨을까요? 결코 그렇지 않을 것입니다. 아브람이 소돔으로 갔다고 해도 하나님은 여전히 14~17절의 복을 허락하셨을 것입니다. 어떤 장소나 조건이 문제가 아니라 하나님과 함께 하는가의 문제이기 때문입니다. 많은 성도들이 하나님의 일을 한다면서 정작 하나님과의 관계를 떠나버립니다. 더 좋은 것, 더 많은 것을 지향하다가 오히려 하나님과 멀어져버립니다. 아닙니다. 아브람처럼 세상이 어느 것을 먼저 취하든 우리는 하나님의 편에 서 있으면 됩니다. 그것이 승리의 비결입니다.

"너희는 나의 모든 시험 중에 항상 나와 함께 한 자들인즉 내 아버지께서 나라를 내게 맡기신 것 같이 나도 너희에게 맡겨"(눅 22:28~29)

적용하기 : 당신은 일에 집중합니까, 아니면 관계에 집중합니까? 어느 쪽도 다 옳습니다만, 하나님과의 관계를 잃어버리면 우리의 삶은 아무 것도 아닐 수 있습니다.

하나님의 마음
하나님은 우리와 함께 하시는 것을 기뻐하십니다. 지금 또는 과거에 하나님을 잃어버린 경우가 있(었)습니까?

오늘 받은 은혜
전체적으로 당신이 받은 은혜와 느낌을 기록해보십시오.

실천을 위한 도전 (기도하여 성령님의 인도하심을 받으십시오.)
당신이 지금 하나님과 함께한다면 삶 속에서 당신의 눈에 가장 먼저 띄는 것은 무엇이겠습니까? 한 가지만 실천해보십시오.

14
전쟁에 나간 아브람
창세기 14:1~24

본문 개론

아브람과 직접적인 관련이 없는 세상 전쟁이 아브람의 역사 속으로 들어왔습니다. 아브람은 현실적으로 세상 안에 있었지만 세상에 속한 것은 아니었습니다. 하나님은 아브람에게 약속하신 것을 부분적으로 이루어가고 계셨던 것입니다. 부분적으로지만 "네 이름이 창대하게 하리라"(12:2)고 하신 말씀 중 일부가 소돔지역에서 이루어졌던 것입니다. 그돌라오멜이라는 강대국에 조공을 12년 동안 바치다가 반역한 소돔의 5개국 연합군은 여지없이 패배하고 재물과 사람들까지 빼앗기는 처지에 다다랐습니다. 아브람이 어떤 결정을 내려야 했겠습니까? 이미 아브람은 애굽에서 직접적인 하나님 체험을 거쳤고 롯을 보낸 후에 또다시 분명한 언약을 받았습니다. 불가능할 것 같은 일에 아브람은 믿음으로 나가서 롯과 재물들을 찾아왔습니다. 그리고 더더욱 믿음의 절정을 보였습니다. 멜기세덱에게 십일조를 바치고 소돔 왕에게서는 아무것도 받지 않았던 것입니다.

소돔 연합군이 그돌라오멜을 배반하다.　　　(1~4)

그돌라오멜이 승리하여 롯까지 잡아가다.　　(5~12)

아브람이 롯과 소돔의 재물을 찾아오다.　　(13~16)

멜기세덱에게 십일조를 드리다.　　　　　　(17~20)

아브람이 전리품을 전부 돌려주다.　　　　　(21~24)

본문 적용

　아브람의 모습은 마치 가나안 그 땅의 실질적인 주인이 아브람인 것으로 보이기에 충분합니다. 물론 아직은 아닙니다. 아직까지는 가나안 땅의 어느 곳도 아브람의 소유로 된 곳은 없었습니다. 후에 사라가 죽었을 때에야 헤브론의 막벨라 굴을 값을 치르고 구입하여 매장지로 삼았을 뿐입니다. 하지만 아브람의 지금 행동은 자신이 이 땅의 주인이라는 의식 속에서 나온 행동처럼 보입니다. 우리가 사는 이 세상은 우리가 주인이 아닙니다. 우리는 저 영원한 천국의 주인공들입니다. 그러나 이 세상은 전부 아버지 하나님의 것입니다. 하나님의 것을 하나님의 뜻대로 사용하는 것이 우리들의 삶의 모습이어야 합니다. 하나님의 자녀로서 당당하게 승리해야 할 것입니다.

❶ 사랑은 아브람처럼

핵심구절 : "소돔에 거주하는 아브람의 조카 롯도 사로잡고 그 재물까지 노략

하여 갔더라 도망한 자가 와서 히브리 사람 아브람에게 알리니 그 때에 아브람이 아모리 족속 마므레의 상수리 수풀 근처에 거주하였더라 마므레는 에스골의 형제요 또 아넬의 형제라 이들은 아브람과 동맹한 사람들이더라 아브람이 그의 조카가 사로잡혔음을 듣고 집에서 길리고 훈련된 자 삼백십팔 명을 거느리고 단까지 쫓아가서 그와 그의 가신들이 나뉘어 밤에 그들을 쳐부수고 다메섹 왼편 호바까지 쫓아가 모든 빼앗겼던 재물과 자기의 조카 롯과 그의 재물과 또 부녀와 친척을 다 찾아왔더라"(창 14:12~16)

본문의 내용은 우리가 알고 있는 아브람과 사뭇 다르게 보입니다. 애굽으로 내려갔을 때 아브람은 아내 사래 때문에 죽임을 당할까 두려워 아내를 누이동생이라고 거짓말을 하고 아내를 바로에게 빼앗겼습니다. 이런 아브람의 부끄러운 행동과 비교해볼 때 연합군에게 사로잡혀 간 롯을 구출하기 위해 생명을 건다는 것은 전혀 어울리지 않아 보입니다. 아브람은 318명과 함께 그돌라오멜의 군대를 뒤쫓아 밤중에 기습하여 조카 일행을 전부 되찾아옵니다. 자칫 잘못하면 아브람 자신의 모든 것을 빼앗기고 아무 의미 없이 세상에서 사라질 수도 있는 일이었습니다. 이것을 어떻게 설명해야 할까요? 이것은 후에 하나님께서 명하실 이웃사랑의 모델이라고 할 수 있습니다. 예수님께서 "네 이웃을 네 자신과 같이 사랑하라."고 하셨습니다. 아브람은 자기 자신을 위해서는 거짓말을 했지만 타인인 조카 롯을 위해서는 목숨까지 걸었습니다. 물론 단 하나의 혈육이기 때문에 친자식을 구해야 한다는 마음이었습니다. 그렇습니다. 이웃사랑은 마치 자기 자녀를 사랑하는 것과 같이 이웃을 사랑하는 것입니다. 이웃사랑의 모델이 바로 가족사랑이니까요.

"원수를 갚지 말며 동포를 원망하지 말며 네 이웃 사랑하기를 네 자신과 같이 사랑하라 나는 여호와이니라"(레 19:18)

적용하기 : 이웃사랑의 진정한 모델은 예수님입니다. 우리를 위해 목숨을 주셨으니까요. 당신은 누군가를 위해 마치 아브람처럼 행동한 적이 있었습니까? 이웃이 어려울 때 어떻게 하겠습니까?

❷ 아브람! 멋집니다!

핵심구절 : "소돔 왕이 아브람에게 이르되 사람은 내게 보내고 물품은 네가 가지라 아브람이 소돔 왕에게 이르되 천지의 주재이시요 지극히 높으신 하나님 여호와께 내가 손을 들어 맹세하노니 네 말이 내가 아브람으로 치부하게 하였다 할까 하여 네게 속한 것은 실 한 오라기나 들메끈 한 가닥도 내가 가지지 아니하리라 오직 젊은이들이 먹은 것과 나와 동행한 아넬과 에스골과 마므레의 분깃을 제할지니 그들이 그 분깃을 가질 것이니라"(창 14:21~24)

조카 롯을 구출하고 난 이후의 아브람의 행동은 참 멋진 모습이었습니다. 그는 먼저 되찾아온 재물의 10분의 일을 멜기세덱에게 주었습니다. 그는 살렘 왕이면서 하나님의 제사장이라고 했습니다. 우리가 분명하게 그 상황을 알 수는 없지만 당시 왕에게 바치는 10%이든지 아니면 제사장에게 바치는 10%이든지 아브람은 전혀 아까워하지 않았습니다. 그 뿐이 아닙니다. 소돔 왕이 아브람을 영접하러 나와서 자기 사람들만 돌려보내고 물품은 다 취하라고 했지만 아브람은 함께 공격한 사람들에게 소요된 음식과 분깃 외에는 단 한 푼도 받지 않겠다고 했습니다. 혹시 아브람이 그 전투로 말미암아 부를 쌓으려고 했다는 말을 듣지 않기 위해서이고 또 이것을 하나님께 맹세했습니다. 마치 하나님의 일을 감당하고 난 후에 하나님께만 영광을 돌린 것과 같아 보입니다.

상황에 따라 다르기는 하지만 주의 일을 감당할 때에는 대가 없는 섬김이 필수적입니다. 물론 받지 않아도 생활에 큰 지장이 없을 경우에 한해서 이렇게 말해야 합니다. 그리스도인의 모든 행동과 삶은 예수님을 대신하여 행하는 것입니다. 그래서 모든 일을 예수님의 이름으로 해야 하는 것입니다. 예수 그리스도의 이름으로 섬기는데 대가를 받아버리면 그것은 예수님께서 받으시는 것이 됩니다. 그렇다고 모든 대가를 받지 말라는 말이 아닙니다. 정당한 대가는 받아야 합니다. 대가를 받지 않으면서 그것을 자랑하는 것보다는 정당하게 대가를 받는 것이 더 좋습니다. 나아가 섬길 때 예수님의 이름으로 행하지 않으면 그것은 자기 의가 될 수 있음을 알아야 합니다.

"또 무엇을 하든지 말에나 일에나 다 주 예수의 이름으로 하고 그를 힘입어 하나님 아버지께 감사하라"(골 3:17)

적용하기 : 당신은 하나님의 일을 할 때 주어지는 대가를 어떻게 처리하고 있습니까? 어느 것이라도 자랑이 되거나 치부가 되거나 자기 의가 되지 않도록 조심하면 다 가능합니다.

하나님의 마음

하나님은 우리가 주의 이름으로 타인을 섬길 때 아브람의 모습을 본받기를 원하실 것입니다. 당신은 현재 어떤 삶의 방식을 따르고 있습니까?

오늘 받은 은혜

전체적으로 당신이 받은 은혜와 느낌을 기록해보십시오.

실천을 위한 도전 (기도하여 성령님의 인도하심을 받으십시오.)

아브람이 후에 주어질 하나님의 계명을 알 수가 없었지만 그는 하나님께서 기뻐하시는 원리를 따라 행동했습니다. 당신은 아브람에게서 어떤 행동을 본받겠습니까?

15
언약을 맺으시는 하나님
창세기 15:1~21

상속자가 없는 막대한 유산과 유산이 없는 수많은 후손들이 무슨 의미가 있겠습니까? 그런데 하나님은 또다시 나타나셔서 그 두 가지를 분명하게 약속해주십니다. 이 언약은 아브람이 롯을 구해오는 과정에서 보여주었던 믿음과 연결되는 것이 틀림이 없습니다. 아마도 전쟁에서 승리한 이후로 지나치게 자신을 믿는 현상을 경계하시기 위해서였을 것입니다. 처음에 "나는 네 방패요 너의 지극히 큰 상급"(1)이라고 하신 것은 "네가 연합군을 추격하여 롯과 포로들을 구출해온 것은 바로 내가 함께 한 일이니라."고 하시는 것 같습니다. 하지만 상속자가 없는 아브람이 힘을 얻지 못하자 하나님은 아직 낳지 않은 상속자를 통하여 이루어질 일을 미리 약속하시기 위해 밤하늘의 별들을 보여주시고 아브람이 그것을 믿음으로써 의로 여기셨습니다. 이제부터는 아들에 관한 언약이 아브람을 인도하게 될 것입니다. 그래서 확실한 증거를 위하여 짐승을 쪼개는 방식의 언약을 체결해주셨습니다. 그리고 정복할 나라들도 알려주셨습니다.

상속자에 대해 약속하시다.   (1~4)

별처럼 많은 자손을 약속하시다.   (5~7)

제물을 가져와서 쪼개어놓다.   (8~10)

고난을 예언하시고 횃불로 지나가시다.   (11~17)

번성할 지경까지 약속하시다.   (18~21)

본문 적용

비록 400년간의 고난을 말씀하기는 하셨지만 하나님은 미래에 될 일을 보다 명확하게 밝히심으로써 아브람에게 더 깊은 확신을 주고자 하셨습니다. 그리고 생명을 담보로 맺을 수 있는 횃불언약으로 확증해주셨습니다. 아브람에게 주신 횃불언약이지만 오늘날 우리 그리스도인들에게도 이 언약은 분명하게 허락하셨습니다. 그것은 그리스도의 생명의 언약입니다. 아브람에게는 먼 미래의 일을 약속하셨지만 오늘날 우리들에게는 이미 그 언약은 성취된 것입니다. 문제는 우리가 그것을 횃불언약으로 믿는가 하는 것입니다. 생명은 생명으로 지켜야 합니다. 하나님과의 횃불언약에 대한 확신이 없다면 아무것도 이룰 수가 없습니다. 그리스도께서 우리를 위하여 십자가에 죽으신 것을 목숨 걸고 따라야 참 성도가 되는 것입니다.

❶ 약속은 원래 보이지 않는다.

핵심구절 : "이 후에 여호와의 말씀이 환상 중에 아브람에게 임하여 이르시되 아브람아 두려워하지 말라 나는 네 방패요 너의 지극히 큰 상급이니라 … 그를 이끌고 밖으로 나가 이르시되 하늘을 우러러 뭇별을 셀 수 있나 보라 또 그에게 이르시되 네 자손이 이와 같으리라 아브람이 여호와를 믿으니 여호와께서 이를 그의 의로 여기시고 … 해가 져서 어두울 때에 연기 나는 화로가 보이며 타는 횃불이 쪼갠 고기 사이로 지나더라"(창 15:1, 5~6, 17)

아브람은 불안합니다. 롯을 찾아오기 위해서 그돌라오멜의 군사를 기습하여 사람과 재물을 되찾아온 사건 때문에 혹시 공격을 받을까봐 두렵기도 했습니다. 그런데 하나님은 바로 그런 때에 임하십니다. 하나님은 먼저 아브람에게 큰 위로를 주시는데 여호와 하나님께서 아브람의 방패요 상급이라고 하신 것입니다. 무엇에 대한 상급일까요? 아직까지는 별로 한 일이 없는데요. 우리는 바로 앞에서 일어났던 사건을 떠올릴 수밖에 없습니다. 목숨을 걸고 조카 롯을 구출한 일과 멜기세덱에게 십일조를 드린 것과 그로 인해 일어난 선한 일에 대해 아무것도 받지 않았기 때문이 아니겠습니까? 모든 것은 믿음 안에서 행한 일이었습니다.

그런데 하나님은 아브람에게 큰 약속을 해주십니다. 이미 고향을 떠날 때에 전체적으로 약속해주신 본문 중에 있습니다만, 현실적으로 자식이 없는 상황에서 하늘의 별처럼 수많은 자손을 주시겠다고 약속하실 때 아브람은 그 말씀을 믿었다고 했습니다. 말씀을 믿었다는 것은 하나님만이 정확하게 아실 수 있습니다. 그러므로 하나님께서 의로 여기신다면 아브람은 분명히 믿은 것입니다. 그리고 하나님은 지금 있는 이 땅을 아브람에게 주겠다고 하시는

데, 이때는 아브람도 반신반의해서 증거가 있느냐고 반문을 합니다. 하나님은 그 증거로 횃불언약을 맺어주십니다. 횃불언약은 일방적인 언약이지만 큰 민족을 주실 것이라는 약속을 믿은 후에 주신 언약입니다.

"믿음은 바라는 것들의 실상이요 보이지 않는 것들의 증거니 선진들이 이로써 증거를 얻었느니라"(히 11:1~2)

적용하기 : 아브람은 후손에 대한 약속을 믿었는데 오늘날 그것은 허다한 영적 후손들, 곧 그리스도인들로 성취되었습니다. 당신은 영적 후손 곧 영혼구원에 대한 꿈을 얼마나 가지고 있습니까?

❷ 세상에 죄악이 넘쳐야 시작하신다.

핵심구절 : "여호와께서 아브람에게 이르시되 너는 반드시 알라 네 자손이 이방에서 객이 되어 그들을 섬기겠고 그들은 사백 년 동안 네 자손을 괴롭히리니 그들이 섬기는 나라를 내가 징벌할지며 그 후에 네 자손이 큰 재물을 이끌고 나오리라 너는 장수하다가 평안히 조상에게로 돌아가 장사될 것이요 네 자손은 사대 만에 이 땅으로 돌아오리니 이는 아모리 족속의 죄악이 아직 가득 차지 아니함이니라 하시더니"(창 15:13~16)

하나님의 언약은 첫째로 우리의 믿음을 따라 성취되고, 둘째로 세상의 상황에 따라 이루어집니다. 아브람이 후손과 영토에 대한 하나님의 약속을 받았지만 그것이 이루어진 것은 애굽의 종살이를 시작한 지 400년 후(4대를 뜻함)에나 이루어질 일이었습니다. 그런데 시기에 대해서는 아모리 족속의 죄악이 아직 관영치 않았기 때문에, 즉 아모리의 죄악이 가득 찰 때까지 기다려야 한다는 말씀인 것입니다. 무슨 말씀이겠습니까? 기도에 대한 하나님의 응답은 우리의 기도만 가지고 결정하시는 것이 아니라 주변 환경과 세상의 형편에 따라서 결정하신다는 말씀입니다. 그러니까 우리가 생각하는 기도응답은 우리의 기도만으로 이루어지는 것은 아니라는 말입니다.

본문은 물론 하나님의 언약에 대한 내용이지만, 우리가 하나님의 뜻대로 기도함에도 우리 생각대로 충분하지 못하거나 빨리 이루어지지 않는 것은 기도가 부족하거나 간절하지 못해서가 아니라는 말입니다. 물론 우리는 하나님의 뜻 안에서 간절하고 충분히 기도해야 하지만, 우리의 생각대로 이루어지지 않는다고 해도 여전히 하나님을 굳게 믿어야 하는 것입니다. 아브람이 비록 땅에 대한 의구심이 있었다고 해도 아브람은 하나님의 언약을 굳게 믿고 있었고 하나님은 횃불언약으로 그 사실을 분명하게 증거로 주셨던 것입니다.

"주의 약속은 어떤 이들이 더디다고 생각하는 것 같이 더딘 것이 아니라 오직 주께서는 너희를 대하여 오래 참으사 아무도 멸망하지 아니하고 다 회개하기에 이르기를 원하시느니라"(벧후 3:9)

적용하기 : 신약시대 성도들에게 가장 중요한 약속은 영적 자손 및 영적 땅(영향력)입니다. 당신은 복음전파와 영혼구원에 있어서 하나님의 약속을 가지고 있습니까? 없다면 다시 꿈을 꾸십시오.

하나님의 마음

구약시대와 달리 오늘날에는 개인이나 교회에 성공이나 번영과 같은 약속을 주지 않으십니다. 당신은 성공과 번영을 위해 믿음생활을 하는 것은 아닙니까?

오늘 받은 은혜

전체적으로 당신이 받은 은혜와 느낌을 기록해보십시오.

실천을 위한 도전 (기도하여 성령님의 인도하심을 받으십시오.)

당신은 하나님께서 약속하신 큰 꿈과 비전을 가지고 있습니까? 그 비전이 당신의 비전인지 하나님의 비전인지 분별해보십시오.

본문 개론

앞장에서 여러 가지 증거로 아브람에게 아들을 주실 것을 약속하셨지만 본장에서는 현실의 벽에 부딪친 아브람의 모습을 보여주고 있습니다. 더구나 그 시험이 자식을 낳지 못하는 아내를 통하여 압박으로 들어올 때에는 여간해서는 넘기 어려울지도 모릅니다. 아무튼 좀 더 쉽고 빠르게 자손을 얻으려다가 오히려 더 큰 화근을 불러일으켜버린 아브람의 모습을 통하여 믿음에 대해서 다시 한 번 생각해보게 합니다. 믿음이 현실을 이겨내려면 얼마나 변화를 겪어야 하는 것일까요? 본문은 그런 시각과 함께 하갈과 이스마엘을 축복하시는 하나님의 또 다른 얼굴을 보게 됩니다. 축복하시면 안 된다는 뜻이 아니라 하나님의 섭리를 이해하기 어렵다는 말입니다. 하나님은 비록 아브람을 선택하셨지만 아브람만 사랑하시는 것은 아닙니다. 단지 아브람을 통하여 다른 사람들을 사랑하시는 것입니다. 이스마엘이라는 단어 자체가 하나님께서 들으셨다는 뜻입니다.

아브람이 하갈을 첩으로 들이다.   (1~3)
하갈이 잉태하여 사래를 멸시하다.   (4~5)
쫓겨난 하갈을 여호와의 사자가 만나다.   (6~9)
여호와의 사자가 하갈을 축복하다.   (10~14)
하갈이 이스마엘을 낳다.   (15~16)

본문 적용

사래가 하갈을 들인 것은 불법이 아니었습니다. 당시에는 그렇게 낳은 자식이 정당한 상속자로 인정받을 때였습니다. 다만 그것은 하나님의 방법이 아니었습니다. 하나님의 일은 하나님의 때에 하나님의 방식대로 하나님이 원하시는 결론을 향하여 나갑니다. 자기 욕심과 생각을 버리고 이것을 믿고 따르는 것이 참 믿음입니다. 이스마엘은 비록 원래 하나님의 계획은 아니었지만 아브람의 불신을 통하여 하나님의 계획 속에 들어왔습니다. 하나님께 대한 절대적인 믿음을 간직하되 다른 이웃들도 하나님의 계획 속에 있을 수 있다는 생각을 가져야 합니다. 아무 문제가 없는 것이 복이 아니라 그 문제를 통하여 하나님 중심적으로 변화되게 하시는 것이 복입니다.

❶ 절망의 구덩이에 빠지지 말라!

핵심구절 : "아브람의 아내 사래는 출산하지 못하였고 그에게 한 여종이 있으

니 애굽 사람이요 이름은 하갈이라 사래가 아브람에게 이르되 여호와께서 내 출산을 허락하지 아니하셨으니 원하건대 내 여종에게 들어가라 내가 혹 그로 말미암아 자녀를 얻을까 하노라 하매 아브람이 사래의 말을 들으니라 아브람의 아내 사래가 그 여종 애굽 사람 하갈을 데려다가 그 남편 아브람에게 첩으로 준 때는 아브람이 가나안 땅에 거주한 지 십 년 후였더라"(창 16:1~3)

아브람의 아내 사래는 낙심에 빠졌습니다. 남편 아브람을 통하여 하나님의 약속을 전해 들었을 것입니다. 그것도 그냥 약속이 아니라 짐승을 쪼개고 그 사이를 하나님께서 횃불로 지나가시면서 주신 약속입니다. 사래도 충분히 그 언약을 믿었을 것입니다. 그럼에도 불구하고 사래는 아들을 낳을 기미가 전혀 보이지 않게 되자 절망하고 말았습니다. 남편이 자기를 애굽 왕에게로 들여보냈을 때에도 사래는 아무 말도 하지 않았습니다. 고향을 떠나갈 때에도, 애굽으로 내려갈 때에도, 롯을 구하기 위해 생명 걸고 연합군의 진지를 기습할 때에도 사래는 아무 말도 하지 않았습니다. 그러나 아기가 생길 기미가 보이지 않자 자식을 포기하기로 했습니다.

사람이 절망하거나 낙심하면 평소에 하지 않던 행동을 하게 마련입니다. 그리스도인들이 실수를 저지르는 많은 경우가 바로 낙심하고 절망할 때입니다. 절망하면 그 때까지 참고 견디던 인내심이 사라집니다. 감정에 느껴지는 대로 행동하게 됩니다. 사래가 그랬던 것 같습니다. 절망해버린 사래는 다른 방법으로 자손을 이으려고 합니다. 가장 손쉽게 자기 여종 하갈을 생각합니다. 이것이 후대에 얼마나 큰 위협이 될지 상상도 하지 못했을 것입니다. 우리는 낙심하지 않기 위해 기도하고 말씀을 보며 교제해야 하는 것입니다.

"우리가 선을 행하되 낙심하지 말지니 포기하지 아니하면 때가 이르매 거두리라"(갈 6:9)

적용하기 : 당신은 얼마나 자주 낙심을 합니까? 낙심될 때 실수를 저지른 적이 없습니까? 낙심될 때 어떻게 합니까?

❷ 하갈이 뭘 잘 했다고!

핵심구절 : "아브람이 하갈과 동침하였더니 하갈이 임신하매 그가 자기의 임신함을 알고 그의 여주인을 멸시한지라 … 아브람이 사래에게 이르되 당신의 여종은 당신의 수중에 있으니 당신의 눈에 좋을 대로 그에게 행하라 하매 사래가 하갈을 학대하였더니 하갈이 사래 앞에서 도망하였더라 여호와의 사자가 광야의 샘물 곁 곧 술 길 샘 곁에서 그를 만나 … 여호와의 사자가 그에게 이르되 네 여주인에게로 돌아가서 그 수하에 복종하라 여호와의 사자가 또 그에게 이르되 내가 네 씨를 크게 번성하여 그 수가 많아 셀 수 없게 하리라"(창 16:4, 6~7, 9~10)

믿음이 있었습니까? 선행이 있었습니까? 아무것도 없었는데 자기가 먼저 임신하자 오히려 주인인 사래를 업신여겼습니다. 하갈에게는 하나님으로부터 칭찬이나 보상을 받을 만한 하등의 이유가 없었습니다. 결국 하갈은 쫓겨났습니다. 그런데 그녀에게 하나님께서 나타나셨습니다. 그리고 하갈의 후손도 크게 번성하리라고 축복하시고 아들 이름까지 이스마엘이라고 지어주셨으며 어떤 모습으로 살게 될 것인가에 대해서까지 자세하게 말씀해주셨습니다. 거의 아브람에게 약속하신 내용과 흡사할 정도입니다. 우리는 하 갈에게 무조건적으로 복을 주시는 점에 대해서는 이해하기가 어렵 습니다.

하나님께서 왜 하갈에게 복을 주셨을까요? 가장 먼저는 하갈의 어려움입니다. 고아와 과부를 불쌍히 여기시는 하나님께서 하갈의 처지를 불쌍하게 보시고 긍휼히 여기신다는 점에는 이의가 없을 것입니다. 그러나 그 당시에 하갈보다 훨씬 더 못한 상황에서 죽 어가던 수많은 여자들이 있었을 텐데 왜 하갈만 특별대우를 하셨 을까요? 우리는 아브람과의 관계 속에서만 그 의미를 찾을 수 있 을 것입니다. 하갈이 아브람의 아들을 잉태했기 때문에 하나님께 서 그를 불쌍히 여기시고 특별대우를 해 주셨던 것입니다. 이스마 엘도 역시 아브람의 자손입니다. 다음 장에서는 아직 이삭이 태어 나기 전이었는데도 할례를 행하게 하십니다. 사실은 우리가 이스 마엘입니다. 아브라함의 적자가 아닌데도 우리는 하나님의 자녀가 되었습니다.

"그 때에 너희는 그리스도 밖에 있었고 이스라엘 나라 밖의 사람이라 약속 의 언약들에 대하여는 외인이요 세상에서 소망이 없고 하나님도 없는 자 이더니"(엡 2:12)

적용하기 : 이스마엘이 하나님의 약속의 자녀가 아니었듯이 우리도 아 브람과 아무 관계가 없는 이방인들이었습니다. 그러나 당신은 영적으 로 아브라함의 자손으로 세상을 살고 있습니까?

하나님의 마음

하나님은 약속의 아들에게 무한한 복을 주십니다. 우리도 약속의 아들이 되었습니다. 당신은 하나님의 영원한 약속인 천국을 얼마나 의식하면서 살고 있습니까?

오늘 받은 은혜

전체적으로 당신이 받은 은혜와 느낌을 기록해보십시오.

실천을 위한 도전 (기도하여 성령님의 인도하심을 받으십시오.)

우리는 이스마엘처럼 약속에서 벗어난 사람들이었지만 아브라함의 후손들로 살고 있습니다. 거기에 합당한 삶을 위한 한 가지 실천방안을 생각해내십시오.

하나님의 계획은 점진적으로 구체화되어 갑니다. 한꺼번에 알려주지 않으십니다. 그렇게 하셔도 사람은 전부 이해할 수가 없기 때문입니다. 믿음이 자라가면서 받아들일 만큼만 알려주십니다. 15장에서 횃불언약을 세우신 지 대략 15년이 지난 시점에서 하나님은 다시 할례언약을 체결하십니다. 이 언약은 더욱 구체적이고 육체에 남겨질 만큼 확실합니다. 15장에서는 단지 확실히 믿는 것 외에는 아무 조건도 요구되지 않았지만 할례언약은 완전한 헌신과 함께(1) 아브라함의 전체 구성원들에게 대대로 언약을 실행할 것을 요구하시는 것이었습니다. 할례는 다른 민족에게서도 시행되었지만 모두 성년식과 관련된 것이었고 어릴 때에 할례를 받는 것은 이스라엘이 유일합니다. 하나님께서 아브람과 사래의 이름을 아브라함과 사라로 바꾸신 것은 하나님의 약속이 가까워졌다는 신호입니다. 하지만 아브람에게 이것은 비현실적이고 실현가능성이 없는 일이었습니다. 하나님의 큰 일일수록 가능성이 사라질 때 이루어집니다.

본문 적용

하나님의 약속 또는 하나님의 계획이 분명하다면 아브라함의 경우는 확실한 모델이 될 것입니다. 이리저리 가능성이 여전히 존재한다면 하나님께서 하실 일에 대한 결과는 축소될 수밖에 없습니다. 창세기는 하나님의 능력에 관한 이야기가 아니라 사람의 믿음에 관한 이야기입니다. 하나님은 무슨 일이든지 모두 다 하실 수 있습니다. 다만 그것을 사람이 어떻게 받아들이는가에 따라서 전혀 다른 양상을 보일 수 있습니다. 이러니저러니 해도 아브라함은 여전히 하나님을 믿고 있었습니다. 기대감은 사라지고 가능성이 바닥이 났지만 그럼에도 불구하고 아브라함이 하나님을 믿지 않았다면 할례언약은 이루어질 수가 없었을 것입니다. 우리는 하나님께서 이루실 일에 관심을 가지지 말고 아브라함의 믿음에 초점을 맞추어야 합니다. 받을만한 그릇인가를 먼저 따져야 한다는 말입니다.

❶ 믿음은 100%일 때 작동된다.

핵심구절 : "아브람이 구십구 세 때에 여호와께서 아브람에게 나타나서 그에게 이르시되 나는 전능한 하나님이라 너는 내 앞에서 행하여 완전하라 내가 내 언약을 나와 너 사이에 두어 너를 크게 번성하게 하리라 하시니 아브람이 엎드렸더니 하나님이 또 그에게 말씀하여 이르시되 보라 내 언약이 너와 함께 있으니 너는 여러 민족의 아버지가 될지라 이제 후로는 네 이름을 아브람이라 하지 아니하고 아브라함이라 하리니 이는 내가 너를 여러 민족의 아버지가 되게 함이니라"(창 17:1〜5)

하나님은 온전하시고 전능하십니다. 하나님의 약속은 언제나 완전하게 성취됩니다. 반쪽짜리 약속을 주시지는 않습니다. 그래서 하나님은 아브라함에게 나타나셔서 스스로를 전능한 하나님이라고 말씀하시는 것입니다. 이 말씀은 아브라함의 믿음이 완전하지 못하다는 반증이 될 것입니다. 왜냐하면 아브라함을 75세 때 부르시면서 약속을 주셨지만 99세가 될 때까지 사라에게서 아들을 주지 않으셨기 때문입니다. 하나님께서 약속하신대로 아브라함에게 아들을 주실 것이지만 한 가지 조건이 있습니다. 그것은 하나님 앞에 완전하게 행하라는 것인데, 이것은 할례를 뜻합니다. 믿음의 조건을 말씀하신 것입니다. 그러면 하나님은 왜 아브라함이 99세가 될 때까지 응답하지 않으셨을까요? 하나님은 무엇을 기다리셨을까요?

때로 우리는 한없이 기다리시는 하나님을 생각할 때 몹시 답답해집니다. 나는 준비가 다 되었는데 하나님은 왜 응답하지 않으실까? 하나님은 무엇을 기다리실까? 지금도 여전히 응답하지 않으시는 하나님 앞에 무릎 꿇는 성도들이 많이 있을 것입니다. 그렇습니다. 하나님은 지금도 우리를 기다리십니다. 완전한 믿음까지는 아니라도 하나님의 약속을 받을 수 있을 정도의 온전함을 기다리고 계십니다. 아브라함이 그랬습니다. 준비가 다 되어있는 것 같은데 하나님께서 아무런 응답도 주지 않으시니까 그 믿음이 흔들렸습니다. 그래도 아브라함에게 아들을 주실 만큼은 준비가 되었습니다. 그러나 이삭이 청소년이 되었을 때 제물로 드리는 마지막 시험이 남아있습니다.

"믿음으로 노아는 아직 보이지 않는 일에 경고하심을 받아 경외함으로 방주를 준비하여 그 집을 구원하였으니"(히 11:7 上)

적용하기 : 하나님의 약속이 있는데도 아직 응답받지 못하고 기다리고 있는 꿈이 있습니까? 당신은 얼마나 준비되었습니까?

❷ 순종은 이해하기 힘들 때 하는 것

핵심구절 : "이에 아브라함이 하나님이 자기에게 말씀하신 대로 이 날에 그 아들 이스마엘과 집에서 태어난 모든 자와 돈으로 산 모든 자 곧 아브라함의 집 사람 중 모든 남자를 데려다가 그 포피를 베었으니 아브라함이 그의 포피를 벤 때는 구십구 세였고 그의 아들 이스마엘이 그의 포피를 벤 때는 십삼 세였더라 그 날에 아브라함과 그 아들 이스마엘이 할례를 받았고 그 집의 모든 남자 곧 집에서 태어난 자와 돈으로 이방 사람에게서 사온 자가 다 그와 함께 할례를 받았더라"(창 17:23~27)

하나님을 완전하게 알고 믿는 사람은 없습니다. 신학적인 입장이 다양하지만 천국에서 하나님을 만난다면 많은 부분에 오류가 있었음을 깨닫게 될 것입니다. 애당초에 인간은 영원하신 하나님을 다 알 수 있도록 창조되지 않았습니다. 따라서 무작정 믿는 부분이 클 수밖에 없습니다. 그러면 어떻게 하나님을 100% 믿을 수 있습니까? 그것을 우리는 관계라고 말합니다. 하나님과의 관계를 통해서 하나님을 100% 신뢰하고 순종할 수 있는 것입니다. 하나님과의 관계는 하나님 체험이라고도 할 수 있습니다. 하나님 체험을 통하여 하나님과의 관계가 살아있으면 100% 순종할 수 있습니다.

하나님은 모든 남자들에게 하나님의 언약의 증거로서 할례를 요구하셨습니다. 할례 받은 자리를 볼 때마다 하나님의 약속을 떠올리게 하시려는 것입니다. 오늘 우리는 육체의 할례를 요구하지는 않지만 각 성도들마다 할례 받은 표징들이 있습니다. 믿음이 흔들리거나 희미해질 때 이 표징을 생각할 수 있습니다. 이 표징은 하나님의 부르심에 100% 순종했을 때 주어지는 경우가 많습니다. 이해되지 않아도 하나님과의 관계가 형성될 때 우리 심령 가운데 또는 육체의 표징으로 나타납니다.

"오직 이면적 유대인이 유대인이며 할례는 마음에 할지니 영에 있고 율법 조문에 있지 아니한 것이라"(롬 2:29 上)

적용하기 : 당신은 예수님으로 말미암는 거듭남의 증거를 가지고 있습니까? 그것이 무엇입니까? 그것을 꼭 의지하십시오.

하나님의 마음

하나님은 성도들이 끝까지 믿음으로 흔들리지 않기를 원하십니다. 흔들릴 때 하나님께서 도와주신 적이 있었습니까? 어떻게 도움을 주셨습니까?

오늘 받은 은혜

전체적으로 당신이 받은 은혜와 느낌을 기록해보십시오.

실천을 위한 도전 (기도하여 성령님의 인도하심을 받으십시오.)

만약에 하나님과의 관계에 확신이 없거나 약하다면, 비록 하나님께서 직접 명하신 것은 아니라도, 아브라함의 할례와 같은 결단을 내려 보십시오.

18
여호와를 맞는 아브람
창세기 18:1~33

이제 이삭의 출생을 불과 1년여 앞두고 하나님은 또다시 아브라함에게 나타나셨습니다. 이삭 출생에 관한 하나님의 거듭되는 약속은 무엇을 뜻하는 것일까요? 아직 최후의 시험은 오랜 후에야 이루어지겠지만 하나님의 약속의 실현을 앞두고는 서서히 아브라함이 변화되고 있음을 말해주는 것입니다. 아브라함의 변화의 정도를 따라 하나님은 하나하나 구체화시켜가고 계시는 것입니다. 그것은 꼭 직접적인 약속뿐만 아니라 세상이나 이웃과의 관계에 있어서도 꾸준히 성숙되고 있다는 것이 증거가 되고 있습니다. 신앙의 성장은 하나님과의 관계로만 국한될 수는 없습니다. 하나님은 내년 이맘때에 아들을 낳으리라는 축복의 약속과 함께 소돔성을 멸하시리라는 저주의 말씀까지 함께 주십니다. 놀라운 하나님의 은혜라도 믿음의 사람에게는 축복이지만 불신의 사람에게는 저주가 되는 것입니다. 그러나 아브라함은 조카 롯이 살고 있는 소돔성의 저주를 막아보려고 중보기도를 드렸고 하나님의 응답을 받았습니다.

아브라함이 여호와의 사자들을 대접하다.　　(1~8)

아들 출산예고에 사라가 웃다.　　(9~15)

여호와의 사자가 소돔을 멸하려고 가다.　　(16~22)

아브라함이 중보기도에 응답받다.　　(23~33)

본문 적용

우리가 받는 축복은 세상과는 어떤 관계가 있을까요? 세상은 어찌되든지 무조건 성도들에게 유익한 것으로만 나타나면 다 되는 것일까요? 사실은 그렇지는 않습니다. 믿음이 자라갈수록 다른 사람들이 마음에 들어와야 합니다. 만약에 그렇지 않고 오직 자기가 받을 복에만 모든 초점을 맞춘다면 그것은 하나님의 축복이 아닐 것입니다. 그것은 종교로서의 교리나 신학이나 전통이나 교회의 틀 속에 갇혀있는 것일 뿐입니다. 그렇게 된 사람들이 바로 바리새인들이었습니다. 아브라함이 비록 조카 롯 때문에 중보기도를 드렸다고는 해도 롯 한 사람만을 위해서가 아니라 롯의 환경과 소돔 성의 조건까지 생각하고 기도를 드린 것입니다. 우리의 모든 기도는 반드시 이웃과의 연계성을 전제로 한다는 사실을 잊지 말아야 하겠습니다.

❶ 적어도 여섯 번은 기도하라!

핵심구절 : "여호와께서 이르시되 내가 만일 소돔 성읍 가운데에서 의인 오십

명을 찾으면 그들을 위하여 온 지역을 용서하리라 … 오십 의인 중에 오 명이 부족하다면 그 오 명이 부족함으로 말미암아 온 성읍을 멸하시리이까 이르시되 내가 거기서 사십오 명을 찾으면 멸하지 아니하리라 … 이르시되 사십 명으로 말미암아 멸하지 아니하리라 … 내가 거기서 삼십 명을 찾으면 그리하지 아니하리라 … 이르시되 내가 이십 명으로 말미암아 그리하지 아니하리라 아브라함이 또 이르되 주는 노하지 마옵소서 내가 이번만 더 아뢰리이다 거기서 십 명을 찾으시면 어찌 하려 하시나이까 이르시되 내가 십 명으로 말미암아 멸하지 아니하리라"(창 18:26~32)

하나님은 수직적으로 명령만 하시는 분은 절대로 아닙니다. 율법의 조문을 그대로 지키기만 하면 된다고 생각한다면 바리새인들과 똑같아지는 것입니다. 하나님은 관계를 훨씬 더 소중하게 여기십니다. 우리가 하나님을 인격적으로 대화할 수 있는 분으로 인식하고 있어야 한다는 뜻입니다. 오늘 본문의 아브라함이 그랬습니다. 아브라함도 물론 하나님을 두려워하는 사람이었지만 그러나 하나님에 대해서 인격적으로 대화가 가능하신 분으로 인식하고 있었습니다. 그래서 여섯 번이나 기도 제목을 바꾸어가면서 중보기도를 올렸던 것입니다. 그런데 이 상황은 기도하는 아브라함이라기보다는 하나님과 대화하는 아브라함이라고 하는 편이 더 낫겠습니다.

그렇습니다. 기도는 하나님과의 대화입니다. 우리는 아브라함과 하나님의 이 대화를 통하여 참으로 하나님께 대하여 많은 것을 배우게 됩니다. 특히 다른 사람을 위한 중보기도는 하나님과 대화하는 방식으로 기도할 것을 요구하고 있습니다. 하나님은 우리 자신을 위한 기도보다는 다른 사람을 위한 중보기도에 훨씬 더 잘 응답하십니다. 다만 적어도 여섯 번은 기도해야 합니다. 수적으로 여

섯 번이 아니라 충분한 작정기도 쯤으로 보는 것이 좋겠습니다. 이
것은 그만큼 우리가 간절함을 가지고 기도한다는 점과 상대방을
깊이 사랑한다는 점과 하나님과 인격적인 관계를 맺고 있다는 점
을 증명하는 것이기 때문에 하나님은 반드시 응답하실 것입니다.

"주의 눈은 의인을 향하시고 그의 귀는 의인의 간구에 기울이시되 주의 얼
굴은 악행하는 자들을 대하시느니라 하였느니라"(벧전 3:12)

적용하기 : 당신은 누군가를 위해 기도할 때 얼마나 간절하게 기도하고
있습니까? 타인을 위한 중보기도에서 응답받은 사례가 있다면 이야기
해보십시오.

❷ 당신이 그 의인인가?

핵심구절 : "아브라함이 가까이 나아가 이르되 주께서 의인을 악인과 함께 멸
하려 하시나이까 그 성 중에 의인 오십 명이 있을지라도 주께서 그 곳을 멸하
시고 그 오십 의인을 위하여 용서하지 아니하시리이까 주께서 이같이 하사 의
인을 악인과 함께 죽이심은 부당하오며 의인과 악인을 같이 하심도 부당하니
이다 세상을 심판하시는 이가 정의를 행하실 것이 아니니이까 여호와께서 이
르시되 내가 만일 소돔 성읍 가운데에서 의인 오십 명을 찾으면 그들을 위하여
온 지역을 용서하리라"(창 18:23~26)

우리 그리스도인들은 예수님의 죄 씻음의 공로로 말미암아 의인이 된 사람들입니다. 그런데 하나님은 소돔 성에 의인 열 명만 있어도 소돔을 멸하지 않겠다고 약속하셨습니다. 여기에서 의인이 무엇인지는 논란의 여지가 있습니다만, 오늘날의 상황에 비추어볼 때 그 의인이란 바로 우리 그리스도인들이라고 할 수 있습니다. 하나님께서 우리를 의인이라고 불러 주시니까요. 성경에 나오는 소돔 성에 의인 열 명이 없어서 망했다고 말하기 전에 오늘 우리가 사는 도시, 동네를 생각해야 합니다. 우리 그리스도인들이 과연 우리 동네가 멸망하지 못하게 만드는 빛과 소금이 되고 있는지요?

도덕, 윤리, 정의, 공평에 대해서는 누구도 완전한 사람은 없습니다. 다만 우리는 하나님 앞에 의인으로서의 삶을 살 수 있어야 합니다. 사람들이 우리를 보고 의인들이라고 평가해야 마땅하지만 하나님께서 우리를 거듭난 의인들이라고 인정해주셔야 심판하지 않으실 것이기 때문입니다. 복음 안에서의 의인은 세상의 윤리 도덕을 뛰어넘어야 합니다. 아무리 믿음이 좋아도 윤리적으로 세상보다 못하다면 어느 누구도 그 사람을 하나님의 사람이라고 평하지 않을 것입니다. 우리 자신이 하나님 앞과 사람 앞에 의인이 되어야 합니다.

"하나님 앞에서는 율법을 듣는 자가 의인이 아니요 오직 율법을 행하는 자라야 의롭다 하심을 얻으리니"(롬 2:13)

적용하기 : 성경적으로 의인(교회에서)이라고 생각하기 전에 세상 속에서 얼마나 의인으로 살고 있습니까?

하나님의 마음

하나님은 성도들이 세상의 죄인들과 하나님 사이에 서서 죄인들을 위한 통로가 되기를 원하십니다. 당신은 얼마나 하나님 앞에서 중보하고 있습니까?

오늘 받은 은혜

전체적으로 당신이 받은 은혜와 느낌을 기록해보십시오.

실천을 위한 도전 (기도하여 성령님의 인도하심을 받으십시오.)

하나님 앞에 서서 동네를 구원할 의인의 삶을 살기 위한 한 가지 작은 실천과제를 택하여 행해보십시오.

본문 개론

앞장에서의 이삭 출생의 예고와 아브라함의 아름다운 중보기도는 현실적으로 전혀 어울릴 수가 없게 되었습니다. 이미 멸망을 앞두고 있는 소돔성은 아무리 하나님께서 인내하신다고 해도 결국 돌이켜질 수 없다는 것만 명백해졌습니다. 그것이 바로 죄의 결과입니다. 그러나 본장의 초점은 소돔성의 멸망이 아니라 롯의 구원입니다. 비록 아브라함의 중보 덕분이기는 하지만 어차피 멸망할 도성에 하나님께서 무슨 관심을 가지시겠습니까? 하늘에서 유황과 불이 비 오듯이 쏟아지는 그런 상황에서 롯의 반응과 행동들은 우리들에게도 시사하는 바가 큽니다. 죄악의 뿌리와 세속화의 범람이 하나님의 선택을 받은 백성들에게도 지대한 영향력을 미치는 것입니다. 결국 죄악의 뿌리는 근친혼을 통하여 모압과 암몬이라는 죄악의 후손들을 남깁니다. 후에 모압은 바알브올의 유혹으로, 암몬은 몰렉의 자녀제사로 이스라엘을 더럽히는 역할을 하게 됩니다.

본문 적용

　오늘날은 너무나도 영적인 분별력이 사라진 시대입니다. 꼭 동성애만을 뜻하는 것은 아닐지라도 세상의 윤리와 도덕이 교회 안으로 그대로 침투해 있습니다. 이것은 믿음의 사람이어야 할 롯이 지역전쟁에서 포로로 잡혀갔던 경험이 있었음에도 불구하고 소돔 성에 그대로 남아 그들 가운데 섞여서 살고 있는 모습과 정확하게 일치합니다. 세상 속에 있으면서도 세상에 속하지 말아야 하는데, 천사들을 군이 자기 집에 유하게 하고 오히려 딸들을 폭도들에게 내줄 만큼 소돔의 악에 대한 실상을 잘 알고 있었음에도 불구하고 그들 자신은 너무 큰 미련을 가지고 있어서 산으로까지도 가지 못하고 소알성까지만 갔다가 모압과 암몬의 조상이 되어버린 모습을 보면서 우리는 세상에 결코 그 어떤 미련도 가지지 말아야 할 것입니다.

❶ 당신이 소금기둥이 아닌가?

핵심구절 : "그 사람들이 그들을 밖으로 이끌어 낸 후에 이르되 도망하여 생명을 보존하라 돌아보거나 들에 머물지 말고 산으로 도망하여 멸망함을 면하라 … 롯이 소알에 들어갈 때에 해가 돋았더라 여호와께서 하늘 곧 여호와께로부터 유황과 불을 소돔과 고모라에 비같이 내리사 그 성들과 온 들과 성에 거주하는 모든 백성과 땅에 난 것을 다 엎어 멸하셨더라 롯의 아내는 뒤를 돌아보았으므로 소금 기둥이 되었더라"(창 19:17, 23~26)

가야 할 길을 한 걸음도 나가지 못한다면 그것은 소금기둥입니다. 롯의 아내는 소알성에 들어가지도 못하고 소돔성으로 돌아가지도 못하고 그 자리에서 굳어버렸습니다. 그런데 소금기둥의 현상은 롯의 아내뿐 아니라 롯 자신에게도 해당되는 일이었습니다. 천사들이 서둘러서 소돔을 나가야 한다고 재촉했지만 롯은 어찌된 일인지 자꾸 지체했습니다. 성경에는 그 이유가 나와 있지 않지만 롯도 자기가 쌓은 부와 터전을 잃고 싶지 않았던 것입니다. 물론 천사들이 강제적으로 성 밖으로 이끌어내었지만, 내버려두었다면 롯도 틀림없이 소금기둥이 되었을 것입니다.

현대 그리스도인들은 이 소금기둥과 같이 하나님과 세상 사이에서 굳어진 모습들을 보이고 있습니다. 교회활동을 열심히 하면 소금기둥이 아닌 것일까요? 또는 전도를 열심히 하면 소금기둥에서 벗어난 것일까요? 그럴 확률이 높지만 그렇다고 반드시 하나님 편에 서 있는 것은 아닙니다. 롯의 아내가 소금기둥이 된 것은 하나님의 말씀을 믿지 않았기 때문입니다. 뒤를 돌아보지 말라는 천사의 지시를 믿지 않았던 것입니다. 믿음이란 큰 기적을 일으키는 능력이 아니라 하나님의 말씀을 믿는 것입니다. 하나님의 말씀을 들고 반응하지 못한다면 언제라도 소금기둥이 될 수 있습니다. 그리스도인은 항상 세상과 하나님 사이에 서 있는 사람들입니다.

"누구든지 세상과 벗이 되고자 하는 자는 스스로 하나님과 원수 되는 것이니라"(약 4:4 下)

적용하기 : 우리는 자신이 서 있는 자리를 기준으로 세상을 판단하려고 합니다. 그러나 우리는 우리 자신이 어디에 서 있는가를 냉정하게 살펴야 합니다. 당신은 어떻습니까?

❷ 불의를 유전하지 말라.

핵심구절 : "이르되 청하노니 내 형제들아 이런 악을 행하지 말라 내게 남자를 가까이 하지 아니한 두 딸이 있노라 청하건대 내가 그들을 너희에게로 이끌어 내리니 너희 눈에 좋을 대로 그들에게 행하고 이 사람들은 내 집에 들어왔은즉 이 사람들에게는 아무 일도 저지르지 말라 … 롯의 두 딸이 아버지로 말미암아 임신하고 큰 딸은 아들을 낳아 이름을 모압이라 하였으니 오늘날 모압의 조상이요 작은 딸도 아들을 낳아 이름을 벤암미라 하였으니 오늘날 암몬 자손의 조상이었더라"(창 19:7~8, 36~38)

롯과 롯의 두 딸들은 자기도 모르는 사이에 소돔성의 문란한 성 개념에 물들어 있었습니다. 롯은 성중 사람들에게 둘러싸였을 때 천사들을 해치지 말고 자기 두 딸들을 마음대로 하라고 제안했습니다. 하나님의 천사들을 보호하기 위한 것이지만 자신들도 모르는 사이에 소동성의 문화에 익숙해진 면이 있습니다. 두 딸들도 역시 그런 문화에 젖어있다 보니까 아버지에게 술을 먹이고 각각 임신하여 종족을 퍼뜨렸습니다. 우리가 모르는 사이에 문화는 우리를 잠식하고 있습니다. 교회는 세상 속에서 세상 사람들과 함께해야 하지만 그 문화에 동화되어서는 안 됩니다. 어떤 문화라도 세상 문화는 하나님과 반대편에 서 있다는 사실을 깨닫고 있어야 합니다. 그것은 하나님 앞에 불의입니다.

그리스도인이 불의 가운데 서 있으면 그 한 사람으로 끝나는 것이 결코 아닙니다. 분별하기 어렵게 만드는 문화를 한 사람이 받아들이면 곧바로 다른 사람에게 전이가 됩니다. 특히 지도층에 있는 사람일수록 이것을 조심해야 합니다. 불의의 문화는 우리도 모르는 사이에 유전되게 마련입니다. 답답한 근본주의가 아닙니다. 지킬 것을 확실하게 지키면서 세상을 섬겨야 합니다. 음란 문화에 젖어들었던 롯의 두 딸이 한 행동은 하나님의 자녀로서는 용납될 수 없는 일입니다. 비록 롯의 두 딸로 인하여 모압과 암몬 족속이 형성되었고, 하나님은 롯의 후손들과 싸우지 말라고 하셨지만, 후에는 이스라엘의 적이 되고 말았습니다.

"악은 어떤 모양이라도 버리라"(살전 5:22)

적용하기 : 우리는 하나님과의 관계에 비추어 세상과 악을 분별해야 합니다. 모르는 사이에 받아들인 세상 문화가 있습니까?

하나님의 마음

하나님은 세상을 멸하고 싶지 않으십니다. 하나님의 마음은 불의한 롯이라도 끝까지 구원하고 싶으셨습니다. 당신은 하나님의 마음으로 영혼구원을 위하여 애쓰고 있습니까?

오늘 받은 은혜

전체적으로 당신이 받은 은혜와 느낌을 기록해보십시오.

실천을 위한 도전 (기도하여 성령님의 인도하심을 받으십시오.)

오늘날 교회와 세상은 거의 하나가 된 듯이 보입니다. 세상으로부터 구별된 그리스도인으로서 끊어야 할 일 한 가지는 무엇입니까? 그것을 행하십시오.

본문 개론

본장의 시기가 어느 때인가에 대해서는 여러 설이 있습니다. 그러나 기록된 순서대로 해석해도 조금도 이상하지 않습니다. 물론 사라의 나이가 89세인데 어떻게 왕이 여성으로서 데려갈 수 있을까에 대해선 의구심이 남습니다만, 당장 다음 해에 이삭을 낳을 상태라고 생각한다면 해석의 여지는 충분합니다. 아무튼 이 마지막 아브라함의 행동은 하나님의 계획을 훼방하는 것 같은 느낌마저 듭니다. 이러한 아브라함의 실수 중에서도 하나님은 약속의 아들 이삭이 출생할 때까지 사라를 보호하십니다. 거기에다가 하나님은 아비멜렉에게 아브라함이 위대하게 보이도록 하심으로써 이삭의 출생 후에도 여전히 아브라함을 보호하시기 위한 조처를 취하십니다. 다음 장에서 아비멜렉은 여전히 아브라함을 두려워하여 불가침조약까지 맺게 됩니다. 하나님은 비록 아브라함의 마지막 실수에도 끝까지 이삭을 보호하심으로써 언약을 충실하게 지키십니다.

그랄 왕 아비멜렉이 사라를 취하다.　　　(1~2)

하나님께서 꿈에 그랄 왕을 책망하시다.　(3~7)

아비멜렉과 아브라함이 대화하다.　　　　(8~13)

아비멜렉이 사라를 돌려보내다.　　　　　(14~16)

아브라함이 아비멜렉을 위해 기도하다.　(17~18)

본문 적용

　우리가 만약에 번영을 누리게 된다면 그것은 우리가 잘나서가 아님을 분명하게 인식해야 합니다. 아브라함이 아비멜렉을 속였을 뿐만 아니라 아내를 배반하고 하나님의 언약을 방해하는 것처럼 보였음에도 불구하고 하나님은 오히려 사라를 되찾게 하시고 아브라함을 선지자로 말씀하시고(7) 재물을 얻어가지고 나오게 하셨고 아브라함의 기도를 통하여 아비멜렉 여인들의 태를 열게 하심으로써 오히려 아브라함을 두려워하도록 만드셨습니다. 누구의 공입니까? 전적으로 하나님의 은혜입니다. 아브라함의 믿음이 좋기 때문이라고 착각한다면 최후의 시험을 결코 넘지 못했을 것입니다. 어쩌면 아브라함의 믿음이 일찍 성장했더라면 훨씬 빨리 이삭을 주셨을지도 모르겠습니다. 출애굽 백성들이 끊임없는 원망과 불평으로 광야에서 멸망한 것을 생각해야 합니다. 그런데 그것은 오늘날 우리들에게도 똑같이 적용될 것입니다. 믿음의 현실을 깨달아야 합니다.

❶ 오락가락 아브라함

핵심구절 : "아브라함이 거기서 네게브 땅으로 옮겨가 가데스와 술 사이 그랄에 거류하며 그의 아내 사라를 자기 누이라 하였으므로 그랄 왕 아비멜렉이 사람을 보내어 사라를 데려갔더니 … 아비멜렉이 또 아브라함에게 이르되 네가 무슨 뜻으로 이렇게 하였느냐 아브라함이 이르되 이곳에서는 하나님을 두려워함이 없으니 내 아내로 말미암아 사람들이 나를 죽일까 생각하였음이요 또 그는 정말로 나의 이복누이로서 내 아내가 되었음이니라"(창 20:1~2, 10~12)

우리는 아브라함에 대한 성경 말씀을 읽으면서 조금은 아리송할 때가 있습니다. 아브라함은 믿음의 조상이지만 과연 이런 것이 참 믿음인가 하는 의문이 따라오기도 할 것입니다. 그도 그럴 것이, 어떤 때는 정말 담대한 믿음의 소유자처럼 보이지만 또 어떤 때는 지나치게 연약한 모습을 보이기 때문입니다. 특히 그가 아내 사라를 누이동생이라고 속이는 모습은 지극히 약해빠져서 하나님을 조금도 믿지 못하는 그런 사람으로 보이게 합니다. 물론 후에 아브라함은 외아들 이삭을 제물로 바치라는 지시에 그대로 순종할 정도로 자라서 믿음의 조상이 되었지만 그의 약점이 반복되는 연약한 모습을 통하여 우리의 신앙생활의 패턴을 살펴볼 수 있을 것입니다.

인간은 누구나 약점을 가지고 있습니다. 신앙생활을 할 때에도 한 가지 약점이 있으면 계속해서 그 약점에 무너지는 모습을 나타냅니다. 아브라함은 생명을 유지하기 위해서 자기 아내를 이용하는 약점을 가지고 있었습니다. 20여 년 전에 애굽의 바로에게 아내를 빼앗겼던 경험이 있는데 또다시 아비멜렉에게 아내를 빼앗기는 실수를 반복했던 것입니다. 신앙이 굉장히 많이 자랐는데도 여전히 같은 약점을 드러내고 있습니다. 우리도 누구나 한두 가지 약점을 가지고 있습니다. 그 약점을 보완하지 않으면 똑같은 함정에 빠지게 되고 신앙이 무너질 수도 있는 위기를 겪게 되는 것입니다. 그러나 우리는 그 약점을 이겨내기 위해서 오히려 하나님의 능력을 채움으로써 온전해질 수 있을 것입니다.

"나에게 이르시기를 내 은혜가 네게 족하도다 이는 내 능력이 약한 데서 온전하여짐이라 하신지라"(고후 12:9)

적용하기 : 당신이 계속해서 빠지게 되는 약점은 무엇입니까? 그 약점을 메우기 위해 어떻게 할 생각입니까?

❷ 이삭을 얻는 것이 마지막이 아니다.

핵심구절 : "아브라함이 하나님께 기도하매 하나님이 아비멜렉과 그의 아내와 여종을 치료하사 출산하게 하셨으니 여호와께서 이왕에 아브라함의 아내 사라의 일로 아비멜렉의 집의 모든 태를 닫으셨음이더라 … 여호와께서 말씀하신 대로 사라를 돌보셨고 여호와께서 말씀하신 대로 사라에게 행하셨으므로 사라가 임신하고 하나님이 말씀하신 시기가 되어 노년의 아브라함에게 아들을 낳으니"(창 20:17~21:2)

하나님께서 여러 번 약속하셨던 상속자 아들을 주실 때가 가까워졌습니다. 이미 여호와의 천사가 아브라함에게 나타나 때가 되면 아들을 낳으리라고 약속해 주었습니다. 할례언약을 받고 얼마 되지 않은 때였습니다. 사라가 아직 잉태하기 전이었습니다. 그런데도 여전히 아내를 누이라고 속이고 다닙니다. 물론 고향을 떠날 때 어디를 가든지 누이동생이라고 하자고 약속했다고 했습니다. 하지만 아브라함은 누구에게든 아내 때문에 어려움을 당한다면 하나님께서 구해주실 것이라는 사실을 믿지 못했습니다. 아직도 아브라함은 무슨 일을 해도 하나님은 항상 자기편이라는 어린아이와 같은 믿음만 가지고 있었던 것일까요?

그럼에도 불구하고 하나님은 다음 해에 사라를 통하여 이삭을 주십니다. 우리는 여기에서 하나님의 큰 응답이라고 해서 그것이 온전한 것이거나 또는 성도가 온전해진 것이라고 생각해서는 안 된다는 사실을 알 수 있습니다. 이삭을 주시는 것은 모든 복을 마무리하신 것이 아니라 이삭을 진정한 약속의 아들로 만드시기 위한 마지막 시험이 남아있다는 뜻입니다. 그것이 바로 이삭을 제물로 바치는 것입니다. 아브라함은 그 시험을 통하여 비로소 온전한 믿음의 주인공이 될 것입니다. 하나님께서 큰 응답을 주신 것으로 만족하지 말고 온전하게 해주시는 과정일 뿐이라는 사실을 알아야 합니다.

"주께 합당하게 행하여 범사에 기쁘시게 하고 모든 선한 일에 열매를 맺게 하시며 하나님을 아는 것에 자라게 하시고"(골 1:10)

적용하기 : 당신은 하나님으로부터 큰 응답을 받은 적이 있었습니까? 그 응답을 통하여 어떻게 자라갔습니까?

하나님의 마음

하나님의 마음은 믿음의 모델을 인류에게 제시하시는 것이었습니다. 그것은 아브라함이 충분히 자라야만 가능한 일입니다. 당신은 어떤 믿음의 모델이 되겠습니까?

오늘 받은 은혜

전체적으로 당신이 받은 은혜와 느낌을 기록해보십시오.

실천을 위한 도전 (기도하여 성령님의 인도하심을 받으십시오.)

신앙은 주님께서 부르실 때까지 계속해서 자라가야 합니다. 당신이 신앙의 성장을 위하여 결단할 수 있는 일 한 가지를 이야기하고 실천계획을 세우십시오.

본문 개론

그토록 오랜 세월 동안 기다리던 약속의 아들을 얻었지만 그것으로 모든 것이 성취된 것은 아니었습니다. 믿음이 성장하고 의로운 사람이 되었다고 해서 인생의 문제가 전부 비켜가는 것도 아닙니다. 아비멜렉과의 관계는 정상화되어 가고 있는데 오히려 집안에서 가장 가까운 아내와 서자 이스마엘의 관계에서 금이 가게 되었던 것입니다. 아브라함은 근심이 되지 않을 수가 없었습니다. 그런데 하나님께서 내보내라고 명하셨습니다. 사실 이것은 이미 이전에 하나님께서 주신 말씀이 성취된 것이었습니다. 하갈이 아이를 잉태했을 때 쫓겨났고 하나님께서 그를 도우셨고 축복의 약속을 주셨습니다(16:10~12). 그 약속대로 이스마엘의 소리를 들으시고 샘을 보여주시고 살려주셨습니다. 그리고 그는 광야에 거주하고 결혼까지 했습니다. 이삭의 안전을 위하여 맺은 아비멜렉과의 조약은 아브라함의 믿음의 결과였고 그는 하나님께 감사의 제사를 드렸습니다.

본문 구성

사라가 이삭을 낳고 할례를 행하다.　　　　　(1~7)

하나님의 명령대로 이스마엘을 쫓아내다.　　(8~14)

하갈에게 하나님이 축복하시다.　　　　　　(15~19)

이스마엘이 장성하여 결혼하다.　　　　　　(20~21)

아비멜렉과 불가침 조약을 맺다　　　　　　(22~32)

아브라함이 예배를 드리다.　　　　　　　　(33~34)

본문 적용

　　이루어진 상태에 만족을 얻으려고 한다면 틀림없이 실망할 것입니다. 결과가 주어진다고 해도 하나님의 선물은 신앙의 성숙입니다. 그리스도의 장성한 분량에까지 자라는 것이 가장 큰 최고의 상급입니다. 그것은 상급을 받을 그릇이기 때문입니다. 아브라함이 이삭을 낳았지만 문제는 그대로였습니다. 다만 문제를 해결하는 방식이 변화되었습니다. 그리고 주변 세상에서의 평가가 더욱 높아졌습니다. 그것이 하나님을 높이는 방식입니다. 보통 이삭이라는 결과물에만 초점을 맞추고 간증도 합니다만, 우리의 섬김과 헌신을 통하여 하나님의 영광을 드러내야 비로소 하나님께서 인정하시는 것입니다.

❶ 구약의 복과 신약의 복은 다르다.

핵심구절 : "하나님이 아브라함에게 이르시되 네 아이나 네 여종으로 말미암아 근심하지 말고 사라가 네게 이른 말을 다 들으라 이삭에게서 나는 자라야 네 씨라 부를 것임이니라 그러나 여종의 아들도 네 씨니 내가 그로 한 민족을 이루게 하리라 하신지라 … 가죽부대의 물이 떨어진지라 그 자식을 관목덤불 아래에 두고 이르되 아이가 죽는 것을 차마 보지 못하겠다 하고 화살 한 바탕 거리 떨어져 마주 앉아 바라보며 소리 내어 우니 하나님이 그 어린아이의 소리를 들으셨으므로 하나님의 사자가 하늘에서부터 하갈을 불러 이르시되 하갈아 무슨 일이냐 두려워하지 말라 하나님이 저기 있는 아이의 소리를 들으셨나니 일어나 아이를 일으켜 네 손으로 붙들라 그가 큰 민족을 이루게 하리라 하시니라"(창 21:12~13, 15~18)

이삭과 이스마엘의 경우는 야곱과 에서의 경우와는 상당히 다릅니다. 야곱과 에서는 약속된 자와 버림받은 자의 대표성을 지니고 있지만 이스마엘의 경우에는 하나님께서 버리신 족속이 아니고 오히려 이삭에 버금가는 복을 약속하셨습니다. 그러나 그렇다고 하여 이스마엘이 하나님의 약속의 자녀와 동일한 것은 아닙니다. 어디까지나 아브라함과의 약속에 대한 하나님의 신실한 응답인 것입니다. 비록 사라와 아브라함의 믿음의 부족으로 인하여 태어난 자녀이지만 하나님은 이스마엘에게도 큰 복을 내리셨습니다.

그런데 오늘날에는 이삭과 이스마엘을 어떻게 보아야 할까요? 하나님의 약속에 대한 응답이므로 이스마엘도 똑같은 잣대로 평가해야 하는 것일까요? 우리는 이스마엘에게도 하나님의 약속을 그대로 적용할 수는 없습니다. 분명히 이스마엘은 다른 민족으로 가는 길을 걸어갔습니다. 그들도 이방인일 뿐입니다. 하나님께서 이스마엘에게도 육체적, 세상적 복을 주셨지만 그것을 그대로 영적 시각으로 바라보면 안 됩니다. 다만 오늘날에는 그리스도 예수님으로 말미암은 영적 약속의 자녀로 남게 하셨습니다. 이삭과 이스마엘, 야곱과 에서의 이야기는 이제 영적인 거듭남의 유무로 판단하는 시대가 되었습니다. 육체적, 혈통적 개념은 단지 천국백성인가 아닌가의 기준으로 바꾸어서 분별해야 합니다.

"너희가 그리스도의 것이면 곧 아브라함의 자손이요 약속대로 유업을 이을 자니라"(갈 3:29)

적용하기 : 당신은 세상적인 성공을 하나님의 복과 혼동하고 있는 것은 아닙니까? 세상에서의 복은 하나님께서 주시는 영적 복을 펼치기 위한 수단입니다. 어떻게 삶에 적용하겠습니까?

❷ 복음의 영향력을 확장하는가?

핵심구절 : "그 때에 아비멜렉과 그 군대 장관 비골이 아브라함에게 말하여 이르되 네가 무슨 일을 하든지 하나님이 너와 함께 계시도다 그런즉 너는 나와 내 아들과 내 손자에게 거짓되이 행하지 아니하기를 이제 여기서 하나님을 가리켜 내게 맹세하라 내가 네게 후한 대로 너도 나와 네가 머무는 이 땅에 행할 것이니라"(창 21:22~23)

아비멜렉은 사라에 대한 아브라함의 거짓말 때문에 자칫 종족이 끊어질 위기에 처했던 사람입니다. 하나님께서 그 부족의 모든 태를 닫으셨기 때문입니다. 그 아비멜렉이 어느 날 아브라함을 찾아와 서로 불가침조약을 맺자고 합니다. 아비멜렉이 이런 제안을 하는 이유는 우선은 하나님께서 아브라함과 함께 하신다는 확실한 증거를 보았기 때문이고, 다른 하나는 아브라함의 세력이 커지는 것을 보고 두려움을 느꼈기 때문입니다. 이것에 대해 크게 성공하는 기독교인을 연상할지 모르겠지만, 오늘날은 전혀 그런 시대가 아닙니다. 구약 시대에는 하나님께서 눈에 보이고 만져지는 복으로 증거를 주셨다면 신약시대에는 보이지 않고 만질 수 없는 복으로 증거를 주십니다. 그래서 구약은 그림자요 신약은 실체인 것입니다.

구약 시대의 양의 수나 땅의 넓이, 노비의 수 등으로 사람들에게 영향력을 끼쳤다면 신약시대에는 삶의 방식으로 세상에 영향을 끼쳐야 합니다. 신약에서는 오히려 물질이나 세력이 하나님의 영원한 복을 훼방하는 경우가 대부분입니다. 이것 때문에 복음이 훼손되고 천국은 가려졌으며 하나님의 영광이 사라져버립니다. 물론 구약시대에도 믿음으로 모든 것이 이루어지지만, 복에 대한 개념이 물질적이었다는 말입니다. 우리는 전혀 다른 종류의 영향력을 끼쳐야 합니다. 복음 및 천국의 삶의 원리로 세상에 승리해야 하는 것입니다.

"내가 복음을 부끄러워하지 아니하노니 이 복음은 모든 믿는 자에게 구원을 주시는 하나님의 능력이 됨이라 먼저는 유대인에게요 그리고 헬라인에게로다"(롬 1:16)

적용하기 : 당신은 지금까지 무엇으로 세상에 영향력을 끼쳤습니까? 앞으로 당신은 어떻게 복음을 보여주겠습니까?

하나님은 교회와 성도들이 세상에 복음적인 영향력을 끼치기를 원하십니다.
축복으로 하나님을 증명하려고 하면 그것은 그냥 종교입니다. 세상에 당신이
어떻게 보이겠습니까?

오늘 받은 은혜

전체적으로 당신이 받은 은혜와 느낌을 기록해보십시오.

실천을 위한 도전 (기도하여 성령님의 인도하심을 받으십시오.)

기독교 신앙은 교회에 열심히 다니는 것으로 다 되는 것은 아닙니다. 당신이 세
상에서 복음적인 삶을 살기 위한 실천방안 한 가지를 생각하고 행해보십시오.

본문 개론

　　기독교 신앙의 출발점이라고 할 수도 있는 아브라함의 시험에 관한 내용입니다. 하나님의 시험은 얼핏 보면 큰 민족을 이루시겠다는 처음의 약속(12:2)과 할례를 받으면 여러 민족의 아버지가 되게 하시겠다는 약속(17:5)과 정면으로 배치되는 것처럼 보입니다. 기독교 신앙은 온통 역설로 가득 차 있습니다. 하나님께서 가장 사랑하시는 사람에게 가장 혹독한 시련과 시험을 주기도 하시고 가장 약해 보이는 사람을 통하여 영광을 받기도 하십니다. 중요한 것은 어린아이처럼 하나님만을 전적으로 신뢰하고 의지하는가에 대한 것입니다. 아브라함은 오랜 세월 동안의 연단을 통하여 이런 믿음으로 성장해있었던 것입니다. 이 사건은 이삭에게도 큰 시험이었을 것입니다. 본문에는 전혀 나타나있지 않지만 스스로가 제물이 될 뻔했던 사람의 마음에 큰 상처가 될 수도 있지만 반대로 근본적인 여호와 신앙의 체득으로 승화되었으리라 생각합니다. 마지막 나홀의 후예에 대한 기록은 이삭의 아내 리브가에 대한 소개입니다.

본문 적용

시험과 유혹은 어떻게 다를까요? 시험은 변화를 위한 하나님의 방식이고 유혹은 넘어뜨리려는 마귀의 궤계입니다. 아브라함에게 있어서 외아들 이삭을 죽이는 것은 스스로 죽으라는 것이나 다를 바가 없는 가혹한 시험이었습니다. 이삭을 죽임으로써 아브라함이 얻을 수 있는 것이 전혀 없기 때문에 유혹이 아니라 시험인 것입니다. 그리스도인에게 있어서 시험은 반드시 필요합니다. 여기에서는 시험이 주제가 아니라 믿음이 주제입니다. 시험의 목적은 믿음의 확인이기 때문입니다. 시험이 없으면 자기 믿음을 확인할 길이 없고 착각 속에 빠져 살 수밖에 없을 것입니다. 아브라함처럼 시험을 이김으로써 하나님의 인정을 받는 믿음이 되어야 하겠습니다.

❶ 문제를 스스로 출제하는 시험

핵심구절 : "그 일 후에 하나님이 아브라함을 시험하시려고 그를 부르시되 아브라함아 하시니 그가 이르되 내가 여기 있나이다 여호와께서 이르시되 네 아

들 네 사랑하는 독자 이삭을 데리고 모리아 땅으로 가서 내가 네게 일러 준 한 산 거기서 그를 번제로 드리라"(창 22:1~2)

아브라함은 하나님이 보시기에 이미 하나님께서 기대하시는 믿음을 소유하고 있었습니다. 다른 사람과 자기 자신은 잘 모를 수 있습니다. 그런데 하나님은 분명히 아브라함의 믿음을 알고 계심에도 불구하고 굳이 아들 이삭을 제물로 바치라고 명령하셨습니다. 무엇 때문입니까? 이것은 하나님을 위한 것이 아니라 아브라함 자신을 위한 시험이었습니다. 아브라함 자신도 자기 믿음을 시험하여 증명할 필요가 있는 것입니다. 그래야 더욱 확신에 거하고 굳은 믿음으로 세상에 승리할 수 있기 때문입니다. 만약에 아브라함이 이삭을 바치라는 하나님의 명령을 하나님의 시험인 줄 알고 있었다면 하나님의 시험은 그 의미를 잃어버렸을 것입니다.

그런데 오늘날 우리는 일상에서 만나는 모든 사건을 통하여 하나님께서 우리를 시험하고 계신다는 사실을 생각해야 합니다. 물론 하나님께서 우리를 직접 시험하시는 것이 아니라 우리가 스스로 시험을 받는 것입니다. 하지만 우리가 어떻게 반응하는가에 따라 우리에게 주시는 복은 엄청나게 달라질 것입니다. 생각해 보십시오. 믿음이 성장한 사람들은 똑같은 사건에 대처하는 방식이 다릅니다. 하나님은 여기에까지 이르기를 원하고 계시는 것입니다. 그리스도인은 말씀에 근거한 복음적인 반응을 세상에 보여야 할 사람들인 것입니다. 그래서 시험은 자신의 반응에 대한 복음적인 평가인 것입니다. 그것이 신앙의 수준이 되는 것입니다.

"사람이 시험을 받을 때에 내가 하나님께 시험을 받는다 하지 말지니 하나님은 악에게 시험을 받지도 아니하시고 친히 아무도 시험하지 아니하시느

니라"(약 1:13)

적용하기 : 당신이 지금 당하고 있는 문제는 무엇입니까? 당신은 그것을 시험으로 인식할 수 있습니까? 이 시험을 이긴다면 당신에게는 어떤 열매가 맺히겠습니까?

❷ 축! 졸업! 아브라함!

핵심구절 : "손을 내밀어 칼을 잡고 그 아들을 잡으려 하니 여호와의 사자가 하늘에서부터 그를 불러 이르시되 아브라함아 아브라함아 하시는지라 아브라함이 이르되 내가 여기 있나이다 하매 사자가 이르시되 그 아이에게 네 손을 대지 말라 그에게 아무 일도 하지 말라 네가 네 아들 네 독자까지도 내게 아끼지 아니하였으니 내가 이제야 네가 하나님을 경외하는 줄을 아노라" (창 22:10~12)

이삭을 낳을 때까지도 여전히 약점을 이겨내지 못하던 아브라함은 이삭이 다 자랐을 때에 마침내 하나님의 시험을 이겨낼 수 있었습니다. 이것은 스스로 당하는 시험이 아니라 하나님께서 직접 아브라함을 시험하신 것이었습니다. 하지만 하나님의 직접적인 시험이든 스스로 당하는 시험이든 결정적인 순간에는 그 의미가 동일합니다. 이 졸업은 모든 인생문제가 사라졌다는 말이 아니라 하나님께서 계획하신 인간구원을 위한 희생제물로서 예수 그리스도를 보내신 것과 같은 사역을 예정하는 것이라는 의미입니다. 하나님의 구원사역에 사용하실 만한 믿음을 아브라함에게서 성취하셨습니다.

우리 모든 그리스도인들은 오직 한 가지에 집중해야 합니다. 그것은 바로 십자가입니다. 물론 예수님께서 지고 돌아가신 십자가가 본질이지만 우리는 그 십자가를 우리의 것으로 만들어야 합니다. 그래서 십자가는 예수님께서 달려 돌아가신 십자가가 아니라 우리 자신이 예수님과 함께 달려 죽었던 그 십자가입니다. 아브라함은 이삭을 통하여 그 최종적인 시험에 합격했던 것입니다. 그것은 하나님과의 연합입니다. 하나님과의 하나 됨이며 하나님의 마음을 소유하는 것이며 생명까지도 하나님께 맡기는 것입니다. 현대 그리스도인들에게 마지막 시험에 합격하는 것은 바로 예수님의 십자가에서 죽을 수 있느냐는 것입니다.

"또 무리에게 이르시되 아무든지 나를 따라오려거든 자기를 부인하고 날마다 제 십자가를 지고 나를 따를 것이니라"(눅 9:23)

적용하기 : 당신은 어떤 시험들을 감당해왔습니까? 십자가를 져야 하는 시험이 있다면 순종할 수 있겠습니까?

하나님의 마음

하나님은 당신이 시험을 통하여 하나님의 마음을 이해할 수 있기를 기다리십니다. 가장 최근에 하나님의 마음을 깨닫게 된 것이 있다면 이야기해 보십시오.

오늘 받은 은혜

전체적으로 당신이 받은 은혜와 느낌을 기록해보십시오.

실천을 위한 도전 (기도하여 성령님의 인도하심을 받으십시오.)

성경을 읽으면서 당신이 가장 순종하기 어려운 말씀을 찾아보십시오. 그것이 최후의 시험이 될 수 있습니다. 그 말씀을 어떻게 실천할 수 있겠습니까?

본문 개론

헤브론은 아브라함이 롯과 헤어진 후 그랄에 가기 전까지 약 20 여년 살았던 곳인데 후에 다시 이곳으로 이주해갔습니다. 헤브론 에서의 사라의 죽음 이후로 믿음의 조상 아브라함의 이야기는 서 서히 막을 내리고 이제 이삭의 시대가 도래하게 됩니다. 그 전에 하나님은 언약의 성취라는 측면에서 헤브론에 사라를 장사지낼 땅 을 구입하게 하시는데, 이것은 단지 나그네에 불과한 아브라함이 가나안 땅의 일부를 합법적으로 소유하게 되는 것을 뜻합니다. 그 래서 막벨라 밭과 굴을 매입한 이야기를 상세하게 기록하게 하신 것입니다. 이 매입과정에서 당시 헷 사람들의 존경을 확인할 수 있 었고, 아브라함은 끝까지 겸손하게 나그네로서의 예를 다함으로써 하나님의 백성으로서의 태도를 견지하는 것입니다.

본문 구성

사라가 헤브론에서 죽다.   (1~2)
헷 족속에게 묘지를 구하다.   (3~6)
에브론의 밭을 그냥 쓰라고 하다.   (7~11)

아브라함이 막벨라 밭과 굴을 매입하다.　　　　(12~18)
사라를 막벨라 굴에 장사하다.　　　　　　　　(19~20)

본문 적용

　　하나님의 언약은 지극히 사소한 것으로부터 성취되기 시작합니다. 물론 아브라함은 이것을 염두에 두었을 것입니다. 작은 일에도 원칙과 예의를 다한다면 거기에서 하나님은 영광을 받으십니다. 본장에서는 어디에도 하나님이 등장하지 않지만 아브라함을 통하여 함께하셨습니다. 비록 지금은 작은 밭의 주인이지만 그의 후손들은 전체 땅을 차지하게 될 것입니다. 그렇다면 거기에 합당한 주인으로서의 자세가 반드시 필요합니다. 사라의 죽음과 매장의 과정으로 말미암아 하나님께서 높아지신 것입니다. 우리의 삶의 모든 상황들은 단순한 거래나 행위가 아니라 하나님의 언약의 성취 과정입니다.

❶ 당신에게도 땅이 있다.

핵심구절 : "사라가 백이십칠 세를 살았으니 이것이 곧 사라가 누린 햇수라 사라가 가나안 땅 헤브론 곧 기럇아르바에서 죽으매 아브라함이 들어가서 사라를 위하여 슬퍼하며 애통하다가 그 시신 앞에서 일어나 나가서 헷 족속에게 말하여 이르되 나는 당신들 중에 나그네요 거류하는 자이니 당신들 중에서 내게 매장할 소유지를 주어 내가 나의 죽은 자를 내 앞에서 내어다가 장사하게 하시오 헷 족속이 아브라함에게 대답하여 이르되 내 주여 들으소서 당신은 우리 가운데 있는 하나님이 세우신 지도자이시니 우리 묘실 중에서 좋은 것을 택하여

당신의 죽은 자를 장사하소서 우리 중에서 자기 묘실에 당신의 죽은 자 장사함을 금할 자가 없으리이다"(창 23:1~6)

아브라함은 사라가 죽을 때까지 자기 땅이 없었습니다. 유목민이니까 당연할 수도 있는 이야기이지만, 훗날에 민족을 이루기 위해서는 자기 영토가 반드시 필요했습니다. 그런데 아브라함이 소유하고 있는 땅은 없었지만 아브라함은 그 땅을 거의 가지고 있는 셈이었습니다. 아브라함의 영향력이 그만큼 컸기 때문입니다. 그 땅 거민들은 아브라함을 높이 평가하고 있었고, 심지어 에브론이라는 사람은 자기 땅을 값없이 아브라함에게 제공하겠다고 했습니다. 땅은 없었지만 보이지 않는 영적 영향력은 그 땅보다 훨씬 더 컸던 것입니다. 헷 족속들은 아브라함을 향하여 "내 주여."라고 불렀습니다.

그들은 무엇 때문에 아브라함을 이렇게 존경했던 것일까요? 거래를 명확하게 했기 때문일까요? 그 이유를 헷 족속들이 확실하게 밝히는데 그것은 아브라함이 하나님의 방백으로 인식되고 있었기 때문이었습니다. 오늘날로 말하면 예수님을 잘 믿는 사람이라는 뜻입니다. 삶 자체가 하나님의 사자로서 충실했다는 뜻입니다. 지금 이 시대에 교회와 그리스도인들에게 가장 부족한 것이 무엇일까요? 그것은 믿음과 삶의 일치입니다. 교회에서는 거룩한데 생활에서는 세상과 똑같다면 어떻게 영적 영향력을 나타낼 수 있겠습니까? 그 동안 아브라함이 어떻게 살아왔는지는 잘 모르겠지만 이삭의 시험 이후로 아브라함은 더욱 하나님의 백성답게 살았던 것 같습니다.

적용하기 : 아브라함에게는 보이지 않는 땅이 있었습니다. 당신은 보이지 않는 땅을 얼마나 확보하고 있을 것 같습니까?

❷ 모든 일을 분명하게 하라.

핵심구절 : "그 땅의 백성이 듣는 데서 에브론에게 말하여 이르되 당신이 합당히 여기면 청하건대 내 말을 들으시오 내가 그 밭 값을 당신에게 주리니 당신은 내게서 받으시오 내가 나의 죽은 자를 거기 장사하겠노라 에브론이 아브라함에게 대답하여 이르되 내 주여 내 말을 들으소서 땅 값은 은 사백 세겔이나 그것이 나와 당신 사이에 무슨 문제가 되리이까 당신의 죽은 자를 장사하소서 아브라함이 에브론의 말을 따라 에브론이 헷 족속이 듣는 데서 말한 대로 상인이 통용하는 은 사백 세겔을 달아 에브론에게 주었더니 마므레 앞 막벨라에 있는 에브론의 밭 곧 그 밭과 거기에 속한 굴과 그 밭과 그 주위에 둘린 모든 나무가 성 문에 들어온 모든 헷 족속이 보는 데서 아브라함의 소유로 확정된지라"(창 23:13~18)

아브라함은 적어도 거래에서는 완벽할 만큼 확실했습니다. 아브라함의 재산 중 상당수는 애굽의 바로와 아비멜렉에게서 나온 것이었습니다. 바로에게서 양, 소, 노비, 암수 나귀와 약대를 얻었고(창 12:16), 아비멜렉에게서도 양과 소와 노비를 받았습니다(창 20:14).

모든 것을 통틀어서 상당한 재력가였던 것 같습니다. 그런데 아브라함은 조카 롯을 구출해 돌아왔을 때에 아무것도 취하지 않았으며, 본문에서 사라의 매장지로 막벨라 굴을 땅 주인인 에브론이 그냥 주겠다고 했지만 은 사백 세겔을 지불하고 인수했습니다.

사람들에게 경제적인 문제는 매우 중요합니다. 그래서 경제적인 문제가 걸리면 사람들은 다른 어떤 요소보다 훨씬 심각하게 받아들입니다. 그런데 그리스도인 중에 이 경제문제에 계속 걸리는 사람이 있습니다. 그렇게 되면 아무리 다른 것을 잘 해도 비난의 대상이 되어버립니다. 다른 문제들도 당연히 명확하게 해야 하지만 돈 문제에서는 더욱 명확하게 해서 그로 인한 문제가 생기지 않도록 해야 합니다. 나누고 섬겨야 할 그리스도인들이 오히려 경제로 인하여 문제를 일으킨다면 복음을 전혀 드러낼 수가 없습니다. 물론 막벨라 굴은 이스라엘의 민족 구성의 근원이 되는 장소이지만, 아브라함은 이 문제들을 아주 명확하게 했던 것입니다.

"돈을 사랑함이 일만 악의 뿌리가 되나니 이것을 탐내는 자들은 미혹을 받아 믿음에서 떠나 많은 근심으로써 자기를 찔렀도다"(딤전 6:10)

적용하기 : 우리는 타인의 사랑과 배려를 받을 줄도 알아야 하지만, 돈 문제는 깔끔하게 할 수 있어야 합니다. 당신은 돈과 관련된 문제들을 어떤 방식으로 처리하고 있습니까?

하나님은 그리스도인들이 복음과 그리스도로 인한 것 외는 그 어떤 것으로도 세상에서 책잡히기를 원하지 않으십니다. 당신은 세상에 책잡힐만한 일을 하고 있지는 않습니까?

전체적으로 당신이 받은 은혜와 느낌을 기록해보십시오.

그리스도인들은 사람들에게 하나님을 증명하는 사람들입니다. 완전하지는 않더라도 이웃에게 당신이 하나님의 사람이라는 증거를 한 가지 보여주시기 바랍니다.

본문 개론

   본장의 주인공은 누구입니까? 아브라함일까요? 아니면 이삭? 그것도 아니면 리브가? 그런데 이런 모든 주인공의 요소들을 한데 묶는 사람이 바로 아브라함의 종이었습니다. 물론 모든 것은 하나님의 축복이요 섭리였습니다. 그래서 본장은 온통 믿음에 대한 이야기입니다. 이삭은 하나님께서 주신 가나안 땅에 거해야 합니다. 수많은 자손을 주시겠다는 약속을 따라 믿음의 며느리를 얻기 위해 종을 나홀의 성으로 파송합니다. 종은 아브라함과 똑같은 믿음의 사람이었습니다. 현지에 도착해서 기도로 시작합니다(12). 하나님께서 응답하셔서 처음 만난 처녀가 리브가였습니다. 리브가도 믿음의 여인으로 손님 대접하기를 자기 자신과 같이 합니다. 하나님께서 감동하시니 리브가의 집안도 모두 믿음으로 찬성합니다. 종은 또다시 하나님께 엎드려 감사기도를 드립니다(52). 그리고 즉시 집을 떠나서 아브라함에게 가다가 이삭을 만납니다. 어머니를 잃고 슬픔에 잠겨있던 이삭은 리브가와 혼인함으로써 큰 위로를 얻게 됩니다.

종에게 이삭의 아내를 데려오라고 지시   (1~4)

고향에서 찾아올 것을 맹세시키다.   (5~9)

종이 나홀의 성에서 하나님께 기도하다.   (10~14)

리브가를 만나 낙타에게 물을 먹이다 .   (15~24)

리브가가 청혼을 받아들이다.   (25~60)

리브가가 집을 떠나 이삭과 혼인하다.   (61~67)

본문 적용

　이삭을 제물로 바치려고 함으로써 믿음의 조상이 된 아브라함에게 하나님께서 범사에 복을 주시는 것은 자연스러운 일입니다. 그리고 하나님의 약속의 성취를 위한 마지막 결단을 내리게 됩니다. 우상숭배로 가득한 그 당시 세상에서 오직 하나님의 언약을 이루기 위해서는 신실한 믿음이 필수적입니다. 아무나 며느리로 데려와서 무조건 자식을 많이 낳는 것이 아니기 때문입니다. 모든 민족이 아브라함을 통하여 복을 받되 그 중심에는 여호와 신앙이 도도하게 흘러야 하기 때문입니다. 이 본문에 나오는 세상은 우리가 사는 이 세상과 조금도 다르지 않습니다. 눈에 보이는 복이 참된 복이 아니라 보이지 않는 하나님의 언약의 복이 진정한 복입니다. 만약에 둘 중 하나를 택해야 한다면 우리는 대단해 보이는 세상의 복이 아니라 눈에 보이지 않는 복을 택할 줄 아는 분별력과 믿음을 가져야 할 것입니다. 더구나 세상적인 복은 그리스도의 십자가 은혜로 다 소멸되었습니다. 진정한 복에 대한 분별력을 배우면 좋겠습니다.

❶ 약속은 이루어질 때까지 살아있다.

핵심구절 : "종이 이르되 여자가 나를 따라 이 땅으로 오려고 하지 아니하거든 내가 주인의 아들을 주인이 나오신 땅으로 인도하여 돌아가리이까 아브라함이 그에게 이르되 내 아들을 그리로 데리고 돌아가지 아니하도록 하라 하늘의 하나님 여호와께서 나를 내 아버지의 집과 내 고향 땅에서 떠나게 하시고 내게 말씀하시며 내게 맹세하여 이르시기를 이 땅을 네 씨에게 주리라 하셨으니 그가 그 사자를 너보다 앞서 보내실지라 네가 거기서 내 아들을 위하여 아내를 택할지니라 만일 여자가 너를 따라오려고 하지 아니하면 나의 이 맹세가 너와 상관이 없나니 오직 내 아들을 데리고 그리로 가지 말지니라 그 종이 이에 그의 주인 아브라함의 허벅지 아래에 손을 넣고 이 일에 대하여 그에게 맹세하였더라"(창 24:5∼9)

본문은 모든 것이 술술 잘 풀리면서 아브라함의 소원대로 이루어지는 과정을 보여줍니다. 아마도 그리스도인들은 아브라함이 받은 응답과 같은 삶을 꿈꾸는지도 모르겠습니다. 그러나 이런 모습은 아브라함이 이삭을 제물로 바침으로써 그 믿음을 인정하시면서 나타날 수 있는 것입니다. 세상에서의 소원에 대한 이야기가 아닙니다. 그것은 하나님의 약속에 관한 이야기입니다. 단순히 세상만사가 잘 풀린다는 말이 결코 아니고 하나님의 계획이 이루어지는데 아브라함의 믿음이 작동했다는 말입니다. 하나님의 뜻에 믿음의 사람 아브라함의 생각과 행동이 결합되어야 비로소 가능해지는 것입니다.

아브라함은 하나님의 약속에 대한 확고한 믿음과 의지가 있었습니다. 하지만 모든 성도들이 아브라함과 같은 것은 아닙니다. 아브라함은 이미 25년 만에 하나님의 약속이 이루어지는 것을 경험한 사람입니다. 그런 믿음이 있기 때문에 하나님께서 모든 일을 순전하게 잘 흘러가도록 인도하신 것입니다. 이삭을 낳고 길렀지만 이제 이삭의 배우자를 찾아야 하나님의 약속이 이루어지는데 가나안 지역에서는 배우자를 찾을 길이 없습니다. 그리하여 종을 고향으로 보내는데, 혹시 신붓감이 가나안 땅까지 못 오겠다고 하면 이삭을 아브라함의 고향으로 인도할까요 하고 종이 물었지만 아브라함의 대답은 하나님의 약속은 이 가나안 땅에 있는 것임을 분명히 믿고 있음을 보여줍니다. 아브라함은 하나님의 성취 속에 자신과 가족을 두어야 하는 것을 알았던 것입니다.

"내가 너와 함께 있어 내가 어디로 가든지 너를 지키며 너를 이끌어 이 땅으로 돌아오게 할지라 내가 네게 허락한 것을 다 이루기까지 너를 떠나지 아니하리라 하신지라"(창 28:15)

적용하기 : 하나님께서 동행하셔도 우리가 그것을 믿지 못하면 응답하지 않으십니다. 당신을 향한 하나님의 약속 중에서 이루어지지 않은 것에 대해서 어떤 믿음을 가지고 있습니까?

❷ 순종은 아브라함의 종처럼

핵심구절 : "리브가가 당신 앞에 있으니 데리고 가서 여호와의 명령대로 그를 당신의 주인의 아들의 아내가 되게 하라 아브라함의 종이 그들의 말을 듣고 땅에 엎드려 여호와께 절하고 은금 패물과 의복을 꺼내어 리브가에게 주고 그의

오라버니와 어머니에게도 보물을 주니라 이에 그들 곧 종과 동행자들이 먹고 마시고 유숙하고 아침에 일어나서 그가 이르되 나를 보내어 내 주인에게로 돌아가게 하소서"(창 24:51~54)

아브라함의 종은 참으로 여러 가지 의미를 던져주고 있습니다. 아브라함이 그 종을 전적으로 신뢰하지 못했다면 종에게 전권을 주어 아들의 신붓감을 찾아오게 하지는 않았을 것입니다. 어떻게 아버지가 한 번 보지도 않고 종의 결정대로 며느리를 맞이할 수 있겠습니까? 그런데 이 종은 정말이지 주인의 일을 자기 일과 똑같이 고민하고 기도하고 믿음을 가지고 주인의 뜻을 이루어냈습니다. 일이 성사된 후에는 자기 며느리를 맞이하는 마음으로 감사기도를 드렸습니다. 이 종은 조용한 분별력, 경건과 믿음, 주인에 대한 헌신, 사물에 대한 확고한 신념 등을 가진 매력적인 인물이었습니다. 물론 이 종의 공로만이 아니라 하나님께서 모든 길을 인도하셨기 때문입니다. 그러나 우리는 이 종에게서 그리스도인들의 삶의 원리를 깨우쳐야 할 것입니다.

우리가 사명 또는 사역이라고 부르는 일은 우리의 일이 아닙니다. 하나님의 일입니다. 물론 '자기 일'로 감당해야 합니다. '자기 일처럼'이 아닙니다. 하나님의 일이 '자기 일'입니다. 하나님의 일이라면 모든 전권을 주셔야 합니다. 우리는 하나님으로부터 전권을 위임받았습니다. 하나님께서 허락하시는 범위 안에서입니다. 아브라함의 종이 받은 임무는 아브라함의 고향에 가서 며느릿감을 데려오는 일이었습니다. 다른 지역은 안 됩니다. 아브라함의 종은 모든 사명을 완수했습니다. 종에게 무슨 유익이 있었던 것도 아닙니다. 그것은 당연히 종의 할 일이었습니다. 우리도 그렇습니다.

"이와 같이 너희도 명령 받은 것을 다 행한 후에 이르기를 우리는 무익한 종이라 우리가 하여야 할 일을 한 것뿐이라 할지니라"(눅 17:10)

적용하기 : 당신은 맡겨진 일을 얼마나 하나님의 일로 생각하면서 감당하고 있습니까? 충분히 '당신의 일'로 감당하고 있습니까?

하나님의 마음

하나님은 하나님께서 믿고 맡기실 만한 사람을 찾고 계십니다. 당신은 하나님께서 얼마나 신뢰할 수 있는 사람이라고 생각합니까?

오늘 받은 은혜

전체적으로 당신이 받은 은혜와 느낌을 기록해보십시오.

실천을 위한 도전 (기도하여 성령님의 인도하심을 받으십시오.)

하나님을 향한 아브라함의 믿음, 아브라함을 향한 종의 믿음과 같은 종류의 믿음을 위해 당신이 현재 시작할 수 있는 일을 한 가지 궁리해 보십시오.

본문 개론

본장은 이삭의 결혼 후 35년을 더 살았던 아브라함의 세월을 기록하고 있습니다. 그리고 이제는 섭리의 주인공이 된 이삭과 그 아들들에 대한 기록입니다. 그두라를 언제 후처로 맞았는지는 불분명하지만 아브라함은 그두라의 자손들과 이스마엘에게도 재산을 나누어주었습니다. 그러나 서자들은 언약의 아들인 이삭으로부터 멀리 떨어져 나가게 함으로써 아브라함의 믿음이 이삭을 통하여 온전하게 계승되기를 원했습니다. 아무튼 그렇게 아브라함이 죽고 난 후에 하나님은 이삭에게도 복을 주셨습니다(11). 그리고 아브라함의 후처의 자식들은 다 흩어 보냈지만 이삭에게는 또 다른 문제가 기다리고 있었습니다. 에서와 야곱 형제간의 장자권에 대한 분란이었습니다.

본문 구성

아브라함이 서자들에게 유산을 나누다.　　　(1~6)
아브라함이 175세에 죽어 장사되다.　　　(7~11)
이스마엘의 후손을 소개하다.　　　(12~18)

이삭이 쌍둥이 아들 에서와 야곱을 낳다.　　(19~26)
에서가 야곱에게 장자의 명분을 팔다.　　　(27~34)

　이 세상에는 우리가 어쩔 수 없이 감당해야 할 문제들로 가득해 있습니다. 아브라함이 이삭을 제물로 바침으로써 얻었던 믿음의 세계에서도 여전히 문제는 도사리고 있습니다. 선과 악의 문제가 아니지만 그 문제를 분별하고 해결해나가는 과정에서 선과 악의 구분이 생겨버립니다. 물론 그것은 믿음과 불신의 이야기입니다. 어쩔 수 없이 대립하고 다투고 분란을 일으키는 일들이 겉으로 보기에는 생존의 문제, 세력과 세력의 문제, 자신과 타인의 문제, 민족과 민족의 문제로 비치지만 믿음의 눈으로 보면 하나님의 섭리와 은혜의 문제로 보이게 됩니다. 에서와 야곱의 문제만 해도 육의 문제와 영의 문제의 대립의 요소들이 들어있는 것입니다. 믿음의 사람들은 오직 하나님의 마음, 하나님의 계획을 중심으로 분별해야 할 것입니다.

❶ 약속 없는 풍요는 유혹일 뿐이다.

핵심구절 : "이스마엘의 아들들의 이름은 그 이름과 그 세대대로 이와 같으니라 이스마엘의 장자는 느바욧이요 그 다음은 게달과 앗브엘과 밉삼과 미스마와 두마와 맛사와 하닷과 데마와 여둘과 나비스와 게드마니 이들은 이스마엘의 아들들이요 그 촌과 부락대로 된 이름이며 그 족속대로는 열두 지도자들이었더라 이스마엘은 향년이 백삼십칠 세에 기운이 다하여 죽어 자기 백성에게

로 돌아갔고 그 자손들은 하윌라에서부터 앗수르로 통하는 애굽 앞 술까지 이르러 그 모든 형제의 맞은편에 거주하였더라"(창 25:13~18)

겉으로 보이는 세계와 보이지 않는 영원한 세계는 상당히 차이가 납니다. 세상의 풍요가 하나님의 풍요와 일치될 때도 있지만 신약 시대에는 별로 관계가 없습니다. 믿는 사람이 가난하게 살아야 한다거나 부자가 되어서는 안 된다는 말이 아닙니다. 하나님의 나라는 그런 것에 좌우되지 않는다는 말입니다. 아브라함의 자손들 중에서도 사라의 종인 하갈의 자손들과 아브라함의 후처인 그두라의 자손들은 상당히 풍요로워지고 자손이 번성해 나갔습니다. 하지만 약속의 아들인 이삭에게는 야곱과 에서 두 쌍둥이만 허락하셨습니다. 축복과는 거리가 멀어 보입니다. 물론 후에는 후손들이 한 민족으로 성장할 정도로 크게 만들어주셨지만, 그것도 아브라함의 다른 모든 아들들을 합친 것과 비교하면 초라해 보일 정도입니다.

하나님은 우리에게 진정한 복을 주기를 원하십니다. 아브라함의 후손들이 복의 근원이 되고 땅의 모든 족속이 그로 인하여 복을 얻을 것이라고 약속하신 특별한 복의 주인공은 오직 이삭의 후손들뿐입니다. 이스마엘의 후손들이 아무리 번성하고 그두라의 아들들이 모두 한 민족을 이룬다고 해도 이삭의 복은 결코 주지 않으십니다. 우리가 나아갈 길은 세상의 복이 아닙니다. 세상의 복은 영원한 복을 이루는 데 필요한 도구가 될 뿐입니다. 그 도구는 적어도 되고 많아도 됩니다. 하나님께서 적절하게 주시는 것이기 때문입니다.

"내 사랑하는 형제들아 들을지어다 하나님이 세상에서 가난한 자를 택하사 믿음에 부요하게 하시고 또 자기를 사랑하는 자들에게 약속하신 나라를 상속으로 받게 하지 아니하셨느냐"(약 2:5)

적용하기 : 당신은 영적인 부요를 따라가고 있습니까, 육적인 부요를 따라가고 있습니까? 아니면 중간 지대에 서 있습니까?

❷ 신앙의식을 바꾸면 놀랍게 변화된다.

핵심구절 : "야곱이 이르되 형의 장자의 명분을 오늘 내게 팔라 에서가 이르되 내가 죽게 되었으니 이 장자의 명분이 내게 무엇이 유익하리요 야곱이 이르되 오늘 내게 맹세하라 에서가 맹세하고 장자의 명분을 야곱에게 판지라 야곱이 떡과 팥죽을 에서에게 주매 에서가 먹으며 마시고 일어나 갔으니 에서가 장자의 명분을 가볍게 여김이었더라"(창 25:31~34)

에서는 장자의 명분을 경홀히 여겼습니다. 그리하여 장자의 명분을 팥죽 한 그릇과 떡 몇 개에 야곱에게 팔아먹고 말았습니다. 에서가 아무리 어리석어도 장자의 명분과 팥죽 한 그릇은 거래의 대상이 될 수 없습니다. 그런데도 에서는 죽 한 그릇과 바꾸고 말았습니다. 반면에 야곱은 장자의 명분이 너무나도 부러웠습니다. 하지만 그것은 사고팔거나 빼앗을 수 있는 것이 아닙니다. 야곱도 이 사실을 너무나도 잘 알고 있습니다. 그럼에도 야곱은 늘 장자의 명분에 대해서 생각하고 있었습니다. 그런데 뜻밖에 기회가 왔습니다. 야곱도 설마 형 에서가 팥죽과 장자의 명분을 바꿀 것이라고 는 생각하지 못했을 것입니다. 그런데 놀랍게도 에서는 그렇게 하고 말았습니다. 에서의 명분은 배가 고파 죽게 생겼는데 장자의 명분이 무슨 소용이 있겠는가 하는 논리였습니다.

무엇이 야곱과 에서를 만들었을까요? 그들의 의식이 그렇게 결정하고 행동하도록 만들었던 것입니다. 신앙이 성장한다는 것은 하나님의 관점으로 시각이 바뀌고 의식이 변화된다는 것입니다. 생각이 바뀌는 정도로는 안 되고, 체험과 훈련을 통해 의식이 바뀌어야 그대로 행동할 수 있습니다. 에서에게 의식이 똑바로 있었다면 아무리 배가 고파도 바꾸는 일은 하지 않았을 것입니다. 사람은 자기 의식대로 행동하게 되어 있습니다. 의식이 바뀌지 않으면 결심이 약해지고 현실과 타협하게 되지만 의식이 바뀌면 결정을 바르게 할 수 있습니다. 의식을 바꾸기 위해서는 자기 생각을 내려놓아야 하고 반복적인 훈련과 말씀체험이 필수적입니다.

"너희는 이 세대를 본받지 말고 오직 마음을 새롭게 함으로 변화를 받아 하나님의 선하시고 기뻐하시고 온전하신 뜻이 무엇인지 분별하도록 하라"(롬 12:2)

적용하기 : 아무리 변화되려고 애를 써도 결국 제자리로 다시 돌아오게 되는 경험이 있을 것입니다. 당신은 어떨 때 지금의 신앙을 확립하게 되었습니까? 현재 신앙이 당신의 의식입니다.

하나님의 마음

하나님은 현실을 무시하지 않으십니다. 그러나 하나님은 현실을 뛰어넘어 하나님의 약속을 따라가는 사람을 기다리십니다. 당신은 현실과 약속 사이의 어디쯤 서 있습니까?

오늘 받은 은혜

전체적으로 당신이 받은 은혜와 느낌을 기록해보십시오.

실천을 위한 도전 (기도하여 성령님의 인도하심을 받으십시오.)

신앙의 진실은 보이지 않는 영원한 하나님의 약속을 얼마나 소망하는가에 달려 있습니다. 하나님의 약속을 따라가기 위한 실천 사항 한 가지를 이야기하십시오.

26
이삭의 우물들
창세기 26:1~35

본문 개론

아브라함 때에는 애굽에 관해 아무런 말씀이 없으셨고, 이삭에게는 애굽으로 내려가지 말라고 하셨으며, 후에 야곱에게는 애굽으로 내려가라고 하십니다. 세상의 현실과 시대적 상황과 하나님의 언약의 성취와 당사자의 믿음이 전부 관련되어 있습니다. 하나님은 그 땅에서 아브라함에게 언약하신 모든 것을 이루어 주겠다고 하십니다. 이삭의 행보는 전부 하나님의 직접적인 개입이라고 볼 수 있습니다. 하나님의 말씀만을 믿고 모든 것을 양보했습니다. 그래서 놀랄 정도의 수확을 거둘 수 있었고, 아버지의 우물과 스스로 판 우물들을 다 빼앗겼음에도 다투지 않았습니다. 그에게는 힘이 있었습니다. 아비멜렉은 자기들보다 이삭이 더 강성하다고 했습니다. 그렇게 양보했는데도 불구하고 하나님께서 더 강성하게 해주심으로 아비멜렉이 먼저 평화조약을 요구했던 것입니다. 마지막에 에서가 이방인 아내 둘과 결혼한 사건은 이삭의 믿음과 대비되는 이야기입니다.

본문 구성

본문 적용

이삭은 아버지에 의해 제물이 될 뻔한 사람으로서, 그리스도의 모형 중의 한 사람인데 그리스도인들의 삶에 중요한 지침을 전해 주고 있습니다. 구약에서는 그렇게 양보하는 것이 미덕이 아니고 부유하고 강성하게 되는 것이 축복이었습니다. 그러나 그 안에 흐르는 하나님의 마음은 순수한 믿음입니다. '순수한 믿음'으로 '강성'하게 되는 것이 하나님의 뜻입니다. 그것을 이삭을 통하여 잘 드러내주신 것입니다. 현대 그리스도인들도 이삭을 닮아야 합니다. 세상 것은 세상에 다 양보할 수 있어야 합니다. 왜냐하면 진짜는 하나님께서 주시는 것이기 때문입니다. 경쟁해서 번영하는 것이 아니라 양보하는데도 손해가 나지 않습니다. 하나님께서 전부 책임지십니다.

❶ 블레셋의 인도를 받아?

핵심구절 : "이삭의 종들이 골짜기를 파서 샘 근원을 얻었더니 그랄 목자들이 이삭의 목자와 다투어 이르되 이 물은 우리의 것이라 하매 이삭이 그 다툼으로 말미암아 그 우물 이름을 에섹이라 하였으며 또 다른 우물을 팠더니 그들이 또 다투므로 그 이름을 싯나라 하였으며 이삭이 거기서 옮겨 다른 우물을 팠더니 그들이 다투지 아니하였으므로 그 이름을 르호봇이라 하여 이르되 이제는 여호와께서 우리를 위하여 넓게 하셨으니 이 땅에서 우리가 번성하리로다 하였더라"(창 26:19∼22)

하나님은 이삭을 르호봇까지 인도해가셨습니다(22절). 이삭이 하나님의 축복하심을 따라 창대하고 왕성하여 거부가 되자 그 땅의 왕인 아비멜렉이 이삭에게 그곳을 떠날 것을 요구한 이후로 하나님의 인도하심을 따라 에섹과 싯나를 지나 그랄 목자들이 다툼을 일으키지 못하는 르호봇까지 왔던 것입니다. 그런데 하나님은 이상한 방식으로 이삭을 인도하셨습니다. 이삭은 그랄 목자들과 다투지 않고 계속하여 이동했습니다. 하나님은 상황을 사용하셨습니다. 처음에 하나님은 이삭에게 그랄 땅을 떠나지 말라고 지시하시고 그 모든 땅을 너와 네 자손에게 주리라고 말씀하셨습니다. 그런데 갑자기 모른 체하시는 것처럼 보였습니다.

우리는 인생을 살면서, 특히 믿음의 사람으로 살면서 힘들고 억울하고 답답한 여러 가지 문제들을 만납니다. 그런데 문제들을 만나면서 차츰 주님께서 원하시는 방향으로 나아간다는 사실을 알아야 하겠습니다. 문제는 우리가 변화되어가며 바른 길로 갈 수 있는 안내자인 것입니다. 만약에 아무런 문제도 없다면 그것은 과연 복된 삶일까요? 모든 것이 충족되어 편안하다면 하나님을 잘 섬길 수 있을까요? 이삭이 그랄 목자들의 훼방을 피하여 하나님께서 정해주시는 땅에 정착하게 만드신 것은 성도들의 기본적인 삶의 방식입니다. 물론 그것은 이 땅에 머물면 자손들이 하늘의 별과 같이 번성하게 하시겠다는 하나님의 말씀을 따르는 믿음의 표현인 것입니다.

"그 때에 스데반의 일로 일어난 환난으로 말미암아 흩어진 자들이 베니게와 구브로와 안디옥까지 이르러"(행 11:19)

적용하기 : 당신이 만나는 어려운 문제로 인하여 더 깊은 것을 깨닫거나 더 나은 곳으로 가게 된 경험을 이야기해 보십시오.

❷ 당신의 하나님을 두려워하는가?

핵심구절 : "아비멜렉이 그 친구 아훗삿과 군대 장관 비골과 더불어 그랄에서부터 이삭에게로 온지라 이삭이 그들에게 이르되 너희가 나를 미워하여 나에게 너희를 떠나게 하였거늘 어찌하여 내게 왔느냐 그들이 이르되 여호와께서 너와 함께 계심을 우리가 분명히 보았으므로 우리의 사이 곧 우리와 너 사이에 맹세하여 너와 계약을 맺으리라 말하였노라 너는 우리를 해하지 말라 이는 우리가 너를 범하지 아니하고 선한 일만 네게 행하여 네가 평안히 가게 하였음이니라 이제 너는 여호와께 복을 받은 자니라"(창 26:26~29)

이삭과 블레셋이 옥신각신하는 과정을 보면서 우리는 블레셋이 여호와 하나님을 두려워한다는 사실을 알 수 있습니다. 이삭이 누이동생이라고 거짓말을 했던 이후의 모습을 보면 아비멜렉은 분명히 오래 전에 아브라함의 처 사라 때문에 자기들의 대가 완전히 끊어질 뻔했던 일로 인하여 여호와 하나님께 대한 경외심이 생겼을 것입니다. 단, 지금의 아비멜렉은 그 때의 아비멜렉의 후손입니다. 아무튼 그렇게 박해했음에도 이삭이 아주 잘되는 것이 보이자 그들은 하나님께서 이삭과 함께 하시는 것을 깨닫게 되고 후에 자기들이 피해를 당할까 두려운 마음으로 찾아와서 평화조약을 맺으려는 것입니다. 그들은 그 이유를 여호와께서 너와 함께 하심을 보았기 때문이라고 밝히고 있습니다. 그리스도인들은 삶을 통하여 하나님이 드러나시게 하는 사람들입니다. 여기에서, 아비멜렉이 이삭을 두려워했습니까, 아니면 이삭이 섬기는 하나님을 두려워했습니까? 세상의 재물이나 권력이나 지성 때문에 우리를 두려워하게 해서는 안 됩니다. 오늘날은 이삭의 시대처럼 성공하고 번영하고 모든 것이 잘 되는 것으로 이웃을 두려워하게 하는 시대가 아닙니다. 그런 것은 예수님의 십자가로 다 완성되었습니다. 우리가 참된 믿음으로 영원한 나라의 가치를 드러냄으로써 세상이 두려워하게 해야 합니다.

"모든 성도 중에 지극히 작은 자보다 더 작은 나에게 이 은혜를 주신 것은 측량할 수 없는 그리스도의 풍성함을 이방인에게 전하게 하시고"(엡 3:8)

적용하기 : 당신의 삶을 통하여 그리스도를 드러낸 적이 있습니까? 아직 없었다면 어떻게 해야 그렇게 될지 생각해보십시오.

하나님의 마음

하나님은 우리의 삶을 통하여 세상에 복음을 드러내기를 원하십니다. 당신은
그리스도의 복음을 얼마만큼이나 삶으로 나타내고 있는지 이야기해 보십시오.

오늘 받은 은혜

전체적으로 당신이 받은 은혜와 느낌을 기록해보십시오.

실천을 위한 도전 (기도하여 성령님의 인도하심을 받으십시오.)

신앙은 세상과의 관계를 통하여 보이는 모습으로 드러나야 합니다. 당신이 소
유하고 있는 복음을 삶에서 드러낼 수 있는 한 가지 실천방안을 말하고 행해
보십시오.

본문 개론

하나님께서 주기로 약속하신 복, 곧 큰 자가 어린 자를 섬기리라는 말씀을 리브가와 야곱이 '스스로' 쟁취하려는 모습의 이야기입니다. 만약에 이삭이 마음먹은 대로 에서가 사냥해온 고기를 먹고 에서를 마음껏 축복했다면 결과가 어떻게 되었을까요? 하나님께서 말씀하신 대로 되었을까요? 아니면 야곱에 대한 이삭의 축복이 에서에게 왔을까요? 아마 에서는 물질적인 번영을 누릴 수는 있었겠지만 결코 하나님의 약속의 아들이 될 수는 없었을 것입니다. 그는 여호와 신앙이 주는 축복을 이해하지 못했기 때문입니다. 만약에 그렇게 되었다면 그러면 야곱은 아무런 복도 받지 못했을까요? 결코 그렇지 않을 것입니다. 그러나 스스로 복을 쟁취하려는 야곱의 인생은 여러 가지 문제점들을 지속적으로 만나게 됩니다. 하나님께서 인도하시는 것은 틀림이 없지만 지름길을 놓아두고 먼 길을 돌아온 것이었습니다. 야곱과 에서의 이야기는 영과 육의 이야기입니다.

본문 적용

　　물질의 복이 하나님의 축복으로 인식되던 구약 시대였지만 하나님의 복은 결코 물질이 아니라는 사실을 명확하게 밝혀주고 있습니다. 어느 한 사람의 일방적인 이야기여서는 곤란합니다. 에서도 야곱도 모두가 인간의 욕심으로 채워져 있었습니다. 다만 에서는 이방인들의 사고방식, 곧 우상숭배와 세속적인 신앙을 추구했지만, 야곱은 그 가운데에서도 하나님께서 주시는 신앙적인 복을 받기를 원했던 것이 차이점일 것입니다. 그것은 하나님께서 아브라함에게 주신 약속의 성취였습니다. 에서도 야곱도 신앙과는 거리가 먼 생각으로 채워져 있었지만 목표지점이 달랐기 때문에 에서는 하나님과 반대편으로 달려갔고 야곱은 비록 어려움은 있었지만 서서히 하나님의 사람으로 변화되어 갔던 것입니다.

❶ 리브가의 능동은 믿음인가 욕심인가?

핵심구절 : "야곱이 그 어머니 리브가에게 이르되 내 형 에서는 털이 많은 사람이요 나는 매끈매끈한 사람인즉 아버지께서 나를 만지실진대 내가 아버지의 눈에 속이는 자로 보일지라 복은 고사하고 저주를 받을까 하나이다 어머니가 그에게 이르되 내 아들아 너의 저주는 내게로 돌리리니 내 말만 따르고 가서 가져오라 그가 가서 끌어다가 어머니에게로 가져왔더니 그의 어머니가 그의 아버지가 즐기는 별미를 만들었더라 … 내 아들아 내 말을 따라 일어나 하란으로 가서 내 오라버니 라반에게로 피신하여 네 형의 노가 풀리기까지 몇 날 동안 그와 함께 거주하라 네 형의 분노가 풀려 네가 자기에게 행한 것을 잊어버리거든 내가 곧 사람을 보내어 너를 거기서 불러오리라 어찌 하루에 너희 둘을 잃으랴"(창 27:11~14, 43~45)

당시의 상황과 인식은 오늘날과 전혀 다르기 때문에 우리는 도덕적인 판단을 내릴 수는 없습니다. 그러나 인위적인 술수를 사용하여 사랑하는 야곱이 복을 받게 만듦으로써 자기 욕심을 채운 사람이 바로 리브가였습니다. 그녀의 욕망 때문에 결국 가족들 사이의 신뢰관계는 깨져버렸고, 야곱은 모든 가족들과 헤어져서 외삼촌의 집으로 도피할 수밖에 없었습니다. 다만 우리는 리브가의 행동이 어떤 동기에서 비롯되었는가에 대해서는 생각해볼 수 있어야 하겠습니다.

리브가가 잉태했을 때 하나님께서 큰 자가 어린 자를 섬기리라는 말씀을 주셨습니다(25:23). 그렇다면 하나님의 말씀대로 이루어진 것입니다. 다만 에서가 믿음으로 살지 못했다는 점을 생각해야 합니다. 에서는 40세에 헷 족속의 여자 두 사람과 결혼했습니다. 그것이 부모의 근심이 되었습니다(26:34~35). 에서는 믿음이 없었지만, 그렇다고 리브가처럼 인위적으로 말씀을 이루려는 것도 믿음 없는 행위입니다. 리브가가 가만히 있다고 해서 하나님의 뜻을 멈추시겠습니까? 하나님의 섭리를 따라 야곱에게 모든 것이 성취되었지만, 리브가의 행동은 아무런 소용도 없는 헛된 행위에 불과한 것이 아닐까요? 그것은 이삭의 삶의 궤적에서도 이탈하는 것이었습니다.

"너희 중에 있는 하나님의 양 무리를 치되 억지로 하지 말고 하나님의 뜻을 따라 자원함으로 하며 더러운 이득을 위하여 하지 말고 기꺼이 하며"(벧전 5:2)

적용하기 : 당신은 하나님의 일을 하면서 당신의 의지와 방법을 얼마나 사용하고 있다고 생각합니까? 그것이 하나님의 일의 성취에 도움이 되었다고 생각합니까?

❷ 야곱의 소극적 믿음?

핵심구절 : "에서가 그의 아버지의 말을 듣고 소리 질러 슬피 울며 아버지에게 이르되 내 아버지여 내게 축복하소서 내게도 그리하소서 이삭이 이르되 네 아우가 와서 속여 네 복을 빼앗았도다 에서가 이르되 그의 이름을 야곱이라 함이 합당하지 아니하니이까 그가 나를 속임이 이것이 두 번째니이다 전에는 나의 장자의 명분을 빼앗고 이제는 내 복을 빼앗았나이다 또 이르되 아버지께서 나를 위하여 빌 복을 남기지 아니하셨나이까"(창 27:34~36)

야곱은 '속이는 자'라는 뜻이지만 야곱 자신이 적극적으로 아버지와 형을 속인 것이 아니라 어머니 리브가의 강권에 따랐을 뿐입니다. 야곱은 적극적으로 행동하지 못했지만 속으로는 못이기는 척하고 따라한 것이었습니다. 야곱도 의구심을 품고 복은 고사하고 저주를 받을까 겁이 난다고 했습니다(27:12). 이삭의 두 아들은 아브라함의 믿음을 전혀 계승하지 못했습니다. 에서만 믿음이 없는 것이 아니라 야곱도 자기욕심만 차렸지 믿음으로 행한 것은 하나도 없었습니다. 믿음이 있었다면 어머니의 지시를 거부했을 것입니다. 야곱이 좀 소극적이기는 했습니다만, 야곱이나 리브가나 똑같이 욕심만 앞세우는 사람이었습니다. 성경은 하나님의 사람들이 반드시 고난과 연단의 과정을 거칠 것을 요구하고 있습니다. 아브라함이 그랬고 후에 모세나 다윗과 여러 선진들이 공통적인 과정을 거쳤습니다. 야곱이 자기 욕심대로 장자권을 사고 축복을 받았다고 해서 빠른 시일 안에 그대로 이루어지는 것은 아닙니다. 비록 하나님께서 야곱에게 축복하시는 장면이 나오지만 그것은 야곱이 받아 누릴 수 있을 정도의 믿음을 소유한 이후에나 성취가 가능한 것입니다. 축복이 이루어지기까지 야곱의 일생은 이런 고난과 연단의 연속이었습니다.

"무릇 징계가 당시에는 즐거워 보이지 않고 슬퍼 보이나 후에 그로 말미암아 연단 받은 자들은 의와 평강의 열매를 맺느니라"(히 12:11)

적용하기 : 하나님의 약속이 좀처럼 이루어지지 않습니까? 어려움을 연속해서 겪고 있습니까? 당신을 향하신 하나님의 계획이 무엇인지 찾아보고 기록해보십시오.

하나님의 마음

하나님의 인내는 상상을 초월합니다. 하나님은 인간구원계획을 행하시기까지 길이 참으셨습니다. 하나님께서 당신을 위해 참으신 내용이 있다면 이야기하고 은혜를 나누십시오.

오늘 받은 은혜

전체적으로 당신이 받은 은혜와 느낌을 기록해보십시오.

실천을 위한 도전 (기도하여 성령님의 인도하심을 받으십시오.)

만약에 당신이 임의로 무엇인가를 이루려고 하는 것이 있다면 그 인본적인 수단은 무엇입니까? 그것을 어떻게 내려놓을지를 연구해서 기록하십시오.

본문 개론

이제 앞으로 20년간의 야곱의 생애가 펼쳐집니다. 비록 아버지 이삭을 속여서 받은 축복이었지만 이삭도 하나님의 섭리를 인정하면서 그를 다시 축복하고 리브가의 고향인 하란으로 보냅니다. 이런 모든 모습을 에서가 지켜보면서 일종의 회개를 합니다. 이방인을 아내로 택한 것이 부모의 기쁨이 되지 못했다는 생각에서 이스마엘의 딸을 세 번째 아내로 맞아들이지만 이것은 내적인 축복의 원리를 모르는 채 겉으로만의 피상적인 회개에 그치는 것이었습니다. 아무튼 야곱은 처음으로 멀리 향하여 가다가 하나님께서 만나주시고 3대에 걸쳐서 주시는 언약을 받게 됩니다. 아직은 거의 변화되지 못한 야곱이 하나님께서 무사히 돌아오게 해주신다면 십일조를 드리겠다는 서원 아닌 서원을 하게 되는 것입니다. 똑같이 세속적인 욕심으로 가득했던 두 사람이지만, 하나님의 영적인 원리를 이해하는 사람과 그렇지 못한 사람 사이에는 엄청난 차이가 생기는 것입니다. 물론 그것도 충분히 성장했을 때 성취되는 것입니다.

이삭이 야곱을 외가로 보내다.　　　　　　(1~5)

에서는 다른 이방인을 아내로 맞이하다.　　(6~9)

야곱이 벧엘에서 꿈으로 하나님을 만나다.　(10~15)

야곱이 십일조의 서원을 하다.　　　　　　(16~22)

본문 적용

　하나님께서 에서는 무조건 미워하시고 야곱은 무조건 기뻐하실까요? 하나님은 단지 그 결과를 알고 계실 뿐입니다. 모든 축복에는 분명한 이유가 있습니다. 물론 사람과 여건에 따라 굉장히 다양하게 나타나겠지만 그 다양한 축복의 근거와 흐름을 알아야 합니다. 무조건 기도 많이 하고 성경 많이 읽는다고 해서 하나님이 기뻐하시는 것은 아닙니다. 약속의 자녀라고 해도 그 하나님의 마음을 충분히 깨달았을 때 비로소 준비하신 복을 주시는 것입니다. 아브라함이 이삭을 바칠 때 그랬습니다. 우리는 야곱의 행적을 따라가면서 믿음의 눈으로 볼 때 하나님께서 어떻게 섭리하시는지를 깨달아야 합니다. 그것을 위해서 성경이 기록된 것입니다.

❶ 종교혼합주의를 배격하라!

핵심구절 : "이삭이 야곱을 불러 그에게 축복하고 또 당부하여 이르되 너는 가나안 사람의 딸들 중에서 아내를 맞이하지 말고 일어나 밧단아람으로 가서 네 외조부 브두엘의 집에 이르러 거기서 네 외삼촌 라반의 딸 중에서 아내를 맞이

하라 전능하신 하나님이 네게 복을 주시어 네가 생육하고 번성하게 하여 네가 여러 족속을 이루게 하시고 아브라함에게 허락하신 복을 네게 주시되 너와 너와 함께 네 자손에게도 주사 하나님이 아브라함에게 주신 땅 곧 네가 거류하는 땅을 네가 차지하게 하시기를 원하노라"(창 28:1〜4)

하나님은 우상숭배와 혼합되는 것을 극도로 금하셨습니다. 그래서 이삭은 에서가 가나안 여인과 결혼한 것에 대해 근심했던 것입니다. 그리고 야곱에게 하란에 있는 외사촌과 결혼하도록 당부했던 것입니다. 이스라엘 민족이 형성되고 율법을 주신 이후에는 더욱더 이방인과의 교류를 엄격하게 금하셨습니다. 이스라엘 안에서도 우상숭배자들에게는 가차 없는 형벌을 내리게 하셨고 이방과의 전쟁에서는 진멸의 명령을 내리심으로써 이방문화와의 조금의 접촉도 금지하셨습니다. 왜냐하면 조금이라도 우상숭배로 오염되면 그것은 더 이상 이스라엘이 아니기 때문입니다.

오늘날에는 명확하게 우상을 경배하는 형태가 아니라도 하나님을 대체할 수 있는 모든 행태들을 전부 우상으로 간주합니다. 돈도 우상이 될 수 있고 성공과 번영도 우상이 될 수 있습니다. 그런데도 교회에서는 축복! 축복! 부르짖거나 성공하고 크게 높아지는 것을 강조하는 행태가 아직도 태반입니다. 물론 그리스도인이라도 돈을 많이 벌고 크게 성공할 수 있습니다. 그러나 그것이 목적이 되고 중심이 된다면 그것은 틀림없는 우상숭배입니다. 이삭이 야곱에게 왜 동족과 결혼하라고 했겠습니까? 하나님의 마음을 잘 알고 있었기 때문입니다. 이미 청소년 시절에 제물로 바쳐질 뻔한 경험이 있는 이삭이었습니다. 하나님은 지금도 여전히 하나님 이외에 무엇인가를 섬기는 것을 아주 싫어하십니다. 결국 우리를 위해서입니다.

"돈을 사랑하지 말고 있는 바를 족한 줄로 알라 그가 친히 말씀하시기를 내가 결코 너희를 버리지 아니하고 너희를 떠나지 아니하리라 하셨느니라"(히 13:5)

적용하기 : 주님을 사랑하고 주님의 일을 이루기 위해서 기도하는데 사실은 자기 자신을 위한 일이라는 사실을 깨달은 적이 있습니까? 아니면 분간이 잘 안 될 때가 있었습니까?

❷ 지금 선 곳을 거룩하게 하라.

핵심구절 : "내가 너와 함께 있어 네가 어디로 가든지 너를 지키며 너를 이끌어 이 땅으로 돌아오게 할지라 내가 네게 허락한 것을 다 이루기까지 너를 떠나지 아니하리라 하신지라 야곱이 잠이 깨어 이르되 여호와께서 과연 여기 계시거늘 내가 알지 못하였도다 이에 두려워하여 이르되 두렵도다 이곳이여 이것은 다름 아닌 하나님의 집이요 이는 하늘의 문이로다 하고 야곱이 아침에 일찍이 일어나 베개로 삼았던 돌을 가져다가 기둥으로 세우고 그 위에 기름을 붓고 그곳 이름을 벧엘이라 하였더라 이 성의 옛 이름은 루스더라"(창 28:15~19)

어쩌면 우리는 야곱처럼 하나님의 나라가 어디 먼 곳에 있다고 착각하고 있는지도 모릅니다. 아니면 교회에 가야 하나님의 나라를 알 수 있다거나 또는 성경말씀에 깊이 파묻혀 세상을 잊는 것이 진정한 하나님의 나라라고 생각할 수도 있을 것입니다. 하지만 하나님은 언제 어느 곳, 어떤 상황에도 항상 계시는 분이십니다. 하나님은 우리의 마음속에도 계시고 죄인들이나 악인들의 심령 속에도 계십니다. 마치 우리들만 하나님을 독차지하고 있는 것처럼 생각해서는 안 됩니다. 모든 삶의 현장이 바로 아버지를 만날 곳입니다. 야곱은 "여호와께서 과연 여기 계시거늘 내가 알지 못하였도다."(28:16)라고 고백했습니다. 천국은 죽어서 가는 곳만이 아닙니다. 내가 사는 이곳에서 천국의 원리로, 약속의 자녀답게 삶으로써 세상에 천국의 모형을 보여주어야 합니다. 우리가 천국을 만드는 것이고 우리가 천국을 보여주는 것입니다. 물론 삶의 현장에서의 천국은 불완전하고 일시적입니다. 충분하거나 완전한 상태로 지속될 수가 없습니다. 그러나 예수님은 우리의 마음속과 사람들의 관계 사이에 하나님의 나라가 존재한다고 하셨습니다. 야곱은 벧엘에 대하여 이곳이 하나님의 전이요 하늘의 문이라고 하였습니다. 하나님의 통치가 이루어지는 곳이면 어디나 하나님의 나라인 것입니다.

"또 어기 있다 저기 있다고도 못하리니 하나님의 나라는 니희 안에 있느니라"(눅 17:21)

적용하기 : 당신의 심령은 얼마나 하나님의 통치를 받고 있습니까? 교회에서가 아니라 회사나 사업장에서, 거래처와 대화를 나눌 때에도 하나님께서 당신을 통치하십니까?

하나님의 마음

하나님은 우리가 삶 속에서 하나님을 누리기를 원하십니다. 당신에게는 우상과도 같이 우선적으로 당신을 지배하려는 존재가 없습니까? 우상이 있다면 천국은 없습니다.

오늘 받은 은혜

전체적으로 당신이 받은 은혜와 느낌을 기록해보십시오.

실천을 위한 도전 (기도하여 성령님의 인도하심을 받으십시오.)

삶 속에서 하나님께서 지배하시는 천국을 만들어나가기 위해 당신이 실천할 수 있는 한 가지 일을 이야기해 보십시오.

본문 개론

아버지 집을 떠났을 때 가진 것이라고는 없었고 소망도 없었으며 앞으로 어떻게 될지 불안하기 짝이 없었겠지만, 하나님을 만나고 소위 벧엘 언약을 받고 나서는 소망이 생겼고 늘 하나님께서 동행하시고 보호하신다는 자신감으로 채워졌을 것입니다. 그래서 목자들에게 물을 먹이는 방법을 자신 있게 이야기했고 또 라헬이 오자 스스로 돌을 옮기고 양떼에게 물을 먹이기도 했습니다. 그런데 야곱은 뜻밖의 적수인 외삼촌 라반에게서 일종의 속임수에 걸려서 레아와도 결혼하게 되었고 그것 때문에 무려 14년을 노역하게 되었습니다. 하지만 이것이 오히려 하나님의 언약의 성취의 시작이라는 사실을 알아야 하겠습니다. 설사 야곱이 다른 식으로 왔더라도 하나님은 어떤 방식으로든 언약을 이루어 가시는 분이십니다.

본문 구성

야곱이 하란에서 목자들과 대화하다.   (1~8)
라헬을 만나고 라반의 집에서 살다.   (9~14)
야곱이 라헬을 위해 7년 일하기로 하다.   (15~20)

야곱이 라헬과 레아를 위해 14년 일하다.　　　(21~30)

레아가 야곱의 아들 넷을 낳다.　　　(31~35)

　사실 라헬은 아름답기만 한 것은 아니었습니다. 그녀는 아버지의 양과 함께 자기 양을 치고 있었을 정도로(9) 부지런하기도 했습니다. 야곱에게 있어서 하나님의 언약의 성취는 사실상 누구로부터 채워진 것이겠습니까? 바로 라헬로 인하여 야곱은 모든 노력을 즐겁게 감당할 수 있었던 것입니다. 앞의 7년을 며칠 같이 여겼다고 했고, 라헬로 인하여 7년을 다시 즐겁게 섬겼던 것입니다. 사명 때문에 섬긴 것이 아니라 자신이 사랑하는 여인 때문에 어려움을 전부 이겨낸 것입니다. 하나님은 우리의 일상을 사용하신다는 사실을 알아야 합니다. 그러니까 단지 자기생활에 집중하라는 이야기가 아니라 그 삶이 하나님의 섭리 가운데 있다는 사실을 의식하라는 말입니다. 야곱은 거기까지는 생각도 하지 못했을 것입니다. 우리는 하루하루 작은 일에도 하나님의 뜻을 이해하면서 살아야 합니다.

❶ 라헬 중심주의!

핵심구절 : "야곱이 라헬을 위하여 칠 년 동안 라반을 섬겼으나 그를 사랑하는 까닭에 칠 년을 며칠 같이 여겼더라 … 이를 위하여 칠 일을 채우라 우리가 그도 네게 주리니 네가 또 나를 칠 년 동안 섬길지니라 야곱이 그대로 하여 그 칠 일을 채우매 라반이 딸 라헬도 그에게 아내로 주고 … 야곱이 또한 라헬에게로

들어갔고 그가 레아보다 라헬을 더 사랑하여 다시 칠 년 동안 라반을 섬겼더라"(창 29:20, 27~28, 30)

많은 사람들의 관심의 대상이 되고 이야기의 중심을 차지하는 인물들이 있습니다. 야곱이 형의 위협을 피해 고향을 떠나 하란까지 오는 모든 과정의 초점은 단연 라헬입니다. 라헬을 만나게 하시기 위해 하나님께서 그 길을 인도하시는 것 같습니다. 심지어 우물에서의 첫 만남도 라헬이었고, 야곱이 외삼촌의 집에서 일을 하게 된 것도 야곱이 라헬을 얻기 위해서였으며, 언니 레아를 부인으로 맞아들인 것도 라헬 때문이었습니다. 모든 것이 라헬을 중심으로 흘러가고 있습니다. 마치 부르심 받은 후의 아브라함의 인생이 이삭을 중심으로 흘러갔던 것과 같습니다.

모든 사람은 자신이 중심이 되기를 원합니다. 연예인이 아니라도 초라하거나 잊힌 존재가 되기를 원하는 사람은 없습니다. 물론 기질과 성격에 따라 앞에서 이끌어가기를 좋아하는 사람도 있고 뒤에서 따라가기를 좋아하는 사람도 있지만, 중요한 것은 사람에게 중요한 존재가 아니라 하나님께 중요한 존재가 되어야 하겠다는 것입니다. 레아이든 라헬이든 아브라함에게 약속하신 큰 민족을 이루게 하시겠다는 그 일은 모두를 통하여 성취되고 있다는 사실을 알아야 합니다. 다만 그리스도인들은 그런 사실을 의식하고 하나님과 동행하는 사람이라는 사실을 이해하는 것이 굉장히 중요합니다. 라헬과 같든 레아와 같든 하나님의 일은 여러 사람을 통해서 이루어지는 것입니다. 성향 자체를 가지고 말하는 것이 아니라 각자의 은사를 따라 하나님의 일을 이루어가야 한다는 것입니다.

적용하기 : 당신의 인생은 무엇을 중심으로 흘러가고 있습니까? 하나님의 나라를 위하여 그 중심을 이동할 필요가 있다면 그것은 무엇이겠습니까?

❷ 레아는 주변인물인가?

핵심구절 : "레아는 시력이 약하고 라헬은 곱고 아리따우니 야곱이 라헬을 더 사랑하므로 대답하되 내가 외삼촌의 작은 딸 라헬을 위하여 외삼촌에게 칠 년을 섬기리이다 … 야곱이 아침에 보니 레아라 라반에게 이르되 외삼촌이 어찌하여 내게 이같이 행하셨나이까 내가 라헬을 위하여 외삼촌을 섬기지 아니하였나이까 외삼촌이 나를 속이심은 어찌됨이니이까 … 그가 또 임신하여 아들을 낳고 이르되 내가 이제는 여호와를 찬송하리로다 하고 이로 말미암아 그가 그의 이름을 유다라 하였고 그의 출산이 멈추었더라"(창 29:17~18, 25, 35)

레아는 그 주변을 맴도는 제3자와 같은 인상을 받을 것입니다. 본인도 그 사실을 알고 있습니다. 매일같이 몸으로 느끼면서 살았으니까요. 오죽하면 아들을 낳을 때마다 이름을 야곱의 사랑과 직접적으로 결부시켜 짓겠습니까? 물론 하나님의 섭리와 결부시켰지만 초점은 야곱입니다. 야곱이 라헬을 중심으로 인생을 사는 것처럼 레아는 모든 것을 야곱을 중심으로 살고 있습니다. 그런데도 레아는 남편의 사랑을 얻지 못한 불행한 여인 정도로 인식되고 있습니다. 그런데 성경에서는 하나님의 일은 오히려 레아를 중심으로 흘러가고 있습니다. 레아는 야곱의 자녀 열셋 중에서 무려 일곱을 낳았습니다.

우리의 인생에도 라헬과 레아의 경우와 같은 상황이 발생할 수 있습니다. 매일매일의 삶을 인기 있고 칭찬받으며 관심의 대상이 되면서 살면 좋겠습니다만, 그리스도인들이 자식이나 남편이나 아내에게 초점을 맞출 것이 아니라 하나님께 초점을 맞추려고 한다면 인생이 달라질 것입니다. 인간관계를 무시하라는 말이 아니라 더 큰 복이 무엇인지를 보라는 말입니다. 하나님께서 무엇을 원하시겠습니까? 결국 하나님 중심적인 의식을 가지고 살라는 것입니다. 그래서 아브라함도 나중에는 하나님 중심적으로 바뀌었던 것입니다. 하나님 앞에서는 주변인물이라는 개념은 없습니다.

"오직 마음에 숨은 사람을 온유하고 안정한 심령의 썩지 아니할 것으로 하라 이는 하나님 앞에 값진 것이니라"(벧전 3:4)

적용하기 : 사람들로부터 무시당한다는 느낌을 받거나 주변 인물로 취급되는 것 같을 때가 있습니까? 언제 그렇습니까? 그럴 때 어떻게 행하며 하나님 앞에 무엇을 구하겠습니까?

하나님의 마음

하나님은 일을 이루어 가시는 과정에서 모든 사람들을 적절하게 사용하십니다. 당신은 지금 어떤 일에 어떻게 쓰임 받고 있습니까? 하나님 중심으로 생각하고 있습니까?

오늘 받은 은혜

전체적으로 당신이 받은 은혜와 느낌을 기록해보십시오.

실천을 위한 도전 (기도하여 성령님의 인도하심을 받으십시오.)

하나님과의 관계는 사람과의 관계 속에서 성취됩니다. 하나님의 사랑을 보여줄 수 있는 한 가지 실천사항을 생각하고 실행하십시오.

본문 개론

실로 믿음 이야기가 아니라 우리의 일상생활에서 매일같이 펼쳐질 수 있는 이야기입니다. 그러나 그런 흐름 속에서 하나님은 하나님만의 방식으로 일을 이루어가십니다. 이삭 때까지는 서자들은 전부 흩어지게 하셨지만, 야곱의 자녀들은 하나로 모으시는 하나님이십니다. 비록 시기와 질투와 갖가지 수단을 총동원하여 아들 출산 경쟁을 펼쳤지만 그런 과정이 아브라함 언약을 완성하시는 조건이었던 것입니다. 그렇다고 오늘날의 신앙과 동일시해서는 안 됩니다. 모든 언약은 그리스도로 완성되었기 때문입니다. 아무튼 라반의 계교에 말려들지 않고 하나님께서 주신 지혜로 그런 것들을 이겨나가고 있는 야곱입니다. 심지어 무늬 양의 생산을 위해 껍질을 벗겨 흰 무늬를 낸 나뭇가지 앞에서 새끼를 배게 하는 이상한 방법이라도 하나님께서 주신 지혜라는 사실을 안다면(31:11~12) 하나님의 계획 속에 있을 때 우리는 염려할 것이 전혀 없는 것입니다.

본문 적용

　　하나님께서 열한 아들과 물질적 부요를 주신 것은 하나님께서 뜻하신 바가 있기 때문이었습니다. 야곱 자신도 외삼촌 라반의 계략에도 불구하고 그것을 이긴 것은 전적으로 하나님의 은혜였음을 고백하고 있습니다. 야곱의 놀라운 축복은 아브라함의 후손들로 하나의 민족을 형성하셔야 하기 때문입니다. 결국 야곱은 부자가 되어 고향으로 다시 돌아가게 됩니다만, 우리가 야곱의 이야기에서 혹시 하나님은 무조건 야곱의 편이라고 생각한다면 상당히 곤란합니다. 하나님은 오늘날에도 우리를 통하여 영적 민족을 확산하기를 원하십니다. 하지만 그것은 육적인 번영과 성공을 말하는 것은 결코 아닙니다. 오늘날에는 야곱에게 내리신 축복은 영적 영향력으로 실현되어야 합니다. 우리의 삶에서 복음이 드러나야 한다는 것입니다. 그렇지 않다면 물질은 단지 썩어질 것에 불과할 것입니다.

❶ 마침내 시작하시는 하나님

핵심구절 : "하나님이 레아의 소원을 들으셨으므로 그가 임신하여 다섯째 아들을 야곱에게 낳은지라 레아가 이르되 내가 내 시녀를 내 남편에게 주었으므로 하나님이 내게 그 값을 주셨다 하고 그의 이름을 잇사갈이라 하였으며 레아가 다시 임신하여 여섯째 아들을 야곱에게 낳은지라 레아가 이르되 하나님이 내게 후한 선물을 주시도다 내가 남편에게 여섯 아들을 낳았으니 이제는 그가 나와 함께 살리라 하고 그의 이름을 스불론이라 하였으며 그 후에 그가 딸을 낳고 그의 이름을 디나라 하였더라"(창 30:17~21)

아브라함에게 이스마엘과 이삭, 이삭에게 에서와 야곱을 주셨습니다. 그러나 둘 중 하나씩만 약속의 아들이었습니다. 그런데 야곱에게는 열두 아들을 주셨습니다. 야곱에게서 마침내 하늘의 별과 같은 민족을 이룰 수 있다는 꿈을 주십니다. 야곱이 비록 믿음이 없고 철저하게 자기중심적인 사람이었지만 하나님은 그 야곱에게 믿음의 성장과 약속의 아들로서의 기본적인 환경을 허락하신 것입니다. 실제로 쓰실 때에는 야곱의 믿음을 사용하시지만, 그 때까지는 야곱을 준비시키시는 것입니다. 아무리 큰 민족을 이룰 수 있는 조건을 허락하셔도 마지막 조건인 사람의 믿음이 형성되지 않으면 사용하실 수가 없고, 사용하시더라도 실패할 것이 확실하기 때문입니다.

그런데 왜 하나님은 야곱에게 열두 아들을 주시면서 아내를 네 명이나 허락하셨을까요? 우연히 그렇게 된 것일까요? 아마 그렇지는 않을 것입니다. 열두 지파가 형성되려면 그만큼 다양한 모습의 백성들이 필요했기 때문이 아닐까요? 이미 야곱과 레아, 라헬은 사촌지간입니다. 그러므로 다양한 백성들로 민족을 구성할 필요가 있을 것입니다. 여종들인 빌하나 실바는 어느 족속인지 성경에 나와 있지 않지만 전혀 다른 혈통일 가능성이 큽니다. 물론 야곱이 의도적으로 그렇게 하지는 않았습니다. 야곱은 라헬만 원했는데 네 명의 아내가 생기지 않았습니까? 이렇게 된 것은 전부 하나님의 계획이고 약속의 성취입니다.

"모든 일을 그의 뜻의 결정대로 일하시는 이의 계획을 따라 우리가 예정을 입어 그 안에서 기업이 되었으니"(엡 1:11)

적용하기 : 하나님의 섭리를 우리가 전부 이해할 수는 없습니다. 관계 형성을 통하여 믿는 것입니다. 오래 전에 일어난 이해할 수 없는 일들에 대해 최근에서야 이해하게 된 것이 있습니까?

❷ 하나님께서 복을 주시는 방식

핵심구절 : "야곱이 새끼 양을 구분하고 그 얼룩무늬와 검은 빛 있는 것을 라반의 양과 서로 마주보게 하며 자기 양을 따로 두어 라반의 양과 섞이지 않게 하며 튼튼한 양이 새끼 밸 때에는 야곱이 개천에다가 양 떼의 눈앞에 그 가지를 두어 양이 그 가지 곁에서 새끼를 배게 하고 약한 양이면 그 가지를 두지 아니하니 그렇게 함으로 약한 것은 라반의 것이 되고 튼튼한 것은 야곱의 것이 된지라 이에 그 사람이 매우 번창하여 양떼와 노비와 낙타와 나귀가 많았더라"(창 30:40~43)

하나님은 자녀들에게 복을 주실 때 참으로 다양한 방식으로 행하십니다. 아브라함은 아내를 누이동생이라고 거짓말을 한 대가로 바로와 아비멜렉에게서 많은 재물을 받았습니다. 이삭은 농사를 지어 백 배나 얻었고 하나님께서 복을 주셔서 창대하고 왕성하여 마침내 거부가 되었습니다(창 26:12~13). 하나님은 야곱에게는 희한하게도 외삼촌의 짐승들 중에서 얼룩지고 검은 것들은 모두 자기 것이 되게 해달라고 부탁하여 그것이 아주 많아지게 하심으로써 부자가 되게 하셨습니다. 물론 유전학적으로는 맞지 않는 이야기입니다. 하나님은 왜 야곱에게 복을 주실 때 이런 방식으로 주시는 것일까요?

우리가 알아야 할 것은 하나님께서 얼마든지 큰 기적을 베푸셔서 복을 주실 수 있지만, 중요한 것은 우리들의 환경을 이용하여 선한 것으로 인도하신다는 것입니다. 특별하고 놀라운 기적들을 주실 때도 있지만 그것은 하나님의 특별한 계획이 있을 때 하시는 방식입니다. 기독교인이라고 하면서 일확천금이나 갑작스러운 기적을 바라고 행하는 사람들이 많지만, 야곱에게 복을 주시는 방식을 보면 그런 것들은 그냥 허황되고 헛된 믿음인 것입니다. 매일매일의 삶을 하나님 안에서 다른 사람의 유익을 구하면서 복음이 전파되도록 하는 삶이 최상의 아름다운 신앙인 것입니다.

"지극히 작은 것에 충성된 자는 큰 것에도 충성되고 지극히 작은 것에 불의한 자는 큰 것에도 불의하니라"(눅 16:10)

적용하기 : 당신은 작고 사소한 일을 어떻게 대하고 있습니까? 어려움 당하는 사람들에게 작은 도움이라도 되고 있습니까?

하나님의 마음

하나님은 큰 계획 속에 우리가 있기를 원하십니다. 때로 이해할 수 없어도 하나님의 섭리에 맡겨야 하는 이유입니다. 당신을 향한 하나님의 계획을 깨달은 적이 있습니까?

오늘 받은 은혜

전체적으로 당신이 받은 은혜와 느낌을 기록해보십시오.

실천을 위한 도전 (기도하여 성령님의 인도하심을 받으십시오.)

내 생각과 전혀 달라도 하나님께서 그것을 사용하실 수 있다는 사실을 믿습니까? 내가 보기에 전혀 아닌데 하나님께서 사용한 사람이 있다면 이야기해 보십시오.

본문 개론

믿음의 사람이 겪는 분쟁에 하나님께서 개입하실 때가 있습니다. 그러나 그것은 물질문제 때문은 아닙니다. 하나님의 전체적인 언약의 범위 안에서 문제가 일어날 때입니다. 하나님은 오히려 다 버리고 떠나라고 하실 때가 훨씬 많습니다. 그러나 본장에서는 야곱의 가족들과 모든 재산을 다 가지고 떠나라고 하십니다. 그 모든 재산도 무늬 양의 축복을 주신 하나님의 은혜였습니다. 라반이 불합리하고 교묘하게 욕심을 부렸기 때문에 그 딸들도 동의하고 떠났습니다. 야곱은 양떼들 때문에 느렸지만 라반과 아들들은 말을 타고 쫓아왔으므로 쉽게 따라잡혔습니다. 하지만 야곱을 만나기 전날 밤에 하나님은 라반에게 나타나 야곱을 해치지 말라고 경고 하셨습니다. 라반과 야곱은 서로 논쟁을 벌인 끝에 화친조약을 맺고 돌무더기를 증거로 삼고 헤어졌습니다. 야곱은 이곳을 미스바라고 불렀습니다. 이 조약은 라반에게 일정한 권위를 세우게 하였고 야곱의 고향행의 정당성을 확보하게 했던 것입니다.

하나님이 야곱에게 돌아가라고 명하시다.   (1~3)

야곱이 가족과 고향에 가기로 결단하다.   (4~16)

야곱이 떠났고 라반이 쫓아가다.   (17~24)

라반과 야곱이 서로 논쟁하다.   (25~43)

야곱과 라반이 화친조약을 맺다.   (44~55)

야곱의 신앙은 점점 더 확고해지는 것 같습니다. 하나님과의 동행이 믿음의 본질입니다. 그리스도인이 라반의 입장이 되면 곤란합니다. 라반은 세상을 대표하는 사람이기 때문입니다. 세상 사람은 세상의 원리대로 움직이고 믿는 사람은 하나님의 원리대로 움직입니다. 야곱은 성실하게 믿는 사람답게 행했습니다. 어느 것 하나 탐내지 않고 불의나 부정을 행하지 않았습니다. 거기에다가 하나님의 명을 따라 떠났으며 그 하나님께서 라반에게 선악 간에 따지지 말라고 말씀하셨습니다. 모든 것이 하나님을 믿는 사람의 모습입니다. 야곱이 정말로 하나님을 의식하여 그렇게 했는지는 알수가 없으나 결과적으로 그것이 그리스도인의 삶의 원리가 되었다는 말입니다.

하나님의 은혜와 정직, 이 두 가지가 그리스도인의 세상살이의 원칙입니다. 야곱이 미처 알지 못하는 사이에 라헬이 아버지 라반의 드라빔을 훔쳤다고 했는데, 그 위기를 라헬이 잘 넘겼습니다. 그러면 이것은 왜 발각되도록 하지 않으셨을까요? 하나님이 야곱의 편이라서 그러셨을까요? 아마 이 드라빔은 오래 전에 훔친 것이 아닌가 합니다. 떠나기로 한 후에 훔칠 기회가 없었기 때문입니다. 그리고 이 우상은 하나님께 아무것도 아닙니다. 라반만 귀중하게 여길 뿐입니다. 아무튼 이렇게 하여 야곱은 가족들과 재산을 가지고 약속의 땅으로 돌아갔습니다.

❶ 세상의 상징 라반

핵심구절 : "야곱이 라반의 아들들이 하는 말을 들은즉 야곱이 우리 아버지의 소유를 다 빼앗고 우리 아버지의 소유로 말미암아 이 모든 재물을 모았다 하는지라 야곱이 라반의 안색을 본즉 자기에게 대하여 전과 같지 아니하더라 … 내가 외삼촌의 집에 있는 이 이십 년 동안 외삼촌의 두 딸을 위하여 십사 년, 외삼촌의 양 떼를 위하여 육 년을 외삼촌에게 봉사하였거니와 외삼촌께서 내 품삯을 열 번이나 바꾸셨으며"(창 31:1~2, 41)

야곱의 외삼촌 라반은 야곱의 헌신에도 불구하고 그에게 주어야 할 품삯을 열 번에 걸쳐 자기 마음대로 바꾸었습니다. 마땅히 주어야 할 품삯을 지속적으로 주지 않았다는 것입니다. 레아와 라헬의 남자 형제들은 야곱이 자기들의 재산을 빼앗아갔다고 생각했습니다. 야곱이 자기들에게 헌신한 것은 생각하지 않고 야곱의 재산이 불어난 것만 가지고 속았다고 생각했습니다. 그러나 레아와 라헬의 생각은 달랐습니다. 아버지가 자기들을 팔아 돈을 다 먹었고 그 재물은 자신들과 그 자식들의 것이라고 생각했습니다. 라반의 일방적인 착취였으며 하나님이 아니었으면 야곱은 아무 것도 없이 쫓겨날 뻔했습니다. 고스란히 당할 수밖에 없었습니다.
하지만 분노할 것도 없고 원망할 것도 없습니다. 세상은 원래 그런 것입니다. 인생을 달관한 소리가 아니고 그리스도인이 세상을 어떻게 인식하고 있어야 할지를 이야기하는 것입니다. 세상이 아무리 악하고 혼란스러워도 원래 인간이란 그런 것입니다. 누가 대통령이 되면 뭐 더 나을 것 같습니까? 인류 역사는 인간의 악행을 반복해 왔을 뿐입니다. 그러니 세상에 기대를 건다는 것은 하나님의 반대편에 선다는 말과도 유사합니다. 왜냐하면 세상은 아무것도 할 수 없기 때문입니다. 오직 하나님만이 정의와 평등이며, 역사를 움직이실 수 있는 분이십니다. 세상에 기대를 걸지 말고 오직 하나님께만 소망을 두어야 하는 이유입니다. 그러면 세상의 온갖 속임수에도 우리는 충분히 보호받을 수 있습니다.

"또 아는 것은 우리는 하나님께 속하고 온 세상은 악한 자 안에 처한 것이며"(요일 5:19)

적용하기 : 아직도 세상에 기대를 걸고 있습니까? 저들의 지혜는 세상을 구할 수 없으며 심지어 저들은 하나님을 모르는 자들입니다. 당신은 지금 누구에게 기대를 걸고 있습니까?

❷ 깨끗하고 담대하라!

핵심구절 : "야곱이 노하여 라반을 책망할새 야곱이 라반에게 대답하여 이르되 내 허물이 무엇이니이까 무슨 죄가 있기에 외삼촌께서 내 뒤를 급히 추격하나이까 외삼촌께서 내 물건을 다 뒤져보셨으니 외삼촌의 집안 물건 중에서 무

엇을 찾아내었나이까 여기 내 형제와 외삼촌의 형제 앞에 그것을 두고 우리 둘 사이에 판단하게 하소서 내가 이 이십 년을 외삼촌과 함께 하였거니와 외삼촌의 암양들이나 암염소들이 낙태하지 아니하였고 또 외삼촌의 양 떼의 숫양을 내가 먹지 아니하였으며 물려 찢긴 것은 내가 외삼촌에게로 가져가지 아니하고 낮에 도둑을 맞았든지 밤에 도둑을 맞았든지 외삼촌이 그것을 내 손에서 찾았으므로 내가 스스로 그것을 보충하였으며 내가 이와 같이 낮에는 더위와 밤에는 추위를 무릅쓰고 눈 붙일 겨를도 없이 지냈나이다"(창 31:36~40)

야곱은 또다시 20년 동안 살던 곳을 말없이 떠납니다. 일찍이에서의 위협을 피해서 고향을 떠난 것과 유사합니다. 그러나 이번에는 20년 전과 달라진 점이 아주 많습니다. 그때에는 아버지와 형을 속였지만 이번에는 아닙니다. 그때에는 축복을 받기 위해서 형으로 분장하고 아버지에게 갔지만 지금은 하나님께로부터 이미 복을 받았습니다. 그때에는 가진 것이 아무 것도 없었지만 지금은 아내 넷과 열두 아들과 딸과 수많은 짐승 떼들과 일꾼들이 있습니다. 그리고 무엇보다도 지금은 하나님의 지시를 따라 순종하는 길입니다.

얼룩진 짐승을 야곱의 것으로 만드신 것도 하나님이셨습니다. 라반이 양털을 깎으러 간 틈을 이용해서 가나안 땅으로 떠난 것도 하나님께서 명하신 것이었습니다. 야곱을 추적하여 가까이 갔을 때 라반의 꿈에 나타나셔서 해하지 말라고 하신 분도 하나님이셨습니다. 그리고 하나님께서 함께하신다는 사실 이전에 야곱은 하나님의 자녀다운 삶을 살았다는 사실을 잊어서는 안 됩니다. 절대 외삼촌을 속이지 않았고 임금을 반복해서 적게 지불해도 참았습니다. 도무지 외삼촌에게 죄를 지은 일이 없습니다. 그러니 떳떳합니다. 야곱이 라반을 피해 떠나기는 했지만 그런 떳떳함이 없었다면 그렇게 당당하게 떠나지 못했을 것입니다. 그래서 야곱은 담대할 수 있었던 것입니다.

"그러므로 누구든지 이런 것에서 자기를 깨끗하게 하면 귀히 쓰는 그릇이 되어 거룩하고 주인의 쓰심에 합당하며 모든 선한 일에 준비함이 되리라" (딤후 2:21)

적용하기 : 그리스도인의 도덕수준은 이 세상 누구보다 더 높아야 합니다. 당신의 도덕수준은 어디쯤 와 있다고 생각합니까?

하나님의 마음

하나님은 우리가 세상에 휩쓸리지 않고 거룩함을 지키기를 원하십니다. 당신은 하나님의 이런 마음을 얼마나 의식하면서 살고 있습니까?

오늘 받은 은혜

전체적으로 당신이 받은 은혜와 느낌을 기록해보십시오.

실천을 위한 도전 (기도하여 성령님의 인도하심을 받으십시오.)

세상에서 거룩하지 못했던 점이 생각나는 것이 있으면 이야기해보고 어떤 실천의 결단을 내릴 것인지 이야기하십시오.

32
두 번째 하나님을 만나다
창세기 32:1~32

아브라함의 하나님께서 약속하신 땅으로 돌아가야 하는 야곱에게 남은 가장 큰 문제는 형 에서였습니다. 20년 전에 저지른 에서에 대한 잘못은 야곱의 머리를 떠나지 않았습니다. 그럼에도 불구하고 형을 피하지 않고 만나려고 합니다. 하나님은 하란을 떠날 때 이미 야곱에게 확신을 주셨고 외삼촌 라반의 위기도 넘기게 하셨으며 얍복강을 건너기 직전에는 하나님의 사자들까지 파송해주셨습니다. 평안한 마음을 가질 수도 있었지만 에서에게는 원죄가 있습니다. 불안하고 답답하고 두려운 상태가 지속됩니다.

하지만 바로 이 순간, 도저히 혼자서는 넘을 수 없는 이 순간이 바로 인생의 전환점이 되는 것입니다. 야곱이 얼마나 애가 탔는지 에서를 직접 만난 것도 아닌데 자기를 지극히 낮추고 마치 종처럼 말하여 에서의 은혜를 구하는 말까지 지시했습니다. 그리고 너무나도 간절한 기도를 드렸고 과도한 선물을 준비했습니다. 야곱이 그 정도의 절박한 심정이었기 때문에 하나님을 만나고 씨름하여 이겨낼 수 있었던 것입니다.

에서가 죽이러 온다는 소식을 듣다.　　　　(1~8)

야곱이 하나님의 약속으로 기도하다.　　　　(9~12)

에서에게 예물을 보내고 가족을 보내다.　　(13~23)

천사와 씨름하여 이겨내다.　　　　　　　　(24~27)

야곱의 이름을 이스라엘로 바꾸어주시다.　(28~32)

본문 적용

　우리는 야곱에게서 참으로 중요한 한 가지 원리를 배울 수 있습니다. 그것은 어떤 희생을 감수하고서라도 하나님께서 약속하신 기업, 고향인 가나안 땅으로 돌아가야 하겠다는 필사의 각오입니다. 다른 땅은 필요 없습니다. 하나님의 약속은 반드시 가나안 땅에서만 이루어질 수 있습니다. 야곱이 넘어야 할 가장 큰 산인 에서를 통과하지 않으면 그곳에 갈 수 없습니다. 에서를 두려워하여 먼 길을 돌아서 갈 수도 있었지만 그것은 하나님께서 원하시는 것이 아니고 또 에서와의 관계를 청산하지 못하고는 하나님의 약속은 성취될 수 없음을 알고 있습니다. 그래서 목숨을 걸고 에서를 만나려고 하는 것입니다.

　약속의 땅을 향한 이러한 집념 또는 확신은 아브라함과 이삭에게서도 발견됩니다. 이것이 야곱으로 하여금 하나님을 전인격적으로 만나는 순간까지 가게 만들었던 것입니다. 이것은 훗날 이스라엘 백성들이 선민으로서의 민족적 단합과 의식을 형성하는 데 중요한 실천적 동기가 됩니다. 우리 그리스도인들은 어떻습니까? 우리는 무엇을 위하여 모든 것을 희생할 수 있어야 하겠습니까? 우리들의 앞에는 하나님과의 영원한 만남이 기다리고 있습니다.

❶ 하나님의 약속을 붙잡으라.

핵심구절 : "야곱이 또 이르되 내 조부 아브라함의 하나님, 내 아버지 이삭의 하나님 여호와여 주께서 전에 내게 명하시기를 네 고향, 네 족속에게로 돌아가라 내가 네게 은혜를 베풀리라 하셨나이다 나는 주께서 주의 종에게 베푸신 모든 은총과 모든 진실하심을 조금도 감당할 수 없사오나 내가 내 지팡이만 가지고 이 요단을 건넜더니 지금은 두 떼나 이루었나이다 내가 주께 간구하오니 내 형의 손에서, 에서의 손에서 나를 건져내시옵소서 내가 그를 두려워함은 그가 와서 나와 내 처자들을 칠까 겁이 나기 때문이니이다 주께서 말씀하시기를 내가 반드시 네게 은혜를 베풀어 네 씨로 바다의 셀 수 없는 모래와 같이 많게 하리라 하셨나이다"(창 32:9~12)

하나님은 아브라함에게는 하나님 자신의 약속을 자꾸 상기시키셨습니다. 물론 이삭과 야곱에게도 그렇게 하셨습니다. 하지만 야곱은 위기를 만났을 때 하나님의 위로가 아니라 스스로가 하나님의 약속을 붙잡고 기도했습니다. 야곱이 아직은 믿음이 약하여 하나님의 분명하신 인도가 있음에도 기도하지 않을 수가 없었습니다. 그만큼 야곱에게는 목숨이 왔다 갔다 할 만큼 심각한 문제였고 또 그만큼 두려움을 느꼈기 때문입니다. 그것은 야곱이 형 에서에게 돌아갈 장자의 명분과 아버지의 축복을 가로챈 너무나도 큰 죄를 지었기 때문일 것입니다.

우리가 기도할 때에도 성경말씀을 붙잡고 기도해야 할 때가 참 많습니다. 나의 문제가 아니라 하나님의 일을 위해서 기도할 때에는 더더욱 하나님의 말씀을 앞세우고 기도해야 합니다. 하지만 그렇게 기도할 때 아주 중요한 한 가지 핵심요소는 말씀 자체이기도 하지만 그보다는 그 말씀을 붙잡는 심령이라는 사실을 알아야 합니다. 야곱이 하나님의 약속을 붙잡을 때에는 목숨을 거는 마음으로 온힘을 다해서 기도했다는 사실을 생각해야 합니다. 천사와 씨름할 때 얼마나 간절하게 기도했습니까? 우리는 어떤 문제에 대한 하나님의 개입을 원하는 것에서 더 나아가 아예 그 말씀에 목숨을 다해야 합니다. 중요한 기도는 예수님의 마지막 기도처럼 꼭 그런 마음가짐으로 간구해야 합니다.

"예수께서 힘쓰고 애써 더욱 간절히 기도하시니 땀이 땅에 떨어지는 핏방울 같이 되더라"(눅 22:44)

적용하기 : 기도할 때에는 우선 하나님의 뜻에 맞아야 하고 우리 자신이 기도를 드릴 만해야 하며 말씀을 전적으로 의지하고 목숨을 걸만큼 간절해야 합니다. 당신의 기도는 어떻습니까?

❷ 두 번째 만남은 영적 어른을 만든다.

핵심구절 : "그가 이르되 날이 새려하니 나로 가게 하라 야곱이 이르되 당신이 내게 축복하지 아니하면 가게 하지 아니하겠나이다 그 사람이 그에게 이르되 네 이름이 무엇이냐 그가 이르되 야곱이니이다 그가 이르되 네 이름을 다시는 야곱이라 부를 것이 아니요 이스라엘이라 부를 것이니 이는 네가 하나님

과 및 사람들과 겨루어 이겼음이니라 야곱이 청하여 이르되 당신의 이름을 알려 주소서 그 사람이 이르되 어찌하여 내 이름을 묻느냐 하고 거기서 야곱에게 축복한지라 그러므로 야곱이 그 곳 이름을 브니엘이라 하였으니 그가 이르기를 내가 하나님과 대면하여 보았으나 내 생명이 보전되었다 함이더라"

(창 32:26~30)

야곱의 인생에서 가장 큰 전기는 어느 지점일까요? 벧엘에서 천사들을 보았을 때일까요? 아니면 하란에서 결혼했을 때일까요? 큰 부자가 되었을 때일까요? 라반에게서 성공적으로 벗어났을 때일까요? 모든 사건이 다 중요하지만 야곱의 인생을 완전히 바꾼 것은 바로 얍복 나루에서의 천사와의 씨름이었습니다. 왜냐하면 그곳에서의 씨름은 야곱이 하나님의 사람으로 만들어진 결정적인 사건이었기 때문입니다. 오늘날로 말하면 그것은 성화의 시작이었던 것입니다. 그리고 자기중심적 신앙에서 하나님 중심적 신앙으로 위치 이동한 사건이기 때문입니다. 천사도 여기에서 야곱의 이름을 이스라엘이라고 바꾸어주지 않았습니까?

그리스도인들에게는 이 두 번째 만남이 반드시 필요합니다. 모든 것을 내려놓고 오직 하나님과 일대일로 만나는 경험입니다. 만나주지 않으시면 그 자리에서 죽겠다는 결단의 자리이기도 합니다. 목숨까지도 내려놓는 자리이기 때문에 영적으로 새로운 인생의 출발점이 되는 것입니다. 대개 우리는 거듭남을 경험한 사람들입니다. 그것은 새로운 생명을 뜻합니다. 그러나 이 두 번째 만남은 말하자면 영적 성년이 시작되는 것과도 같은 이치입니다. 그래서 두 번째 거듭남이라고도 할 수 있는 것입니다. 두 번째 거듭남은 야곱처럼 몇 시간의 체험일 수도 있지만 또 어떤 사람에게는 몇 년간의 느슨한 과정일 수도 있습니다. 그리스도인은 이 두 번째 거듭남을 경험해야 비로소 참된 그리스도인으로서 세상을 승리하면서 살 수 있게 되는 것입니다.

"그 너비와 길이와 높이와 깊이가 어떠함을 깨달아 하나님의 모든 충만하신 것으로 너희에게 충만하게 하시기를 구하노라"(엡 3:19)

적용하기 : 당신은 거듭난 이후에 특별한 체험으로 인하여 믿음의 방향과 중심이 달라진 경험이 있습니까?

하나님의 마음

하나님의 마음은 우리가 자기중심성에서 벗어나 하나님 중심적으로 변화되는 것입니다. 당신은 어느 정도나 하나님 중심적으로 세상을 바라보고 있습니까?

오늘 받은 은혜

전체적으로 당신이 받은 은혜와 느낌을 기록해보십시오.

실천을 위한 도전 (기도하여 성령님의 인도하심을 받으십시오.)

하나님께 대하여 목숨을 거는 기도를 통하여 야곱은 온전하게 변화될 수 있었습니다. 당신의 근본적인 변화를 위하여 버릴 것 한 가지를 생각하고 결단하기 바랍니다.

본문 개론

　야곱에게 가장 큰 관문인 형 에서와의 화해의 장면입니다. 사실 야곱은 형 에서에게만 죄를 지은 것이 아니었습니다. 그것은 동시에 하나님께도 죄를 지은 것이었습니다. 그래서 얍복강가에서의 씨름은 바로 하나님과의 관계가 회복된 것을 의미합니다. 그러나 하나님과의 관계가 완전히 회복되려면 반드시 사람과의 관계가 함께 회복되어야 합니다. 물론 야곱은 하나님께 대한 두려움보다는 눈에 보이는 에서에 대한 두려움이 더 컸습니다. 관계가 회복되지 못할 수도 있지만 적어도 야곱으로서는 정면으로 부딪쳐야 할 문제였던 것입니다. 결국 에서와는 오히려 아름다운 만남과 은혜로운 헤어짐이 주어졌습니다. 두 사람은 각기 갈 곳을 향하여 나아갔고 야곱은 세겜 땅에 머무르게 되었습니다.

본문 구성

야곱이 에서를 만나다.	(1~7)
야곱이 에서에게 예물을 주다.	(8~11)
에서와 야곱이 서로 축복하고 헤어지다.	(12~17)

야곱이 세겜에 머물며 제사를 드리다.　　　　　(18~20)

야곱은 마침내 형 에서와의 만남을 통하여 관계회복에 성공합니다. 그것은 참 아름다운 광경이었으며 여호와 신앙으로부터 비롯되는 하나님의 간섭이며 동행이었습니다. 에서와의 만남의 즐거운 모습에 이르기까지의 야곱의 마음고생이나 두려움이나 또는 하나님의 명령이나 인격적인 만남과 같은 과정들이 내면에 숨어있었던 것입니다. 우리는 결코 사건을 사건으로만 볼 수 없습니다. 그리스도인은 어떤 사건이라도 하나님과의 관계 속에서 생각해야 합니다. 사람과의 관계회복으로 마무리되지 않으면 어쩌면 하나님과의 관계도 반쪽짜리밖에는 되지 않을 수 있습니다. 문제 자체로만 보면 하나님은 전혀 보이지 않습니다. 야곱에게 있어서 한 가지 아쉬운 점은 그렇게 관계회복이 일어났으면 빨리 하나님께 서원한 벧엘로 가야 하는데 숙곳과 세겜에 머물렀다는 점입니다.

❶ 사람에게 지은 죄를 치유하라.

핵심구절 : "자기는 그들 앞에서 나아가되 몸을 일곱 번 땅에 굽히며 그의 형 에서에게 가까이 가니 에서가 달려와서 그를 맞이하여 안고 목을 어긋맞추어 그와 입 맞추고 서로 우니라 … 야곱이 이르되 그렇지 아니하니이다 내가 형님의 눈앞에서 은혜를 입었사오면 청하건대 내 손에서 이 예물을 받으소서 내가 형님의 얼굴을 뵈온즉 하나님의 얼굴을 본 것 같사오며 형님도 나를 기뻐하심이니이다 하나님이 내게 은혜를 베푸셨고 내 소유도 족하오니 청하건대 내가

형님께 드리는 예물을 받으소서 하고 그에게 강권하매 받으니라 … 에서가 이르되 내가 내 종 몇 사람을 네게 머물게 하리라 야곱이 이르되 어찌하여 그리하리이까 나로 내 주께 은혜를 얻게 하소서 하매"(창 33:3~4, 10~11, 15)

야곱은 놀라울 정도로 형 에서의 마음을 살피고 있습니다. 그것은 물론 형이 원래 가지고 태어났던 것을 거짓으로 속여서 빼앗은 일에 대한 미안함에서 비롯된 것이지만 다른 한편으로는 형에게 진심을 보임으로써 형의 마음을 완전히 돌이키고자 하는 마음도 있었습니다. 과거에는 형에 대한 존중이 전혀 없었지만, 지금은 형에게 지은 죄를 완전히 용서받고 정상으로 돌아가기를 원하고 있습니다. 야곱은 세 차례나 앞서 보낸 사람들로 하여금 형에게 사죄의 표시를 하게 했고, 에서를 만나자 몸을 일곱 번이나 땅에 굽혔으며, 큰 선물을 준비했으며, 형을 향하여 하나님의 얼굴을 뵌 것 같다고 했으며, 에서가 길 안내를 하려고 했고 사람을 붙이겠다고 했지만 완곡하게 거절했습니다. 어찌 보면 비굴할 정도로 형의 마음을 사려고 했던 것입니다.

야곱은 라반의 집에서의 20년 동안 참으로 많은 변화를 겪었습니다. 그리고 얍복 나루에서의 결정적인 만남은 야곱을 완전히 변화되게 했습니다. 우리는 야곱의 이 행동에서 무엇을 얻을 수 있겠습니까? 사람이 하나님 앞에서 그리스도의 피로 자기 죄를 완전히 씻어야 구원에 이를 수 있는 것과 마찬가지로 사람에게 지은 잘못이 있다면 그것도 아주 완전하게 용서받아야 한다는 것입니다. 물론 상대방이 절대로 용서하지 않는 경우도 있겠지만 기본적으로는 상대의 마음에 아무런 거리낌이 없을 정도로 만들어야 하나님도 인정하신다는 점을 잊어서는 안 될 것입니다. 야곱이 에서의 마음에 조금의 찌꺼기도 남지 않을 정도로 관계를 회복시키는 것을 보면서 변화를 통하여 사람의 마음 속 깊은 곳까지 생각할 줄 아는 사람으로 새로워졌다는 점을 알 수 있었습니다. 야곱으로부터 사람에게 지은 죄 문제를 어떻게 해결해야 하겠는지를 깨달을 수 있을 것입니다.

"이같이 너희가 형제에게 죄를 지어 그 약한 양심을 상하게 하는 것이 곧 그리스도에게 죄를 짓는 것이니라"(고전 8:12)

적용하기 : 다른 사람에게 실수하거나 잘못했는데 충분히 용서를 구하지 못한 점이 있습니까? 충분히 사과하시기 바랍니다.

❷ 하나님은 예배를 받으셨는가?

핵심구절 : "야곱은 숙곳에 이르러 자기를 위하여 집을 짓고 그의 가축을 위하여 우릿간을 지었으므로 그 땅 이름을 숙곳이라 부르더라 야곱이 밧단아람에서부터 평안히 가나안 땅 세겜 성읍에 이르러 그 성읍 앞에 장막을 치고 그가 장막을 친 밭을 세겜의 아버지 하몰의 아들들의 손에서 백 크시타에 샀으며 거기에 제단을 쌓고 그 이름을 엘엘로헤이스라엘이라 불렀더라"(창 33:17~20)

이스라엘로 이름을 바꾼 야곱은 에서와 헤어진 후에 근처에 있던 숙곳에 집을 짓고 우리를 만들었습니다. 아마 여기에서 몇 년 거주하지 않았나 싶습니다. 34장에서 디나가 겁간을 당하는데 에서와 헤어질 때에 아마도 7살을 넘지 않았을 것 같기 때문입니다.

아마 상당히 오랜 기간 머물렀을 것입니다. 그리고 나서 야곱은 벧엘로 가지 않고 세겜에서 장막을 짓고 밭을 매입하였습니다. 그리고 거기에서 제단을 쌓았습니다. 야곱이 처음으로 하나님께 제단을 쌓고 제사를 지냈습니다. 인간적으로 본다면 참으로 은혜와 감격이 넘치는 일일 수 있습니다. 언제 어느 곳에서든지 제단을 쌓고 제사를 드린다는 것은 아주 좋은 일일 것입니다. 그런데 야곱의 경우에는 고개가 갸웃거려집니다. 왜냐하면 세겜에서의 제사를 과연 하나님께서 받으셨는지에 대해서 의문이 남기 때문입니다.

아무리 믿음이 좋은 사람이라도 미래에 일어날 일을 다 알고 행하는 것은 아닙니다만, 제단을 쌓고 제사를 드린 세겜에서 엄청난 일이 야곱 가족을 기다리고 있습니다. 디나가 겁간을 당하고 오빠들이 분노하여 세겜성을 멸절시켜 버리고 야곱은 쫓기듯이 피해가는 장면들이 계속되는 것이었습니다. 그때에 보다 못한 하나님께서 야곱에게 나타나셔서 벧엘로 올라가 처음에 하나님께서 나타나셨던 곳에 가서 제단을 쌓으라고 하셨습니다. 세겜에서의 제단을 하나님께서 받지 않으셨다는 증거가 될 수 있는 장면인 것입니다. 아무리 하나님의 은혜와 섭리로 인하여 큰 복을 받았을지라도 어려울 때에 하나님께 드렸던 서원은 그대로 남아있습니다. 사람이 잘 되고 성공하면 흔히 그런 것을 잊어버리거나 소홀히 생각하게 되고 임의대로 예배나 헌금을 드리지만 하나님께서 원하시는 것을 정확하게 지키지 않으면 불순종한 것과 같은 결과를 가져오는 것입니다.

"너희에게 인내가 필요함은 너희가 하나님의 뜻을 행한 후에 약속하신 것을 받기 위하여라"(히 10:36)

적용하기 : 사람의 마음은 자꾸 변하여서 약속을 잊을 때가 많습니다. 당신은 혹시 사소하게 여겨지는 것일지라도 하나님께 드린 약속을 잊어버린 것이 없습니까? 찾는 것이 큰 은혜입니다.

하나님의 마음

사람에게 잘못하는 것이 하나님께 잘못하는 것입니다. 하나님께서 우리의 죄를 씻어 주신 것 같이 사람에게도 그만큼 용서를 구하는 것이 바른 자세입니다.

오늘 받은 은혜

전체적으로 당신이 받은 은혜와 느낌을 기록해보십시오.

실천을 위한 도전 (기도하여 성령님의 인도하심을 받으십시오.)

하나님께 대한 간절한 기도와 목숨을 거는 체험을 통하여 야곱은 사람과의 진정한 화해를 이루었습니다. 사람에 대하여 당신이 할 수 있는 일 한 가지를 실천하십시오.

본문 개론

에서와 헤어져 곧바로 서원의 땅 벧엘로 향하지 않음으로써 야곱은 세상의 문제들에 직면하게 되었습니다. 딸 디나가 겁간을 당했더라도 얼마든지 믿음 안에서 해결할 수 있었음에도 이제 스무 살 전후의 믿음이 없는 두 아들로 인하여 이스라엘의 치욕적인 사건이 되고 말았습니다. 세겜의 아비 하몰은 디나와 혼인만 성사되면 혼수와 예물을 원하는 대로 줄 수 있다고 함으로써 사과와 화해의 여지를 충분히 주었습니다. 그러나 디나의 오빠들은 세겜 족속을 몰살시키려는 악의를 가지고 거룩한 예식인 할례를 앞에 내세웠습니다. 이것은 죄악 중에 큰 죄악입니다. 그렇게 신앙적인 의식으로 속여서 세겜을 몰살시키고야 말았습니다. 이때 야곱의 반응도 우리의 가슴을 아프게 합니다. 그가 자식들에게 분노한 것은 자신에게 닥친 치욕과 위기 때문이었습니다. 야곱은 아들들이 하나님의 영광을 가리고 욕되게 한 것을 통분히 여겨야만 했습니다.

세겜이 디나를 욕보이고 청혼하다.   (1~12)

오빠들이 속여서 할례를 주장하다.   (13~17)

세겜의 모든 남자들이 할례를 받다.   (18~24)

세겜을 죽이고 약탈하고 디나를 데려오다.   (25~29)

야곱이 아들들을 나무라다.   (30~31)

본문 적용

그리스도인과 세상 사람은 무엇이 다른 것일까요? 어떤 것이 우리를 세상과 구별할 수 있겠습니까? 본장에서는 차라리 세겜 사람들이 훨씬 더 신뢰가 갈만한 사람들로 보입니다. 디나의 오빠 시므온과 레위는 마치 에서의 자식들처럼 칼을 차고 다니는 사람들로 보입니다. 야곱은 지팡이를 가지고 다니는 사람입니다. 더구나 세겜을 속이는 수단으로 여호와께서 명하신 할례 의식을 이용했습니다. 아버지 야곱이 속이는 자이기 때문에 그랬던 것일까요? 문제를 해결하기 위해 속임수나 칼을 사용하는 것도 신앙인의 자세가 아닐뿐더러 종교적인 수단을 가지고 외식하는 것은 더 안 됩니다. 세상적인 지혜나 육신적인 꾀를 말하는 것이 아닙니다. 신앙인은 항상 하나님의 방법을 찾고 원인을 자신에게서 구해야 합니다.

❶ 위기의 때가 하나님을 찾을 때다.

핵심구절 : "그 마음이 깊이 야곱의 딸 디나에게 연연하며 그 소녀를 사랑하여 그의 마음을 말로 위로하고 그의 아버지 하몰에게 청하여 이르되 이 소녀를 내 아내로 얻게 하여 주소서 하였더라 야곱이 그 딸 디나를 그가 더럽혔다 함을 들었으나 자기의 아들들이 들에서 목축하므로 그들이 돌아오기까지 잠잠하였고 세겜의 아버지 하몰은 야곱에게 말하러 왔으며 야곱의 아들들은 들에서 이를 듣고 돌아와서 그들 모두가 근심하고 심히 노하였으니 이는 세겜이 야곱의 딸을 강간하여 이스라엘에게 부끄러운 일 곧 행하지 못할 일을 행하였음이더라"(창 34:3~7)

어디를 보아도 하나님을 찾아볼 수 없습니다. 하나님을 찾을 겨를조차도 없었습니다. 아들들은 야곱의 허락도 받지 않고 분노에 사로잡혀 악행을 저질러버렸습니다. 물론 해결방안은 거의 없습니다. 분노를 표하든지 당하고 떠나든지 화평을 맺든지 할 수밖에는 없습니다. 만약에 야곱이 기도함으로 이 사건을 해결하려 했다면 하나님께서는 어떻게 하셨겠습니까? 야곱의 아들들은 말할 수 없는 분노를 쏟아냈지만 세겜보다 훨씬 큰 부족에게였다면 그렇게 할 수 없었을 것입니다. 아브라함은 아내를 바로에게 주었습니다. 그리고 아비멜렉에게도 주었습니다. 그런데 하나님은 사라를 보호하시고 오히려 재물만 더 얻어서 나오게 하셨습니다. 물론 디나는 이미 당한 후이지만 하나님이시라면 좋은 방향으로 인도하지 않으셨을까요?

야곱이 새로운 신앙으로 한 단계 올라섰다고 해도 시험은 오히려 더 강할 수도 있습니다. 35장에 보면 그런 야곱을 또다시 보호하십니다만, 야곱이 아들들이 도착하기 전에 하나님께 무릎을 꿇고 갈 길을 구했더라면 하는 아쉬움이 남아 있습니다. 야곱과 아들들의 이런 모습은 바로 우리들의 모습입니다. 대개 자기들 힘으로 무엇을 하려고 하다가 그것이 막히면 하나님을 붙잡고 간구하는 모습입니다. 어떤 일을 만나면 즉시 하나님을 붙잡고 지혜를 구하고 해결책을 찾는 것이 가장 그리스도인다운 모습입니다.

"너희 중에 누구든지 지혜가 부족하거든 모든 사람에게 후히 주시고 꾸짖지 아니하시는 하나님께 구하라 그리하면 주시리라"(약 1:5)

적용하기 : 어려운 문제를 만났을 때 하나님께 간구하여 해결했던 적이 있습니까? 당신은 항상 즉각 하나님께 기도합니까?

❷ 분노는 틈을 비집고 나온다.

핵심구절 : "성문으로 출입하는 모든 자가 하몰과 그의 아들 세겜의 말을 듣고 성문으로 출입하는 그 모든 남자가 할례를 받으니라 제삼일에 아직 그들이 아파할 때에 야곱의 두 아들 디나의 오라버니 시므온과 레위가 각기 칼을 가지고 가서 몰래 그 성읍을 기습하여 그 모든 남자를 죽이고 칼로 하몰과 그의 아들 세겜을 죽이고 디나를 세겜의 집에서 데려오고 야곱의 여러 아들이 그 시체 있는 성읍으로 가서 노략하였으니 이는 그들이 그들의 누이를 더럽힌 까닭이라 그들이 양과 소와 나귀와 그 성읍에 있는 것과 들에 있는 것과 그들의 모든 재물을 빼앗으며 그들의 자녀와 그들의 아내들을 사로잡고 집 속의 물건을 다 노략한지라"(창 34:24~29)

이 사건은 야곱이 주인공이 아니라 그 아들들이 주인공인 이야기입니다. 그들의 유일한 여동생인 디나가 강간을 당했습니다. 참을 수가 없었습니다. 그리하여 거짓말을 동원하여 계략을 세우고 결국 세겜 성의 모든 남자들을 죽였을 뿐만 아니라 그 성의 모든 재물들을 약탈하고 아내들과 자녀들을 잡아서 종으로 삼아버렸습니다. 세겜이 저지른 성폭력보다 훨씬 끔찍하고 잔인한 일을 저지르고 말았습니다. 이 사건을 어떻게 설명해야 할까요?

야곱은 믿음의 사람으로 변화되어 가고 있었지만 자녀들은 믿음과는 관계없는 사람들이었습니다. 그리고 또 한 가지는 그들의 마음이 분노로 가득 차 있었다고 할 수 있다는 것입니다. 우선 외삼촌 라반의 무리한 억압이 있었습니다. 라반의 아들들, 곧 그들의 외사촌들의 질시도 있었습니다. 그리고 큰아버지인 에서를 대하는 야곱의 태도에서도 억울한 마음이 숨어 있었습니다. 그것이 감정을 타고 솟구쳐 올라와 세겜이 자신들에게 지은 죄보다 훨씬 큰 죄를 지지르고 말았던 것입니다. 그리스도인들도 분노에 젖어있기 쉽습니다. 교회예배에 출석하지 않는 가나안(안나가) 성도들도 심령 가운데 분노가 숨어 있습니다. 목회자에게도 알지 못하는 분노가 있습니다. 해결책은 하나님 밖에는 없습니다. 분노를 감추려고 하지 말고 하나님 앞에서 해소하려고 해야 합니다.

"그러므로 각처에서 남자들이 분노와 다툼이 없이 거룩한 손을 들어 기도하기를 원하노라"(딤전 2:8)

적용하기 : 당신은 공연히 짜증이 날 때가 없습니까? 어떨 때 그렇습니까? 어떻게 분노를 해결하겠습니까?

하나님의 마음

하나님은 모든 상황 속에서 우리가 어떻게 하는지 보고 계십니다. 그러므로 어떤 상황에서도 하나님의 뜻을 구하면 반드시 주십니다. 하나님의 마음을 항상 살피고 있습니까?

오늘 받은 은혜

전체적으로 당신이 받은 은혜와 느낌을 기록해보십시오.

실천을 위한 도전 (기도하여 성령님의 인도하심을 받으십시오.)

사람들의 문제에는 반드시 하나님의 뜻이 들어있습니다. 오늘 만나는 사람 중한 사람에게 할 수 있는 일 한 가지를 찾아보십시오.

본문 개론

본장에서는 세 번의 하나님과의 교제와 세 번의 장례식이 있게
됩니다. 그렇게 됨으로써 차츰 주인공은 야곱이 아니라 야곱의 아
들들에게로 옮겨가게 되는 것입니다. 그 말은 야곱의 새 이름 이
스라엘에 합당한 믿음으로 정리하게 되었다는 것을 뜻하기도 합니
다. 우상의 요소들을 땅에 묻어버리고 새 옷으로 갈아입은 야곱이
벧엘에 이르러 제단을 쌓았고 하나님은 또다시 나타나서서 언약을
갱신해주십니다. 새로운 언약이 아니라 구체화된 언약입니다. 그
리고 야곱은 사랑했던 한 사람 한 사람과 이별하는 예식을 치릅니
다. 야곱의 집안은 비로소 믿음의 집안의 구색을 갖추게 됩니다.
그 와중에 르우벤과 서모의 간통과 같은 아픔까지 겹칩니다. 그러
나 하나님의 언약은 비로소 구체적으로 이루어져가고 있습니다.

본문 구성

우상들을 땅에 묻고 벧엘로 돌아오다.   (1~8)
하나님께서 또다시 언약하시다.   (9~15)
라헬이 죽어 베들레헴에 장사하다.   (16~22)

야곱의 열두 아들을 소개하다.   (23~26)

이삭이 죽어 헤브론에 장사되다.   (27~29)

　　모든 복의 뿌리는 하나님과의 관계입니다. 비록 야곱이 언약의 주인공이자 가장으로서 온전하게 변화되었다고는 해도 그렇다고 만사가 형통한 것은 결코 아닙니다. 우리가 믿음으로 변화되어도 세상은 똑같이 움직입니다. 세상이 문제가 아니라 우리 자신의 하나님과의 관계가 항상 문제인 것입니다. 모든 것을 버렸다고 하면서도 또다시 그것을 가집니다. 야곱은 성화의 과정에 들어선 것 같습니다. 그것은 자기중심적인 신앙에서 하나님 중심적인 신앙으로의 이동입니다. 야곱의 일대기를 보면서 우리는 얼마나 하나님 중심적인가를 늘 고민해야 합니다. 자기중심적인 신앙으로는 모든 것을 남의 탓, 외부의 탓, 하나님 탓으로 돌리게 되기 때문입니다.

❶ 정말 그래도 되시는지요?

핵심구절 : "하나님이 야곱에게 이르시되 일어나 벧엘로 올라가서 거기 거주하며 네가 네 형 에서의 낯을 피하여 도망하던 때에 네게 나타났던 하나님께 거기서 제단을 쌓으라 하신지라 … 그들이 떠났으나 하나님이 그 사면 고을들로 크게 두려워하게 하셨으므로 야곱의 아들들을 추격하는 자가 없었더라 … 하나님이 그에게 이르시되 네 이름이 야곱이지마는 네 이름을 다시는 야곱이라 부르지 않겠고 이스라엘이 네 이름이 되리라 하시고 그가 그의 이름을 이스라엘이라 부르시고 하나님이 그에게 이르시되 나는 전능한 하나님이라 생육하며

번성하라 한 백성과 백성들의 총회가 네게서 나오고 왕들이 네 허리에서 나오리라 내가 아브라함과 이삭에게 준 땅을 네게 주고 내가 네 후손에게도 그 땅을 주리라 하시고"(창 35:1, 5, 10~12)

야곱과 그의 가족을 대하는 하나님은 정말 이해하기가 힘이 듭니다. 그토록 잔인하고 천인공노할 짓을 저질렀으면 하다못해 작은 벌이라도 내리셔야 하는 것 아닌가요? 그대로 지나가시면 야곱의 아들들은 비슷한 사건을 만날 때 또 그럴 것이 아니겠습니까? 하기는 그들은 후에 열한 번째 동생 요셉을 죽이려고까지 했습니다. 지금은 세겜의 여인들과 아이들까지 종으로 부리고 있는데도 하나님은 오히려 야곱에게 먼저 나타나셔서 벧엘로 가라고 명하시고 심지어 주변 고을들에게 두려움을 주어 추격하지 못하게까지 하십니다.

하나님은 세겜 사람들이 언제 어떻게 죽어도 마땅한 존재들인 것처럼 여기시는 것일까요? 성경에는 끝까지 구원받지 못할 사람이라면 하나님은 관여하지 않으십니다. 구약 역사를 보면 불의한 사람들의 목숨을 조금도 아까워하지 않으시는 것을 알게 됩니다. 무엇이 초점인가 하면 오직 하나님의 의로 구원받은 백성들이 하나님의 섭리를 깨닫고 하나님과 영원토록 동행하게 하시는 것이 핵심이고, 그것을 모든 사람들에게 널리 알려 하나님께 영광이 돌려지도록 하시는 것이 목적입니다. 타종교인들이나 이단자들은 무엇을 하든지 관여하지 않으십니다. 심판 때 멸망할 자들이기 때문입니다. 그러나 우리는 그것을 모르기 때문에 복음을 전해야 하는 것입니다.

"노아가 방주에 들어가던 날까지 사람들이 먹고 마시고 장가들고 시집가 니니 홍수가 나서 그들을 다 멸망시켰으며"(눅 17:27)

적용하기 : 믿지 않는 사람들로부터 노골적인 불이익을 당한 적이 있었습니까? 그때 그들을 원망했습니까? 우리는 그들을 어떻게 판단해야 하겠습니까?

❷ 회개는 행동으로 나와야 인정하신다.

핵심구절 : "하나님이 야곱에게 이르시되 일어나 벧엘로 올라가서 거기 거주하며 네가 네 형 에서의 낯을 피하여 도망하던 때에 네게 나타났던 하나님께 거기서 제단을 쌓으라 하신지라 야곱이 이에 자기 집안 사람과 자기와 함께 한 모든 자에게 이르되 너희 중에 있는 이방 신상들을 버리고 자신을 정결하게 하고 너희들의 의복을 바꾸어 입으라 우리가 일어나 벧엘로 올라가자 내 환난 날에 내게 응답하시며 내가 가는 길에서 나와 함께 하신 하나님께 내가 거기서 제단을 쌓으려 하노라 하매 그들이 자기 손에 있는 모든 이방 신상들과 자기 귀에 있는 귀고리들을 야곱에게 주는지라 야곱이 그것들을 세겜 근처 상수리나무 아래에 묻고"(창 35:1~4)

그럼에도 불구하고 하나님은 야곱의 가족들에게 은혜를 베푸셨습니다. 그들은 약속의 자손들이기 때문입니다. 하지만 악을 행하든 죄를 짓든 무조건 성도들의 편이 되시는 것은 아닙니다. 야곱의 아들들이 세겜을 멸족시켰는데도 하나님은 여전히 야곱의 편인 것처럼 보입니다만, 만약에 야곱이 제대로 회개하지 않는다면 하나님은 야곱이 아니라 어쩌면 에서를 다시 부르실 수도 있습니다. 야곱은 성화의 단계에 들어선 사람이기 때문에 하나님께서 벧엘로 올라가서 단을 쌓으라고 하셨을 뿐인데 자기들 안의 모든 우상과 성물들을 전부 제거하라고 명했습니다. 야곱은 모든 것을 버리고 의복을 바꾸고 완전히 새로운 가족으로 거듭날 것을 결단했던 것입니다.

우리 그리스도인들 중에는 과거를 완전히 벗어나지 못하거나 번번이 과거로 다시 돌아가는 사람들이 있습니다. 그들은 이제 예수님과 아무런 관계도 없는 사람들처럼 보입니다. 성경적으로 볼 때 예수님과 관계없는 사람들에게도 구원이 지속되는 것일까요? 비록 예배드리고 설교하고 기도해도 예수님을 마음에 모시지 못한 상태에서 어떻게 천국을 소유할 수 있겠습니까? 회개하고 돌이켰다면 과거와는 완전히 절연해야 합니다. 그것이 흐릿해졌다면 지금이라도 늦지 않았습니다. 야곱처럼 회개하시기 바랍니다.

"또한 모든 것을 해로 여김은 내 주 그리스도 예수를 아는 지식이 가장 고상하기 때문이라 내가 그를 위하여 모든 것을 잃어버리고 배설물로 여김은 그리스도를 얻고"(빌 3:8)

적용하기 : 당신은 자신도 모르게 세속에 물든 부분이 많이 있을 것입니다. 지금 버려야 할 것이 무엇인지 생각해보십시오.

하나님의 마음

하나님은 우리에게서 오직 거룩함을 원하고 계십니다. 거룩함은 하나님과의 완전연합을 뜻합니다. 당신은 거룩성을 얼마나 지키고 있습니까? 무엇이 문제입니까?

오늘 받은 은혜

전체적으로 당신이 받은 은혜와 느낌을 기록해보십시오.

실천을 위한 도전 (기도하여 성령님의 인도하심을 받으십시오.)

우리는 세상에 대해 실수하지 말아야 합니다. 만약에 실수했다면 즉시 돌이켜야 합니다. 당신은 어떤 식으로 회개할 수 있겠습니까?

본문 개론

야곱의 다음 세대의 이야기를 전개하기 전에 야곱의 주변 친척들의 이야기를 정리하게 됩니다. 에서가 이방인 세 사람과 결혼하였고 각각의 아들들을 통하여 후손들이 유지되었는데, 야곱과 비교한다면 오히려 에서의 후손들은 훨씬 더 많은 것을 누리는 것을 보여줍니다. 에서의 후손들은 세일 땅에 원래 살고 있던 원주민들을 쫓아냈거나 지배하기 시작한 것 같습니다. 왕들의 명부도 에서의 후손들에 의해 연결된 것 같습니다. 야곱의 후손들이 이후로 많은 고통을 받고 이별과 만남의 과정을 거친 후에 애굽의 노예와도 같은 삶을 이어갈 때 에서의 후손들은 왕과 족장들의 지배 아래 번성했었습니다. 세상의 복이나 권세는 하나님 앞에서는 아무 의미가 없습니다.

본문 구성

본문 적용

세상은 마치 에서의 후손들의 모습과 유사합니다. 잘되고 번성할 수 있습니다. 물론 후에 하나님은 이스라엘도 잘되고 번성하게 해주십니다. 문제는 그 잘되고 번성하는 모습의 내면을 무엇이 다스리고 있는가 하는 점입니다. 본질이 쏙 빠져서 육적인 성공만을 추구하는 세상의 모든 것들은 전부 허상일 뿐입니다. 그런데도 외적인 축복을 따라가려고 한다면 그 속에 과연 예수님이 계시는 것일까요? 물론 스스로는 하나님을 사랑해서 믿는다고 생각할 것입니다. 다만 자기도 미처 느끼지 못하는 그 속내는 여전히 세상적인 허상에 그칠 뿐입니다. 세일산의 축복은 무시하고 약속의 땅 가나안을 우리의 활동무대로 믿고 따라가야 합니다.

❶ 세상과 동화되면 이방인이 된다.

핵심구절 : "에서 자손 중 족장은 이러하니라 에서의 장자 엘리바스의 자손으로는 데만 족장, 오말 족장, 스보 족장, 그나스 족장과 고라 족장, 가담 족장, 아말렉 족장이니 이들은 에돔 땅에 있는 엘리바스의 족장들이요 이들은 아다의 자손이며 에서의 아들 르우엘의 자손으로는 나핫 족장, 세라 족장, 삼마 족장, 미사 족장이니 이들은 에돔 땅에 있는 르우엘의 족장들이요 이들은 에서의 아내 바스맛의 자손이며 에서의 아내인 오홀리바마의 아들들은 여우스 족장, 얄람 족장, 고라 족장이니 이들은 아나의 딸이요 에서의 아내인 오홀리바마로 말

미암아 나온 족장들이라"(창 36:15∼18)

에서는 야곱에게 장자권과 축복기도를 빼앗겼습니다. 야곱은 형과 아버지를 속여가면서 그것을 차지했지만 사실 그 의미를 완전히 이해하고 그렇게 한 것은 아니었습니다. 그렇게 가족들을 속였지만 그렇다고 형 에서보다 뭐 특별히 복을 더 받은 것은 없어 보입니다. 오히려 에서가 더 많은 복을 받았는데 자손의 복을 보아도 그렇습니다. 물론 야곱도 네 아내와 열두 아들을 얻었지만 에서도 세 아내와의 사이에서 난 자손들이 무수했는데 그들은 전부 족장들이 될 정도로 많은 성공을 거두었습니다.

하지만 이 두 사람이 알지 못했던 것은 하나님과 동행하는가 그러지 못한가의 차이점이었습니다. 하나님의 약속을 따라 하나님과 동행하면 그와 그의 후손들의 모든 삶은 의미와 가치를 얻게 되지만, 하나님 없이 살면 이방인이 되어 사실상 아무런 의미 없는 삶을 살게 된다는 것입니다. 구약에서 하나님이 이방인을 개 취급할 정도로 멀리 하게 하신 것은 이방나라의 우상숭배가 하나님과의 사이를 훼방하지 못하게 하신 것이지만, 또 다른 의미에서는 아무런 가치 없이 생존경쟁의 장에서 활동하다가 멸망할 존재들이기 때문입니다. 흡사 아프리카에서 수많은 동식물이 살아남기 위해 죽고 죽이고, 먹고 먹히는 사슬 속에서 생존하는 것과 같은 것입니다. 여호와 하나님의 피조물인 우리 인간에게서 하나님과의 관계가 사라지면 삶의 의미가 사라지는 것입니다.

"너희가 음란과 정욕과 술취함과 방탕과 향락과 무법한 우상 숭배를 하여 이방인의 뜻을 따라 행한 것은 지나간 때로 족하도다"(벧전 4:3)

적용하기 : 당신이 이방인이었을 때에 행하던 구습을 그대로 행하는 것이 있습니까? 친지들 중에 하나님을 모르는 이방인들이 있을 것인데 그들을 위한 최소한의 노력을 하고 있습니까?

❷ 하나님을 떠나면 오히려 원수가 된다.

핵심구절 : "에돔 왕이 대답하되 너는 우리 가운데로 지나가지 못하리라 내가 칼을 들고 나아가 너를 대적할까 하노라 이스라엘 자손이 이르되 우리가 큰길로만 지나가겠고 우리나 우리 짐승이 당신의 물을 마시면 그 값을 낼 것이라 우리가 도보로 지나갈 뿐인즉 아무 일도 없으리이다 하나 그는 이르되 너는 지나가지 못하리라 하고 에돔 왕이 많은 백성을 거느리고 나와서 강한 손으로 막으니 에돔 왕이 이같이 이스라엘이 그의 영토로 지나감을 용납하지 아니하므로 이스라엘이 그들에게서 돌이키니라"(민 20:18~21)

우리가 반드시 생각해야 할 것은 하나님과 멀어지면 멀어진 그대로 따로 존재하는 것이 아니라는 점입니다. 비록 야곱이 에서에게 진심어린 용서를 구하며 화해했었지만 에서는 하나님을 떠나버리고 이방 신을 섬기는 족속들과 혼인하면서 완전히 이방인들과 같이 되었습니다. 그들이 약속의 자손이며 믿음의 조상인 아브라함과 이삭의 자손이라고 볼 수 있는 어떤 것도 보여주지 못했습니다. 오히려 그들은 이스라엘의 훼방거리만 될 뿐이었습니다. 모세가 백성들과 함께 에돔의 변방인 가데스를 지나가게만 해달라고 요청했지만 에돔 왕은 칼을 들고 대적하겠다고 했고 실제로 많은 군사를 이끌고 나와 강하게 막았습니다(민 20:18~21). 하나님을 떠나면 하나님과 함께 백성들과도 원수가 되는 것입니다.

물론 이방인들 중에도 평화적으로 대하는 경우도 많습니다만, 조금이라도 이해관계가 얽히면 우리의 친족 이방인들이 오히려 더 강하게 대적해 옵니다. 모르는 사람이면 차라리 다른 사람을 대하듯이 하면 되지만 아는 사람이 더 걸림돌이 되는 경우가 많은 것입니다. 우리는 항상 믿음 안에 있어야 합니다. 교회 중직의 자녀들이 더 믿음 없이 행하는 경우는 아주 많습니다. 잘 되고 성공하는 데 초점을 맞추면 하나님과 원수가 될 수도 있습니다. 신앙생활을 항상 하나님 앞에서 행하고 하나님의 마음을 소유하는 데 목적을 두고 행할 때 참되고 영구한 복이 올 것입니다.

"내가 내 백성 이스라엘의 손으로 내 원수를 에돔에게 갚으리니 그들이 내 진노와 분노를 따라 에돔에 행한즉 내가 원수를 갚음인 줄을 에돔이 알리라 주 여호와의 말씀이니라"(겔 25:14)

적용하기 : 교회를 떠났다가 완전히 세상으로 나간 친족이 있습니까? 당신은 어떤 신앙을 후손들에게 물려주겠습니까?

하나님의 마음

하나님은 왜 에서의 족보를 성경에 기록하게 하셨을까요? 형제였다가 이방인이 된 사람들을 향한 하나님의 마음을 헤아려보십시오.

오늘 받은 은혜

전체적으로 당신이 받은 은혜와 느낌을 기록해보십시오.

실천을 위한 도전 (기도하여 성령님의 인도하심을 받으십시오.)

오늘날의 개념과 많이 다릅니다만, 이방인으로서 헤어지는 것은 우리들의 대처방식이 아닙니다. 주변의 (영적) 이방인에 대해 하나님의 마음으로 실천할 것 한 가지를 이야기하십시오.

본문 개론

마치 연극에서 배역이 있듯이 각자가 자기 역할을 다하고 있는 것처럼 보입니다. 그것을 우리는 하나님의 섭리라고 합니다. 위기와 반목과 질시와 같은 복잡한 관계가 뒤섞인 듯이 보이는 가운데에서도 하나님은 오히려 그것을 도구로 삼으십니다. 그렇게 미움을 받던 요셉이 최강대국 애굽의 총리가 될 줄 누가 알겠습니까? 그러나 그 가운데에서 우리는 하나님의 원리를 찾아야 합니다. 요셉이 아버지의 편애로 순진무구한 모습을 보이는 것 때문에 미움을 받고 심지어는 형들에게 좋은 일을 위하여 아버지의 심부름을 갔다가 구덩이에 던져져 죽을 뻔했지만 르우벤과 유다의 선의에 의해 노예로 팔려갔는데 그곳이 애굽 바로의 친위대장의 집이었던 것입니다.

본문 구성

야곱의 편애와 꿈으로 형들이 미워하다.   (1~11)

심부름 온 요셉을 구덩이에 던지다.   (12~24)

유다의 제안으로 요셉을 노예로 팔다.   (25~28)

짐승에 죽었다고 아버지가 깊이 슬퍼하다. (29~35)
요셉이 바로의 친위대장에게 팔리다. (36)

물론 요셉의 형들의 죄는 너무나도 큽니다. 아무리 시기가 나고 미워해도, 배다른 동생이라고 해도 어떻게 죽이려고 할 수 있겠습니까? 우리는 요셉이 당했을 법한 감정이나 두려움, 절망과 같은 것을 똑같이 느낄 수는 없습니다. 하지만 요셉이 겪었던 그런 과정들을 통하여 요셉이 다시 태어난 것을 부인할 수는 없습니다. 어린 시절 아무런 굴곡 없이 아버지의 사랑만 받았기에 느끼지 못했을 인간으로서의, 지도자로서의 경험을, 지나치게 급변한 것이기는 하지만, 노예로 팔려가서 겪어야 하는 경험들을 통하여 하나님의 일꾼으로서 성장해가고 있었던 것입니다. 요셉은 처음에는 아버지의 권한 안에 있었고, 그 다음에는 형들의 손아귀에 있었고, 그 후에는 애굽 신하의 손아래 있었지만 그 모든 것을 뛰어넘어 하나님의 보호하심 아래 있었던 것입니다. 우리도 그렇습니다. 우리의 모든 인생과 삶은 하나님의 보호하심 아래 있습니다. 그리고 쓰임 받을 것입니다.

❶ 하나님께는 약점이 도구이다.

핵심구절 : "야곱의 족보는 이러하니라 요셉이 십칠 세의 소년으로서 그의 형들과 함께 양을 칠 때에 그의 아버지의 아내들 빌하와 실바의 아들들과 더불어 함께 있었더니 그가 그들의 잘못을 아버지에게 말하더라 … 요셉이 그들에

게 이르되 청하건대 내가 꾼 꿈을 들으시오 우리가 밭에서 곡식 단을 묶더니 내 단은 일어서고 당신들의 단은 내 단을 둘러서서 절하더이다 … 요셉이 다시 꿈을 꾸고 그의 형들에게 말하여 이르되 내가 또 꿈을 꾼즉 해와 달과 열한 별이 내게 절하더이다 하니라 그가 그의 꿈을 아버지와 형들에게 말하매 아버지가 그를 꾸짖고 그에게 이르되 네가 꾼 꿈이 무엇이냐 나와 네 어머니와 네 형들이 참으로 가서 땅에 엎드려 네게 절하겠느냐 그의 형들은 시기하되 그의 아버지는 그 말을 간직해 두었더라"(창 37:2, 6~7, 9~11)

하나님은 아브라함과 이삭과 야곱에게 약속하신 것을 요셉을 통하여 이루려고 하십니다. 그런데 요셉은 너무 순진하고 가볍게 처신을 했습니다. 하나님께서 두 번 연달아 요셉의 미래를 꿈으로 알려주셨는데, 아마도 요셉은 모든 어려움을 이 꿈을 생각하면서 버텼을 것입니다만, 그 꿈을 이루기에는 여러모로 적합하지 않아 보였습니다. 형들의 잘못을 아버지에게 고한다든가, 첫 번째 꿈은 그렇다고 해도 두 번째 꿈까지 형들에게 그대로 이야기하고, 형들이 자기를 미워하는지도 모르는 것같이 순진하게 또 먼 곳으로 아버지의 심부름을 갑니다. 나이도 열일곱이나 될 때였습니다.

이렇게 볼 때 청소년기의 요셉은 별로 하나님의 일에 쓰임 받을 것 같지 않았습니다. 그런데 하나님은 이 요셉을 통하여 한 민족을 이루어나가십니다. 우리가 보기에 단순히 약점으로만 보이는 것은 하나님께서 연단의 과정을 통하여 보완하기만 하시면 아주 커다란 장점이 된다는 것을 말해주고 있습니다. 세상에서도 약점이 장점으로 바뀌어 큰일을 이루는 경우는 자주 나타납니다. 하나님께서 그런 것을 모르실 리가 없습니다. 요셉의 약점은 장점으로 바뀝니다. 아버지의 특별한 사랑은 다른 사람들을 편견 없이 사랑하게 만듭니다. 순진무구한 약점은 순결한 성품을 말하는 것으로 어디를 가도 솔직한 태도를 보입니다. 그리고 형들을 찾아 도단까지 갔던 것은 어리석은 것이 아니라 사명에 대한 집중력을 보여주는 것입니다.

"그러므로 내가 그리스도를 위하여 약한 것들과 능욕과 궁핍과 박해와 곤고를 기뻐하노니 이는 내가 약한 그 때에 강함이라"(고후 12:10)

적용하기 : 당신의 약점은 무엇입니까? 하나님께서 그 약점을 사용하신 적이 있다면 이야기해 보십시오.

❷ 악한 계획은 뒤집으신다.

핵심구절 : "유다가 자기 형제에게 이르되 우리가 우리 동생을 죽이고 그의 피를 덮어둔들 무엇이 유익할까 자 그를 이스마엘 사람들에게 팔고 그에게 우리 손을 대지 말자 그는 우리의 동생이요 우리의 혈육이니라 하매 그의 형제들이 청종하였더라 그 때에 미디안 사람 상인들이 지나가고 있는지라 형들이 요셉을 구덩이에서 끌어올리고 은 이십에 그를 이스마엘 사람들에게 팔매 그 상인들이 요셉을 데리고 애굽으로 갔더라"(창 37:26~28)

그런데 하나님의 사람들은 다른 사람들의 악행이나 고난과 깊은 연관성이 있습니다. 이 말은 하나님께 귀하게 쓰임 받는 사람일 수록 큰 어려움을 만나는 경우가 많다는 것을 뜻합니다. 그리스도인에게는 고난은 고난이 아니라 과정이며 다른 사람의 악행은 사람에 대한 훈련이라는 사실을 알아야 합니다. 하나님께서 왜 이런 방식으로 훈련하실까요? 사람 훈련은 사람을 통해서 할 수밖에 없다는 사실을 알게 해 줍니다. 물론 당사자는 이런 사실을 거의 모르고 있습니다. 혹시 눈치 챘다고 해도 어려움당하는 현실이 더 가깝습니다. 그러나 다만 하나님의 섭리에 맡기고 순응하는 자세가 필요합니다.

그런데 하나님의 섭리의 주인공은 요셉도 아니고 야곱도 아니고 하나님이십니다. 비록 하나님께서 사람을 사용하시고 사람이 큰일을 이루도록 허용하시지만, 그것은 어디까지나 하나님의 목적이 이루어지기까지의 과정입니다. 다만 하나님은 그 일에 사용하시는 사람에게 크게 복을 주십니다. 후에 요셉도 이것을 깨닫고 하나님께서 미리 애굽에 자기를 보내신 것이라고 고백합니다. 악한 사람을 만난다고 원망하거나 미워하지 말고, 고난을 당한다고 지나치게 힘들어하지도 말고 하나님의 섭리에 모든 것을 맡겨야 하겠습니다.

"내 형제들아 너희가 여러 가지 시험을 당하거든 온전히 기쁘게 여기라 이는 너희 믿음의 시련이 인내를 만들어 내는 줄 너희가 앎이라"(약 1:2~3)

적용하기 : 당신이 만난 고난으로 인하여 더욱 성장한 경험이 있을 것입니다. 함께 은혜를 나누어보십시오.

하나님의 마음

하나님은 우리의 모든 삶의 과정을 보고 계시면서 믿음이 더욱 자라가기를 원하십니다. 당신의 믿음은 지금도 자라고 있습니까, 아니면 정체된 채 멈추어 있습니까?

오늘 받은 은혜

전체적으로 당신이 받은 은혜와 느낌을 기록해보십시오.

실천을 위한 도전 (기도하여 성령님의 인도하심을 받으십시오.)

무엇인가 당신을 가로막고 있는 듯한 것이 있을 것입니다. 그것을 하나님의 섭리라고 생각하고 극복해내기 위한 실천방안 한 가지를 이야기하십시오.

본문 개론

유다는 야곱의 열두 형제들 중에서 왕의 계보에 들어있는 사람입니다. 요셉의 이야기를 시작하다가 유다의 이야기를 먼저 하는 것은 유다가 요셉의 이야기 중에서도 중요한 기능을 하기 때문입니다. 그런데 유다의 이야기는 결코 떳떳하거나 자랑스러운 이야기는 아닙니다. 유다는 집을 떠나 세상으로 내려갔습니다. 이방여인과 결혼하여 세 아들을 낳았고, 큰아들이 자식 없이 죽자 며느리 다말을 작은아들에게 보냈고, 작은아들 오난이 죄를 범하여 죽자 셋째아들을 기다리라고 다말에게 명합니다. 다말은 그 아들이 자랐는데도 아무 기척이 없자 스스로 자구책을 구하여 축제 때에 유다를 속여 동침하고 증표를 받아 숨어버립니다. 그런데 다말이 잉태한 것이 발각되어 유다가 심판하는데 그 증표를 가져오자 그대로 수긍할 수밖에 없었고 다말은 베레스와 세라 쌍둥이를 낳게 됩니다. 그리고 그 베레스에게서 다윗 왕이 나오게 되는 것입니다.

유다에게서 세 아들이 태어나다. (1~5)

다말이 들어오고 두 아들이 죽다. (6~10)

다말이 부정하게 유다의 아들을 임신하다. (11~18)

다말과 유다의 부정이 알려지다. (19~26)

쌍둥이 베레스와 세라가 태어나다. (27~30)

본문 적용

　본장은 있는 그대로의 사람의 모습을 그대로 전함으로써 사람이 위대한 것이 아니라 모든 것이 하나님의 은혜요 섭리라는 것을 명확하게 드러내주고 있습니다. 예수님의 족보에도 다말과 그 아들 베레스나 기생 라합과 모압 여자 룻과 같은 사람들이 포함되어 있습니다. 물론 스스로 떳떳하게 여겨서는 안 됩니다. 본장에서는 세속과 믿음이 섞여 있고 우상숭배와 신의가 혼합되어 있습니다. 그리스도인은 그런 모든 상황 가운데에서 하나님의 시각으로 잘 분별해야 합니다. 그럼에도 불구하고 유다의 장점은 은연중에 드러나고 있는데, 앞장에서 형제들이 유다의 말을 청종했다고 함으로써(37:27), 유다의 리더십을 비쳐주고 있습니다. 그리하여 유다로부터 유대인이 출발했다는 사실을 기억하게 만들어주는 것입니다.

❶ 이방인과의 교류

핵심구절 : "그 후에 유다가 자기 형제들로부터 떠나 내려가서 아둘람 사람 히라와 가까이 하니라 유다가 거기서 가나안 사람 수아라 하는 자의 딸을 보고 그를 데리고 동침하니 그가 임신하여 아들을 낳으매 유다가 그의 이름을 엘이라 하니라 그가 다시 임신하여 아들을 낳고 그의 이름을 오난이라 하고 그가 또 다시 아들을 낳고 그의 이름을 셀라라 하니라 그가 셀라를 낳을 때에 유다는 거십에 있었더라 유다가 장자 엘을 위하여 아내를 데려오니 그의 이름은 다말이더라"(창 38:1~6)

율법이 없던 시대였습니다. 그렇다고 해도 일반 도덕으로 결코 용납될 수 없는 일들이 연속해서 일어납니다. 하나님은 유다의 셋째 아들 셀라를 왜 족보에서 제외시키셨는지 이해가 가지 않습니다. 며느리 다말에게서 낳은 베레스의 이름이 어떻게 다윗의 족보에 버젓이 올라가는 것인지요? 다말은 그 입장은 충분히 이해가 되지만 어떻게 그런 생각을 할 수 있는지요? 사실 야곱 때까지만 해도 이방인과의 혼인은 결사반대할 정도로 엄격하게 생각했습니다. 에서가 이방인과 혼인하여 부모의 근심이 되지 않았습니까?

이방인과의 혼인이 자연스러워진 것은 아들이 열둘이나 되기 때문이기도 합니다. 친족들 중에서만 혼인감을 찾기도 어려웠을 것입니다. 우리는 이것을 오늘날의 세속화와 연결 지을 수 있습니다. 세상문화와 교류하지 않을 수 없고 또 복음은 세상과의 교류를 통해 전파되어야 하는 것이므로 섞이지 않을 수 없습니다. 하지만 그렇기 때문에 유다가 가나안 사람 수아의 딸과 혼인하고, 무슨 죄인지 몰라도 다말과 혼인한 첫아들이 죽고 둘째 아들도 죄를 지어 죽게 되는 일련의 과정에서 세상과의 교류에 얼마나 주의해야 하는지를 알게 해주는 것입니다.

"그 이방 나라들과 섞여서 그들의 행위를 배우며 그들의 우상들을 섬기므로 그것들이 그들에게 올무가 되었도다"(시 106:35~36)

적용하기 : 당신은 지금 교회문화와 세상문화 사이의 어디쯤 서 있다고 생각합니까? 복음적 가치를 지키고 있습니까?

❷ 잘못이 있으면 솔직하게 인정하라.

핵심구절 : "석 달쯤 후에 어떤 사람이 유다에게 일러 말하되 네 며느리 다말이 행음하였고 그 행음함으로 말미암아 임신하였느니라 유다가 이르되 그를 끌어 내어 불사르라 여인이 끌려 나갈 때에 사람을 보내어 시아버지에게 이르되 이 물건 임자로 말미암아 임신하였나이다 청하건대 보소서 이 도장과 그 끈과 지 팡이가 누구의 것이니이까 한지라 유다가 그것들을 알아보고 이르되 그는 나 보다 옳도다 내가 그를 내 아들 셀라에게 주지 아니하였음이로다 하고 다시는 그를 가까이 하지 아니하였더라"(창 38:24~26)

다윗의 조상이요 예수 그리스도 가계의 출발점인 유다는 비록 도덕적으로 모자라 보이지만, 여러 가지 장점이 있습니다. 앞으로 그의 지도력과 지혜로 모든 형제들이 화합할 수 있는 토대를 만들 게 되는데, 여러 장점 중의 한 가지가 바로 자기 죄를 솔직하게 인 정한다는 점입니다. 유다는 창녀에게서 자기 물품을 돌려받지 못한 것이 내내 불안했습니다만, 어떻게 할 도리가 없었습니다. 그러던 차에 며느리 다말이 부정을 저질러 아기를 가졌다는 사실을 알고 당장 불태워 죽이라고 명합니다. 하지만 다말이 자기 물품을 전하자 유다는 그 자리에서 잘못을 인정하고 "그는 나보다 옳도다."라고 시인하게 됩니다. 도덕적으로 치명타가 될 상황이지만 유다는 있는 그대로 자신의 잘못을 인정하고 곧바로 받아들입니다.

이런 태도는 그렇게 쉬운 일은 아닙니다. 더구나 유다는 자기 허물을 감추기 위해서라도 다말을 그대로 죽일 수도 있었습니다. 오늘날 세월이 하도 악하여 그리스도인이라고 해도 좀처럼 자기 잘못을 인정하지 않는 때입니다. 재판에 넘겨져도 서로 누가 진실을 말하는지 짐작조차 하기 어렵게 만들어 무조건적으로 지지하는 사람들이 서로 싸우게 만듭니다. 이런 좋지 않은 문화가 교회에도 그대로 나타나기 일쑤입니다. 이런 모습은 사람들에게는 통할지 모르지만 하나님 앞에서는 전혀 통하지 않습니다. 하나님은 그 동기와 의도와 태도를 다 아시고 심판을 내리실 것입니다. 사람 앞에 부끄러워도 하나님을 속이지 말아야 합니다.

"스스로 속이지 말라 하나님은 업신여김을 받지 아니하시나니 사람이 무엇으로 심든지 그대로 거두리라"(갈 6:7)

적용하기 : 사람은 누구나 실수를 합니다. 누구나 약점이 있기 때문입니다. 하지만 실수가 문제가 아니라 그 실수를 어떻게 대하는지가 문제입니다. 당신은 어떻습니까?

하나님의 마음

하나님도 유다의 행적을 보시고 편하지는 않으셨을 것입니다. 그러나 길이 참아 주셨습니다. 하나님께 부끄러운 모습이 있다면 솔직하게 고백하고 내려놓으시기 바랍니다.

오늘 받은 은혜

전체적으로 당신이 받은 은혜와 느낌을 기록해보십시오.

실천을 위한 도전 (기도하여 성령님의 인도하심을 받으십시오.)

우리의 허물을 하나님께서 즉시 심판해 오셨다면 지금 살아있는 사람이 없을 것입니다. 당신이 몹시 부족함에도 하나님께서 쓰고 계십니까? 무엇이 부족합니까? 그것을 메우시기 바랍니다.

본문 개론

앞장에서의 유다의 부도덕한 모습과는 반대로 요셉은 지극히 정결하고 충성스러운 모습을 보여줍니다. 요셉에게 임한 하나님의 은혜는 임마누엘의 모습입니다. 그것은 요셉이 그리스도의 모형이라고 불릴 만한 모습이었습니다. 그리스도는 종의 형체로 오셔서 왕의 모습으로 영광을 받으셨습니다. 왕이 되시기 전에 십자가 고난을 당하신 것처럼 요셉도 총리의 영광을 받기까지는 노예로의 전락과 모진 모함과 억울한 옥살이의 과정이 있었던 것입니다. 요셉은 일반적으로 사람들이 범하게 되는 실수와 유혹을 담대하게 물리쳤습니다. 보통 사람 같으면 천한 종으로서 자유와 고속승진의 덫에 걸려 유혹을 넘기지 못했을 것이지만 요셉은 하나님께서 주신 꿈과 임마누엘 하나님께 대한 믿음과 자신의 지켜야 할 영역을 온전하게 함으로써 모든 과정에서 형통함을 나타낼 수 있었던 것입니다. 요셉은 그리스도인의 삶에 가장 모범적인 모델이 될 수 있습니다. 그리스도인에게는 환경이 문제가 아니라 스스로의 믿음과 삶의 원칙이 문제입니다.

보디발에게 충성하여 가정 총무가 되다.   (1~6)

보디발의 아내가 요셉을 유혹하다.   (7~10)

보대발의 아내가 억울한 누명을 씌우다.   (11~19)

요셉이 옥에 갇혀 사무장이 되다.   (20~23)

본문 적용

요셉은 과연 형통했던 것일까요? 요셉의 삶에는 세 가지 요소가 강하게 작용합니다. 첫째로는 모든 것이 하나님의 은혜라는 것입니다. 그리고 두 번째는 스스로의 충성입니다. 셋째로는 신앙적 원칙입니다. 이 세 가지 원리가 작용하지만, 그렇다고 해서 환경과 조건도 완벽해지는 것은 아니었습니다. 아니 오히려 열악하거나 억울한 상황에서 더 빛을 발하는 삶의 원리인 것입니다. 우리는 좋은 환경과 좀 더 나은 조건을 위해 일하려고 할 때가 많습니다. 요셉은 여호와 신앙으로 뭉친 것 같은 모습을 보여주는데, 억울하게 고소를 당하고도 항의하지 않고 잠잠했으며 평정을 유지할 수 있었고 거듭되는 불행에도 당당하게 자기 책무를 감당했습니다. 본장을 읽으면서 우리의 삶의 모습을 비추어보아야 하겠습니다.

❶ 함께하신다는 증거가 형통일까?

핵심구절 : "여호와께서 요셉과 함께 하시므로 그가 형통한 자가 되어 그의 주인 애굽 사람의 집에 있으니 그의 주인이 여호와께서 그와 함께 하심을 보며

또 여호와께서 그의 범사에 형통하게 하심을 보았더라 요셉이 그의 주인에게 은혜를 입어 섬기매 그가 요셉을 가정 총무로 삼고 자기의 소유를 다 그의 손에 위탁하니 … 여호와께서 요셉과 함께 하시고 그에게 인자를 더하사 간수장에게 은혜를 받게 하시매 간수장이 옥중 죄수를 다 요셉의 손에 맡기므로 그제반 사무를 요셉이 처리하고 간수장은 그의 손에 맡긴 것을 무엇이든지 살펴보지 아니하였으니 이는 여호와께서 요셉과 함께 하심이라 여호와께서 그를 범사에 형통하게 하셨더라"(창 39:2~4, 21~23)

요셉은 형통한 자라고 했습니다. 모두가 알다시피 형통하다는 것은 아무 문제도 만나지 않는다는 의미가 아니라 문제를 만날 때 잘 풀린다는 뜻입니다. 그것은 곧 하나님께서 함께하신다는 증거입니다. 요셉은 아버지의 사랑만 받다가 죽기 직전의 상황에 처했고, 노예로 팔려서 애굽 시위대장의 집에서 종노릇을 하고 있습니다. 요셉은 아무 데도 기댈 데가 전혀 없습니다. 오직 하나님과 자기가 꾸었던 꿈뿐이었습니다. 무엇으로 하나님의 동행하심을 알 수 있겠습니까? 그를 통하여 주인에게 여호와의 복이 미치는 것입니다. 그리고 그것이 증거가 되어 요셉은 그 집의 총무가 되었습니다.

우리는 요셉이 받은 복을 받고 싶어 하지만 요셉이 당하는 고난은 생각하지 않습니다. 요셉이 자기 꿈이 이루어질 것이라는 믿음을 가질 수 있는 유일한 통로가 형통입니다. 그런데 그것은 재물이었습니다. 자기의 재물이 아니라 주인의 재물입니다. 아무튼 그래도 요셉의 형통을 부러워합니다. 그러면 우리도 요셉처럼 형통을 추구하고 설교해야 할까요? 그런 물질적, 세상적 복을 바라야 할까요? 물론 그럴 수도 있습니다. 그것은 하나님의 주권입니다. 하지만 우리는 이미 차고도 넘치는 증거를 가지고 있습니다. 형통이 아니라도 하나님께서 우리와 동행하신다는 증거는 얼마든지 있습니다. 가장 큰 증거는 예수님의 십자가이고 성령님의 내주하심이고 하나님의 말씀인 성경입니다. 이것보다 더 크고 확실한 증거는 없습니다.

"만일 우리가 사람들의 증언을 받을진대 하나님의 증거는 더욱 크도다 하나님의 증거는 이것이니 그의 아들에 대하여 증언하신 것이니라"(요일 5:9)

적용하기 : 당신은 힘들고 어려울 때 하나님의 보호하심을 무엇으로 확인하려고 합니까? 십자가와 성령님과 말씀입니까?

❷ 충성하지 않으면 그리스도인이 아니다.

핵심구절 : "그가 요셉에게 자기의 집과 그의 모든 소유물을 주관하게 한 때부터 여호와께서 요셉을 위하여 그 애굽 사람의 집에 복을 내리시므로 여호와의 복이 그의 집과 밭에 있는 모든 소유에 미친지라 … 간수장은 그의 손에 맡긴 것을 무엇이든지 살펴보지 아니하였으니 이는 여호와께서 요셉과 함께 하심이라 여호와께서 그를 범사에 형통하게 하셨더라"(창 39:5, 23)

그리스도인들은 모든 사람들의 모델이 되어야 합니다. 왜냐하면 세상은 우리를 통하여 예수님을 받아들이기 때문입니다. 모든 일을 잘 하려면 압박감을 많이 느낄 것 같지만 그리스도인은 그런 일이 스스로에게 자연스러운 일이 되도록 믿음을 키워야 합니다.

그러면 성령님께서 도와주시고 충분히 감당할 수 있게 됩니다. 곧 신앙인의 의식으로 자리 잡으면 별로 힘들지 않게 되는 것입니다. 요셉은 엄청난 좌절감과 억울함 속에서도 어디에서나 자기의 일을 충실하게 감당했고 하나님께서 형통하게 하심을 느끼면서 살았습니다.

만약에 요셉이 맡겨진 일에 충성되지 않았다면 과연 요셉은 어떻게 되었을까요? 물론 보디발의 아내의 유혹이나 그로 인하여 감옥에 갇히는 일은 없었겠지만 동시에 요셉에게는 동행하심도 형통함도 주어지지 않았을 것입니다. 많은 사람들이 자기가 어떻게 살고 있는가에는 관심이 별로 없고 하나님께서 어떻게 해주시는가에만 관심이 있습니다. 물론 하나님은 인간의 능력이나 지혜 이상으로 함께 하셔서 얼마든지 복을 주실 수 있습니다. 그러나 그런 조건들은 우리가 어떻게 하는가에 따라 완전히 달라집니다. 일이든 섬김이든 모든 일을 철저하게 할 때 하나님께서 주시는 복도 쏟아집니다.

"무슨 일을 하든지 마음을 다하여 주께 하듯 하고 사람에게 하듯 하지 말라"(골 3:23)

적용하기 : 당신은 무슨 일을 하든지 항상 하나님께 하듯이 최선을 다하고 있습니까? 당신의 적성에 맞지 않거나 하기 싫은 일을 할 때에도 그렇게 합니까?

하나님의 마음

예수님은 인간구원을 위하여 스스로 십자가에 달려 돌아가셨습니다. 그렇게 구원받은 사람으로서 당신이 어떻게 하는 것이 하나님의 마음이라고 생각합니까?

오늘 받은 은혜

전체적으로 당신이 받은 은혜와 느낌을 기록해보십시오.

실천을 위한 도전 (기도하여 성령님의 인도하심을 받으십시오.)

요셉은 특별히 잘 하는 것 한두 가지에만 최선을 다하는 것이 아니었습니다. 당신이 잘 하지 못하는 것 한 가지를 생각하여 직접 실천해보십시오.

40
꿈을 해석하는 요셉
창세기 40:1~23

본문 개론

요셉이 가지고 있던 원래의 장점, 곧 모든 것이 하나님의 은혜라는 것을 의지하는 믿음과 스스로의 충성, 그리고 신앙적 원칙 이외에 요셉의 또 다른 특징이 나타납니다. 그것은 타인에 대한 깊은 관심과 동정입니다. 요셉은 그가 섬기도록 맡겨진 고위급 죄수들의 안색을 살피고 있었습니다. 자기 일에만 충성된 것이 아니라 타인중심적인 관점을 가지고 있었다는 것은 곧 하나님 중심적인 신앙의 모습에 더 다가가는 삶입니다. 자연히 다른 사람들은 요셉을 신뢰했을 것입니다. 더구나 죄수들의 꿈을 해몽하는 데에는 소싯적에 꾸었던 꿈의 경험도 작용했을 것입니다. 아마도 그 꿈이 요셉을 지탱해주는 일말의 동아줄이었을 것이고 요셉의 형통이 그 증거였을 것입니다. 요셉이 해몽한 대로 떡 관원은 죽고 술 관원은 복직되었습니다. 그런데 그는 요셉의 간청을 잊어버렸습니다.

본문 구성

요셉이 옥에서 두 관원을 섬기게 되다.   (1~4)

술 관원의 꿈을 해석하고 구명을 청하다.   (5~15)

떡 관원이 죽을 것을 해석해 주다.　　(16~19)

떡 관원은 죽고 술 관원은 복직하다.　(20~23)

본문 적용

그리스도인의 신앙은 끊임없이 변화되고 성장해야 합니다. 어디까지 성장해야 하겠습니까? 그리스도의 장성한 분량에 이르기까지라고 대답하기 전에 요셉만큼이라고 대답할 수 있을 것 같습니다. 요셉의 꿈 해석 능력이 아닙니다. 그것은 하나님께서 요셉을 사용하시기 위한 하나의 수단, 통로일 뿐입니다. 모든 사람들에게는 각각의 통로와 수단을 주셨습니다. 단지 요셉에게는 꿈 해석일 따름입니다. 신기하게도 감옥에서 고위관료들을 수종 들게 한 사람은 아마도 친위대장 보디발이었을 가능성이 큽니다. 왜냐하면 보디발의 감옥이었으니까요. 아내의 무고로 옥에 집어넣었지만 요셉에 대한 신뢰는 여전했음을 말하는 것입니다. 이런 것이 꿈 해석의 능력과 맞물려서 하나님께서 길을 열어주신 것입니다. 주위 환경에 자꾸 마음이 변한다면 아직 그 사람의 믿음은 어린아이의 수준에 머물러 있는 것입니다.

❶ 요셉과 바로의 꿈은 하나님의 작품이다.

핵심구절 : "요셉이 그들에게 이르되 청하건대 내가 꾼 꿈을 들으시오 우리가 밭에서 곡식 단을 묶더니 내 단은 일어서고 당신들의 단은 내 단을 둘러서서 절하더이다 … 요셉이 다시 꿈을 꾸고 그의 형들에게 말하여 이르되 내가 또 꿈을 꾼즉 해와 달과 열한 별이 내게 절하더이다 하니라 … 만 이 년 후에 바로

가 꿈을 꾼즉 자기가 나일 강 가에 서 있는데 보니 아름답고 살진 일곱 암소가 강가에서 올라와 갈밭에서 뜯어먹고 그 뒤에 또 흉하고 파리한 다른 일곱 암소가 나일 강 가에서 올라와 그 소와 함께 나일 강 가에 서 있더니 그 흉하고 파리한 소가 그 아름답고 살진 일곱 소를 먹은지라 바로가 곧 깨었다가 다시 잠이 들어 꿈을 꾸니 한 줄기에 무성하고 충실한 일곱 이삭이 나오고 그 후에 또 가늘고 동풍에 마른 일곱 이삭이 나오더니 그 가는 일곱 이삭이 무성하고 충실한 일곱 이삭을 삼킨지라 바로가 깬즉 꿈이라"(창 37:6~7,9, 41:1~7)

보통 꿈 해석을 하는 사람들은 그것을 의뢰하는 사람에게 초점을 맞추어야 합니다. 그러나 요셉의 경우에는 주변 사람들의 꿈은 요셉을 위한 하나님의 배려였습니다. 술 맡은 관원장의 꿈을 맞혔다고 죽을 사람이 살게 된 것도 아니고 떡 맡은 관원장이 죽을 것이라고 해석했는데 다시 살아난 것도 아니었습니다. 죽을 사람은 죽고 살 사람은 산 것이지 그 꿈이 영향을 미친 것은 전혀 없었습니다. 바로의 꿈도 마찬가지입니다. 일곱 암소의 꿈이나 일곱 이삭의 꿈은 동일한 내용인데 그것을 맞추었다고 해서 칠년 대흉년이 줄어든 것도 아니고 풍년이 늘어난 것도 아닙니다. 단지 요셉의 지위가 상상할 수 없을 만큼 높아진 것만이 결과로 남았습니다. 물론 요셉으로 인하여 대흉년을 지혜롭게 극복했습니다만, 결과적으로 요셉의 지위가 높아짐으로써 이스라엘 민족이 형성되는 근거를 마련했던 것입니다.

그리스도인들은 자신이 당하고 있는 현실을 하나님의 시각에서 바라보고 상황이 자기를 중심으로 진행되도록 순종할 필요가 있습니다. 이것은 자기중심적 시각으로 보는 것과는 전혀 다릅니다. 그것은 오히려 하나님 중심적으로 생각하지 못하면 우리에게 일어날 수 없는 현상입니다. 내가 복을 차지하기 위한 것이 아닙니다.

하나님의 섭리의 현장에서 자신의 위치와 기능을 이해하고 있어야 한다는 말입니다. 물론 그렇게 하나님의 의중을 파악하고 대비할 수 있는 것은 전혀 아닙니다. 그러나 우리가 전부를 이해할 수 없어도 알 수 있는 범위 안에서 하나님을 믿고 따라가는 것입니다. 그것이 우리를 향한 하나님의 뜻을 따르는 길입니다.

"너희에게 인내가 필요함은 너희가 하나님의 뜻을 행한 후에 약속하신 것을 받기 위함이라"(히 10:36)

적용하기 : 당신을 향한 하나님의 계획을 얼마나 이해하고 있습니까? 충분히 알 수 있는 것은 아니지만, 그럼에도 불구하고 당신은 하나님의 뜻에 얼마나 순응하고 있습니까?

❷ 비로소 완전해진 요셉 : 두 번째 만남

핵심구절 : "바로의 술 맡은 관원장은 전직을 회복하매 그가 잔을 바로의 손에 받들어 드렸고 떡 굽는 관원장은 매달리니 요셉이 그들에게 해석함과 같이 되었으나 술 맡은 관원장이 요셉을 기억하지 못하고 그를 잊었더라 … 만 이 년 후에 바로가 꿈을 꾼즉 자기가 나일 강 가에 서 있는데"(창 40:21~23, 41:1)

우리는 요셉이 언제 애굽의 총리가 될 만큼 하나님 앞에 준비가 되었는지 잘 모릅니다. 기껏해야 시위대장 보디발의 집에서 총무로 섬겼고 감옥에서 책임자로 살았다는 것밖에는 알 수가 없습니다. 요셉이 무엇을 특별히 배운 것도 아니고 애굽의 도시에서 경험을 쌓은 것도 아니었습니다. 그럼에도 불구하고 요셉은 애굽이라는 대국을 다스릴 정도로 그렇게 변화되어 있었습니다. 물론 보디발의 집에서 나라 전체의 상황을 간접적으로라도 배울 수 있었을 것이고 감옥에서 고관대작들과 교류를 나눌 수도 있었습니다. 다만 그렇게 바로와 신하들의 신임을 얻고 총리로서 일할 수 있을 정도의 인품과 믿음만큼은 반드시 충분하게 갖추어져야 할 것입니다. 요셉은 어디에서 그런 변화를 얻었을까요?

우리가 주목해 보아야 할 것은 요셉이 술 맡은 관원장의 꿈을 맞추고 자기를 구명해 달라는 간곡한 부탁을 했음에도 술 맡은 관원장이 옥에서 나가서는 까맣게 잊어버리고 있었다는 것입니다. 성경은 그 기간을 만 2년이라고 기록하고 있습니다. 요셉은 여러 사람들로부터 배신을 당했고, 자기가 전혀 행하지 않은 일 때문에 옥에 갇혔습니다. 성경에 기록되지 않아서 그렇지 요셉의 마음에는 원망과 배신감과 분노가 뿌리깊이 자리하고 있었을 것입니다. 후에 자녀를 낳고 이름을 므낫세와 에브라임이라고 지을 때 그 마음의 일단을 표출했습니다만(41:51~52), 이것을 해결하지 않으면 하나님께서 그를 쓰실 수가 없었을 것입니다. 그런데 그런 변화는 바로 감옥에서 지낸 만 2년 동안에 일어났다고 짐작할 수 있습니다. 하나님께서 요셉을 두 번째로 만나고 계셨다는 말입니다. 거기에서 상처를 치유하고 하나님을 만나고 있었던 것입니다. 그렇게 성화의 단계가 시작되지 않으면 하나님의 일은 온전하게 이루어질 수가 없습니다.

"오직 사랑 안에서 참된 것을 하여 범사에 그에게까지 자랄지라 그는 머리니 곧 그리스도라"(엡 4:15)

적용하기 : 당신의 언어와 행동이 당신의 영적 수준을 말해줍니다. 당신의 영적 성장을 위해 무엇이 가장 필요하다고 생각합니까?

하나님의 마음
하나님은 아주 먼 미래의 일을 위해 사람을 준비시키십니다. 무슨 일이든 관계 없이 당신은 하나님께서 얼마나 준비시킨 사람입니까?

오늘 받은 은혜
전체적으로 당신이 받은 은혜와 느낌을 기록해보십시오.

실천을 위한 도전 (기도하여 성령님의 인도하심을 받으십시오.)
당신이 그리스도인으로서 부족한 부분을 요셉과 비교해 보고 한 가지를 선택 하여 고쳐보기 바랍니다.

본문 개론

요셉의 신앙은 또다시 증명되는데, 그것은 바로의 꿈에 대한 해석에 앞서 당시 점술가들과 현인들의 태도와는 달리 즉시 요셉 자신을 감추고 하나님을 드러내는 데에서(16) 입증이 됩니다. 오늘날에도 물론 이런 자세를 취하는 경우를 볼 수 있으나 사실상 자신을 앞세우려는 태도가 많습니다. 그런데 요셉이 하나님을 세 번이나 내세우는 것을 보면(25, 28, 32) 하나님께서 요셉을 사용하시는 이유를 알 것 같습니다. 아무튼 하나님께서 요셉에게 주신 능력과 요셉 자신의 믿음으로 인하여 요셉은 애굽의 총리가 됩니다. 꿈 해석 능력 때문에 총리가 된 것이 아닙니다. 모든 요소들을 복합적으로 사용하심으로써 하나님의 목적대로 이스라엘 민족의 형성을 이루어 가시는 것입니다. 모두가 아브라함에게 주신 언약의 성취입니다. 모든 대신들의 찬성으로 총리가 된 요셉은 곧바로 풍년에 거두어들인 곡식들을 풍부하게 비축하고 흉년이 되자 그것을 잘 관리하게 됩니다.

본문 적용

요셉이 비록 하나님과 동행하는 사람이고 충성되고 신실하며 타인의 마음을 헤아리는 사람이었다고 해도 그것을 벗어나는 데에는 만 2년이라는 시간이 필요했습니다. 그 시간도 굉장히 짧은 시간들이지만 요셉에게는 변화되기에 충분한 시간이었습니다. 말하자면 요셉의 영적인 뿌리가 매우 깊었기 때문에 2년이라는 시간을 허락하신 것이었습니다. 우리는 보통 요셉이 총리가 된 것에 초점을 맞추고 그 비결이나 과정을 배우려고 할 때가 많지만 이스라엘 자손 중에서 총리가 된 사람은 요셉 한 사람뿐이었음을 생각하면 모든 것이 하나님의 계획 속에 들어있었다는 사실을 알아야 하겠습니다. 요셉 자신도 하나님께서 자신을 그렇게 쓰실 것이라고는 상상도 하지 못했을 것입니다. 우리가 다 이해할 수는 없지만 그래서 언제나 믿음으로 세상을 살아야 하는 것입니다.

❶ 하나님의 신에 감동되었는가?

핵심구절 : "바로가 그의 신하들에게 이르되 이와 같이 하나님의 영에 감동된 사람을 우리가 어찌 찾을 수 있으리요 하고 요셉에게 이르되 하나님이 이 모든 것을 네게 보이셨으니 너와 같이 명철하고 지혜 있는 자가 없도다 너는 내 집을 다스리라 내 백성이 다 네 명령에 복종하리니 내가 너보다 높은 것은 내 왕좌뿐이니라"(창 41:38~40)

사람들은 자신이 직접 감동하여 하나님의 사람을 알게 되는 것이 아니라 하나님의 사람이 하나님께 감동된 모습을 보고 그 사람을 알게 됩니다. 물론 실제로 그리스도인들이 얼마나 하나님의 감동을 받으면 사람들이 우리를 보고 하나님께 감동받은 사람이라고 느끼게 되겠습니까마는, 기본적인 원리는 우리가 성령의 감동을 받은 만큼 사람들이 우리를 평가한다는 것입니다. 그렇다고 하여 예언을 하거나 신비한 은사로 사람들에게 유익을 주는 것만으로 다 되는 것은 결코 아닙니다. 요셉이 바로의 꿈을 해석한 것 외에 다른 능력을 보였습니까? 오히려 바로는 하나님의 신에 감동된 것과 함께 명철하고 지혜 있으며 나라를 치리할 수 있을 정도로 신뢰할 수 있음을 하나님의 신에 감동된 결과로서 말하고 있는 것입니다.

모든 그리스도인들은 하나님의 신 곧 성령님에 의해 감동받은 사람들입니다. 우리는 성령님의 감동 정도가 아니라 아예 성령님께서 우리의 심령 안에 거하고 계심을 믿고 있습니다. 당연히 우리가 믿음을 가질 때에는 우리의 심령 속이 다 비어있었습니다. 그렇지 않으면 예수님을 믿을 수가 없기 때문입니다. 그런데 어느새 우리의 심령에는 삶에 대한 염려와 걱정이 하나 둘 들어오고 세상의 것들로 채워지기 시작했습니다. 주님을 사랑하기 때문에 하는 일들이지만 그 일들이 오히려 성령님을 가로막기 시작했습니다. 성령님의 감동을 받으려면 이런 것들을 비우고 오직 하나님만을 의지해야 하는데 세상의 것들이 가로막고 있습니다. 요셉은 자기를 완전히 비운 상태였기 때문에 그것이 가능했을 것입니다. 우리는 하나님의 신에 전적으로 감동되기 위해 신앙생활을 해야 합니다.

"너희 몸은 너희가 하나님께로부터 받은 바 너희 가운데 계신 성령의 전인 줄을 알지 못하느냐 너희는 너희 자신의 것이 아니라"(고전 6:19)

적용하기 : 하나님의 사람들은 늘 자기를 비워야 합니다. 그래야 성령 충만으로 감동이 되고 하나님께서 마음대로 쓰실 수 있습니다. 당신은 비우기 위해 얼마나 애를 쓰고 있습니까?

❷ 속 깊은 요셉의 마음

핵심구절 : "흉년이 들기 전에 요셉에게 두 아들이 나되 곧 온의 제사장 보디베라의 딸 아스낫이 그에게서 낳은지라 요셉이 그의 장남의 이름을 므낫세라 하였으니 하나님이 내게 내 모든 고난과 내 아버지의 온 집 일을 잊어버리게 하셨다 함이요 차남의 이름을 에브라임이라 하였으니 하나님이 나를 내가 수고한 땅에서 번성하게 하셨다 함이었더라"(창 41:50~52)

요셉은 성경 인물들 중에서 가장 신비한 인물로서 그리스도의 모형에 가까운 사람입니다. 그런데 요셉의 속마음을 비쳐주는 구절은 성경에 거의 나타나지 않습니다. 술 관원장에게 억울한 마음을 털어놓은 적이 있었지만(40:15), 가장 명확하게 드러낸 것은 아들들의 이름을 지을 때였습니다. 큰아들의 이름은 므낫세인데 그 뜻은 '하나님이 내게 내 모든 고난과 내 아버지의 온 집 일을 잊어버리게 하셨다'는 것이고, 둘째아들의 이름은 에브라임인데 그 뜻은 '하나님이 나를 내가 수고한 땅에서 번성하게 하셨다'는 것입니다. 요셉이 당한 고난이 얼마나 요셉 자신을 힘들게 했고 가슴 속에 사무치게 했는지를 대략적으로나마 알 수 있는 대목인 것입니다.

　하기는 구약의 많은 인물들이 자녀의 이름을 지을 때 자기 속마음이나 소원을 반영하는 것이 보통이었습니다만, 특별히 요셉은 숱한 어려움 속에서도 좀처럼 마음을 드러내지 않았는데 자녀들의 이름에서 그것을 밝혀준다는 사실을 말하는 것입니다. 그런데 요셉은 삶의 태도에서도 그런 속마음을 조금도 반영하지 않았습니다. 우리는 여기에서 예수님을 이야기하지 않을 수 없습니다. 예수님도 속마음을 거의 표현하지 않으셨습니다. 다만 겟세마네의 기도에서 괴로운 마음을 조금 말씀하셨을 뿐입니다. 우리의 삶이 그렇습니다. 우리가 하나님과 동행하면서 하나님을 떠나지만 않는다면 우리를 향하신 계획을 반드시 이루어가십니다. 요셉처럼 모든 면에서 훌륭할 수는 없지만 우리는 지나치게 비명을 지르거나 두려워하거나 의기소침해서는 안 됩니다. 하나님은 반드시 우리를 사랑하시고 은혜를 베푸시고 우리를 통하여 하나님의 일을 이루어가십니다.

"사랑 안에 두려움이 없고 온전한 사랑이 두려움을 내쫓나니 두려움에는 형벌이 있음이라 두려워하는 자는 사랑 안에서 온전히 이루지 못하였느니라"(요일 4:18)

적용하기 : 당신이 가장 두렵고 염려가 되는 것은 어떤 일입니까? 그럴 때 하나님께 모든 것을 맡기고 잠잠하지 못한 이유는 무엇입니까? 정말 하나님만을 전적으로 신뢰하고 있습니까?

하나님의 마음

하나님은 아주 먼 미래의 일을 위해 사람을 준비시키십니다. 무슨 일이든 관계
없이 당신은 하나님께서 얼마나 준비시킨 사람입니까?

오늘 받은 은혜

전체적으로 당신이 받은 은혜와 느낌을 기록해보십시오.

실천을 위한 도전 (기도하여 성령님의 인도하심을 받으십시오.)

요셉은 하나님의 신에 감동된 만큼이나 맡겨진 사명을 지혜롭게 끝까지 잘 감
당하고 있습니다. 성령님을 모신 사람으로서 당신을 가장 힘들게 하는 것은 무
엇입니까? 힘들 때 어떻게 하겠습니까?

본문 개론

요셉은 전 세계적인 가뭄으로 인하여 형제들이 언젠가는 곡식을 구하러 올 것을 예상하고 있었을 것입니다. 그리고 그렇게 보이는 사람들이 오면 자신에게 데려올 것을 명했을 것입니다. 형제들을 만난 요셉은 자신이 꾸었던 꿈을 생각하지 않을 수 없었습니다. 그런데 요셉의 아우 베냐민이 빠졌습니다. 꿈대로가 아니었습니다. 물론 그것 때문에 형제들을 시험한 것은 아니었습니다. 과연 형제들이 어떻게 변했을까에 대하여 확인할 필요가 있었습니다. 형제들은 그래도 많이 변했습니다. 요셉을 지칭할 때 '꿈꾸는 자'(37:19)라고 하지 않고 '아우'(21)라고 불렀습니다. 요셉을 판 것 때문에 후회도 많이 한 것 같았습니다. 아버지를 염려하는 마음도 크게 보였습니다. 그러나 아직은 아닙니다. 더 확인해보아야 합니다. 그래서 시므온을 볼모로 잡고 베냐민을 데려오라고 했고, 그 대신 곡식 값을 그대로 돌려보냅니다. 이것 때문에 야곱과 형제들은 몹시 불안해합니다.

본문 적용

  본장은 앞서 제각각의 삶을 이루어가던 20여년 후에 야곱의 족
속들이 다시 합쳐지는 과정을 그리고 있습니다. 그리고 그것은 형
제들이 요셉에게 절을 하던 꿈의 실현에 가까워지는 모습이었습
니다. 그런데 요셉의 머릿속에는 어떤 그림이 있었을까요? 그것은
하나님의 계획과 일치하는 것이었습니다. 왜냐하면 하나의 민족이
되려면 서로 하나가 되는 일이 필수적이기 때문입니다. 더구나 요
셉의 형제들은 네 어머니의 자식들입니다. 쉽게 하나가 되기 어려
운 구조입니다. 그들을 하나로 묶을 수 있는 것은 사건과 체험입니
다. 요셉을 노예로 판 사건과 곡식을 구하러 오는 사건, 그리고 요
셉의 시험을 통하여 서로의 마음을 확인하는 체험입니다. 이런 극
적인 사건이 아니라도 우리는 각자가 이런 상황 가운데 있습니다.
하나가 되어야 하는 상황은 언제나 우리 앞에 놓여있습니다.

❶ 침착하라!

핵심구절 : "때에 요셉이 나라의 총리로서 그 땅 모든 백성에게 곡식을 팔더니 요셉의 형들이 와서 그 앞에서 땅에 엎드려 절하매 요셉이 보고 형들인 줄을 아나 모르는 체하고 엄한 소리로 그들에게 말하여 이르되 너희가 어디서 왔느냐 그들이 이르되 곡물을 사려고 가나안에서 왔나이다 … 요셉이 그들을 떠나가서 울고 다시 돌아와서 그들과 말하다가 그들 중에서 시므온을 끌어내어 그들의 눈앞에서 결박하고 명하여 곡물을 그 그릇에 채우게 하고 각 사람의 돈은 그의 자루에 도로 넣게 하고 또 길양식을 그들에게 주게 하니 그대로 행하였더라"(창 42:6~7, 24~25)

요셉은 어떻게 저렇게 침착할 수 있을까 하는 생각이 듭니다. 요셉은 형들을 최소한 23년 만에 만납니다. 형들이 노예로 팔아먹은 덕분에 얼마나 많은 고통과 좌절과 괴로움을 맛보았습니까? 그리고 얼마나 형들을 원망했겠습니까? 그런 형들을 만나면 최소한 표정에 흐트러짐이 나타나야 하는 것 아닙니까? 그러나 요셉은 전혀 동요되지 않고 오히려 형들을 시험하고 있습니다. 중간에 혼자서 울고 왔습니다만, 나중에 친동생 베냐민이 왔을 때까지도 자세를 견지합니다. 아무리 요셉이라도 어떻게 이렇게 침착하단 말입니까?

이것은 하나님의 섭리에 대한 믿음으로 말미암은 태도입니다. 형들이 요셉의 앞에서 땅에 엎드려 절을 했습니다. 요셉은 꿈을 생각했습니다. 그 꿈은 형들의 곡식단이 요셉의 곡식단에게 절을 하는 꿈이었습니다(창 37:7). 그 꿈이 눈앞에 펼쳐지는 모습에서 요셉은 확신을 가지고 침착할 수 있었을 것입니다. 그렇게 본다면 비록 시므온을 볼모로 잡아두기는 했지만 형들이 아버지에게로 가서 혹시 돌아오지 않을 수도 있는데 어떻게 형들을 보냈는가에 대한 의문도 풀립니다. 요셉에게는 아직 두 번째 꿈이 있기 때문입니다. 그 꿈은 아버지와 어머니까지 자기에게 절하는 꿈이었습니다(창 37:9). 우리에게 확신이 있다면 언제 어떤 상황에서도 침착할 수 있습니다.

"아무도 이 여러 환난 중에 흔들리지 않게 하려 함이라 우리가 이것을 위하여 세움 받은 줄을 너희가 친히 알리라"(살전 3:3)

적용하기 : 인생의 큰 위기나 절망상태에서도 견딜 수 있게 하는 힘은 저 영원한 천국에 있습니다. 당신은 힘들 때 주로 무엇을 붙들고 침착하게 이겨냅니까?

❷ 납득하라!

핵심구절 : "그들을 다 함께 삼 일을 가두었더라 사흘 만에 요셉이 그들에게 이르되 나는 하나님을 경외하노니 너희는 이같이 하여 생명을 보전하라 … 한 사람이 여관에서 나귀에게 먹이를 주려고 자루를 풀고 본즉 그 돈이 자루 아귀에 있는지라 … 각기 자루를 쏟고 본즉 각 사람의 돈뭉치가 그 자루 속에 있는지라 그들과 그들의 아버지가 돈뭉치를 보고 다 두려워하더니"(창 42:17~18, 27, 35)

요셉의 아버지와 형들은 참으로 납득할 수 없습니다. 애굽의 총리라는 사람이 자기들을 대하는 모습을 보면 정말 헷갈립니다. 자기들은 그냥 곡식을 구하려고 갔을 뿐인데 정탐꾼으로 몰아댑니다. 아무리 아니라고 주장해도 듣지 않고는 또 이상한 조건을 내세웁니다. 한 사람이 돌아가서 막내아우를 데리고 오면 풀어주겠다는 것입니다. 그렇게 3일을 가두어놓더니 시므온을 붙잡아놓고 나머지는 돌아가서 막내아우를 데리고 오라고 합니다. 그런데 구입한 곡식에다가 길양식까지 주는 것입니다. 돌아가는 길에 객점에서 나귀에게 먹이를 주려고 자루 하나를 풀었는데 글쎄 그 속에 자기들이 지불했던 돈이 그대로 들어있습니다. 집에 돌아가서 보니까 모든 돈이 그대로 들어있는 것입니다. 도무지 영문을 모르겠습니다.

아버지 야곱은 막내아들 베냐민을 보냈다가는 돌아오지 못할 것 같았습니다. 아무리 여러 가지 말을 해도 받아들일 수 없는 이야기입니다. 어떻게 보아야 할까요? 야곱과 아들들은 지나치게 자기들의 문제에만 집착합니다. 베냐민만 바라보기 때문에 하나님의 관점을 전혀 생각하지 못합니다. 형들도 당장 현실적인 문제만 생각하니까 이상한 점을 느끼지 못하는 것입니다. 우리는 우리 문제에서 눈을 떼어 하나님을 바라볼 수 있어야 합니다. 그러면 조금이라도 눈이 열리고 납득할 가능성이 생기고 믿음을 얻게 될 것입니다.

"그러므로 어리석은 자가 되지 말고 오직 주의 뜻이 무엇인가 이해하라"
(엡 5:17)

적용하기 : 당신은 자기중심적인 관점이 아니라 얼마나 하나님의 시각으로 세상을 바라보고 있습니까?

하나님의 마음

하나님의 마음은 우리에게 복 주시고 또 복 주시는 것입니다. 하나님의 마음을 이해하지 못해서 뛰쳐나갔던 적이 있었습니까? 어떻게 돌아왔습니까?

오늘 받은 은혜

전체적으로 당신이 받은 은혜와 느낌을 기록해보십시오.

실천을 위한 도전 (기도하여 성령님의 인도하심을 받으십시오.)

이해하지 못하면 엉뚱한 반응을 일으킵니다. 당신의 삶 속에서 일어나는 일들에 대해 당신은 얼마나 이해하고 있습니까? 이해하지 못하는 일들 중 하나에 대해서 답을 찾아보십시오.

본문 개론

오랜 기다림과 인내의 시간을 끝내고 마침내 야곱은 베냐민을 보내기로 결단하게 됩니다. 아버지를 설득하는 모든 과정에서 유다가 주도적으로 역할을 합니다. 아마 유다 자신도 많이 변화되고 성숙해져 가는 것 같습니다. 야곱은 이전에 에서에게 예물을 먼저 보낸 것처럼 애굽의 관리에게도 예물을 보냅니다. 그리하여 모든 형제들이 애굽으로 내려갔는데 요셉이 자기 집으로 초대해서 음식을 먹겠다고 하자 몹시 불안해져서 마치 노예처럼 행동했습니다. 그리하여 시므온까지 합세하여 열한 형제와 요셉이 음식을 먹는데 요셉이 형제들의 순서대로 앉히고 베냐민에게만 다섯 배의 음식을 주는 것을 이상하게 생각하지만 그래도 끝에는 마음이 풀려서 다 함께 즐거워하게 됩니다. 이런 과정을 통하여 지금까지 성경에서 남편과 아내의 관계, 아버지와 아들의 관계 사이의 사랑에서 더 나아가 형제들 사이의 사랑의 과정으로 넘어가는 것을 봅니다.

야곱이 베냐민의 애굽행을 허락하다.   (1~14)

형제들이 요셉의 집으로 인도되다.   (15~17)

형제들이 곡식 대금에 대해 변명하다.   (18~24)

모든 형제들이 요셉의 집에서 식사하다.   (25~34)

마치 잘 짜인 직조물을 보는 것 같은 느낌이 듭니다. 베냐민을 중심으로 사랑과 신뢰와 걱정과 희생이라는 작품이 요셉의 수틀 속에 펼쳐지고 있는 것 같습니다. 물론 요셉의 형제들에게는 모든 것이 수수께끼이고 두려움이고 의심이지만, 그 가운데에서 유다의 리더십과 만약의 경우에 베냐민을 잃는 것도 하나님의 뜻이라는 야곱의 결단과 요셉의 집에서의 잔치와 음식을 권하고 배려하는 모습들 속에서 모처럼 아픔과 어려움이 아니라 안심과 평안과 기쁨의 모습들이 보입니다. 물론 아직은 마지막 직조물의 완성까지는 아닙니다. 이제 이야기의 대단원이 남아있습니다. 오히려 그 부분이 클라이맥스일 수도 있습니다. 그렇게 하나님의 작품은 완성되어 갑니다.

❶ 자식을 잃게 되면 잃으리로다.

핵심구절 : "그들의 아버지 이스라엘이 그들에게 이르되 그러할진대 이렇게 하라 너희는 이 땅의 아름다운 소산을 그릇에 담아가지고 내려가서 그 사람에게

예물로 드릴지니 곧 유향 조금과 꿀 조금과 향품과 몰약과 유향나무 열매와 감복숭아이니라 너희 손에 갑절의 돈을 가지고 너희 자루 아귀에 도로 넣어져 있던 그 돈을 다시 가지고 가라 혹 잘못이 있었을까 두렵도다 네 아우도 데리고 떠나 다시 그 사람에게로 가라 전능하신 하나님께서 그 사람 앞에서 너희에게 은혜를 베푸사 그 사람으로 너희 다른 형제와 베냐민을 돌려보내게 하시기를 원하노라 내가 자식을 잃게 되면 잃으리로다"(창 43:11~14)

야곱이 마침내 결단하게 됩니다. 침착해져서도 아니고 납득할 수 있어서도 아닙니다. 야곱은 "잃으면 잃으리로다."라는 말로 자기 결단을 드러냅니다(43:14). 상황에 몰리기는 했지만 아주 믿음 없는 결단은 아닙니다. 야곱은 비로소 하나님을 생각합니다. 앞에서도 물론 하나님을 생각하지 않은 것은 아닐 것입니다. 그러나 그때는 오로지 베냐민에게 모든 초점을 두고 하나님을 바라본 것이기 때문에 하나님의 마음, 하나님께 맡기는 일과 같은 믿음으로 한 것이 아니었습니다. 그러나 지금은 하나님께 베냐민을 맡기기로 했습니다. 어쩔 수 없는 선택이기는 했지만 그래도 하나님께서 베냐민을 지켜주실 것이라는 믿음이 들어 있습니다.

하나님은 우리가 우리 자신을 포기할 때 비로소 일하기 시작하십니다. 그리스도인은 무슨 일이든지 자기 힘으로 하는 것이 아니라 하나님께서 능력으로 일하시기를 기다리는 사람들입니다. 우리가 할 수 있는 일은 최선을 다해 감당해야 하지만 그 일을 이루시는 분은 오로지 하나님이십니다. 개인의 일이든 교회의 일이든 나라의 일이든 하나님께서 개입하실 수 있도록 나를 비우고 바꾸고 변화시키는 것이 우리의 진짜 할 일입니다. 내가 변화되지 못했다면 하나님께서 개입하지도 않으실 것이고 개입하셔도 나 때문에 일이 실패할 것입니다. 야곱은 마침내 포기할 때 평안을 얻을 수 있었습니다. "잃으면 잃으리로다!" 하고 담대하시기 바랍니다.

"너희는 유혹의 욕심을 따라 썩어져 가는 구습을 따르는 옛 사람을 벗어
버리고 오직 너희의 심령이 새롭게 되어"(엡 4:22~24)

적용하기 : 당신의 심령은 육신의 것으로 채워져 있습니까, 아니면 하
나님의 음성을 듣기에 더 적합합니까?

❷ 하나님의 완전하신 응답

핵심구절 : "요셉이 집으로 오매 그들이 집으로 들어가서 예물을 그에게 드리
고 땅에 엎드려 절하니 요셉이 그들의 안부를 물으며 이르되 너희 아버지 너희
가 말하던 그 노인이 안녕하시냐 아직도 생존해 계시느냐 그들이 대답하되 주
의 종 우리 아버지가 평안하고 지금까지 생존하였나이다 하고 머리 숙여 절하
더라"(창 43:26~28)

일찍이 요셉이 꾼 첫 번째 꿈에서는 열한 개의 곡식 단이 요셉
의 곡식 단에 절했습니다. 아직 두 번째 꿈이 남아있지만, 하나님
의 뜻이 성취되려면 요셉의 열한 형제들이 모두 요셉에게 절을 해
야 하는데 바로 본장에서 그 일이 일어났습니다. 하나님은 전능하
시므로 하나님께서 말씀하신 것은 반드시 그대로 이루어집니다.
그런데 만약에 하나님의 말씀이 그대로가 아니라 절반만 진행된다
거나 무엇인가 조금 남겨놓고 응답하신다면 그것은 왜 그렇겠습니

까? 물론 하나님께서 주신 예언의 말씀과 하나님의 응답은 경우가 좀 다르기는 합니다. 어느 쪽이든지 말씀 그대로 이루어지지 않는다면 거기에는 반드시 이유가 있을 것입니다.

요셉에게 꿈으로 주신 말씀은 지난번에 베냐민을 빼고 열 명의 형들이 온 것으로는 성취된 것이 아닙니다. 아직은 하나의 증거일 뿐입니다. 베냐민까지 열한 형제가 요셉에게 절을 해야 하나님의 뜻이 성취되는 것입니다. 우리는 하나님의 뜻이 말씀 그대로 이루어지지 않아도 대개 그것을 합리화시켜 하나님의 응답으로 간주하지만, 아직 우리 자신에게 무엇인가 부족하거나 아직도 버려야 할 것이 많이 남아있다는 사실을 깨달아야 합니다. 스스로 만족해서는 안 됩니다. 완전한 성취가 아니라면 빨리 남은 것을 버릴 수 있도록 간구해야 합니다. 무작정 큰 꿈을 꾸라는 것이 아닙니다. 하나님께서 원하시는 분량을 채워야 한다는 말입니다. 하나님은 전능하시지만 사람을 통하여 일하시기 때문입니다. 완전히 성취될 때까지 결코 포기하거나 중단하지 마십시오.

"이기는 자와 끝까지 내 일을 지키는 그에게 만국을 다스리는 권세를 주리니"(계 2:26)

적용하기 : 당신이 하나님의 일을 하는 중에 마무리하지 못하거나 중단된 일이 있었습니까? 그렇다면 그것은 하나님의 뜻이 분명했습니까? 아니면 당신이 끝까지 견디지 못한 것입니까?

하나님의 마음

하나의 민족을 형성하는 뿌리를 깊이 내리게 하시는 하나님이십니다. 당신은 하나님의 큰 손의 계획 가운데 놓여있는 당신 자신을 경험한 적이 있었습니까?

오늘 받은 은혜

전체적으로 당신이 받은 은혜와 느낌을 기록해보십시오.

실천을 위한 도전 (기도하여 성령님의 인도하심을 받으십시오.)

그리스도인은 세상에 대하여 누구나 요셉과 유다가 되어야 합니다. 그렇게 되기 위해서 당신에게 부족한 부분이 있다면 한 가지만 선택하여 실천해보십시오.

44
형제들에 대한 마지막 시험
창세기 44:1~34

본문 개론

　유다의 희생이 모든 과정의 마침표를 찍게 됩니다. 요셉은 형제에 대한 정을 억제하지 못하고 다 말하기 전에 하나의 과정이 더 필요하다고 생각했습니다. 그것은 형제들의 우애였습니다. 그것을 시험하기 위하여 베냐민을 가둘 구실을 찾아 은잔을 자루에 넣었습니다. 그런데 형제들은 베냐민 때문에 계속 문제가 되고 큰 위기를 만났음에도 베냐민에 대한 원망은 조금도 하지 않습니다. 예전에 요셉을 팔아먹은 죄에 대한 양심의 가책이 짙게 깔려있었고 그것으로 인하여 오히려 가족 간의 유대감은 더 강해져가고 있었던 것입니다. 다 비슷한 마음이었지만 그 중에서도 유다가 아버지와의 약속(43:9)을 지키기 위하여 더 적극적으로 희생을 결단하게 됩니다. 그리하여 유다가 요셉에게 베냐민을 위한 변론을 펼치는데 이것은 민족을 앞에 놓고 하나님께 기도한 모세와도 필적할만한 내용이라고 합니다. 결국 요셉이 유다의 변론에 감동하여 울음을 터뜨리게 됩니다.

베냐민의 곡식자루에 은잔을 넣게 하다.　　　(1~3)
그 은잔 때문에 되돌아오게 하다.　　　(4~13)
요셉이 베냐민을 종으로 삼겠다고 하다.　　　(14~17)
유다가 베냐민 대신 종이 되겠다고 하다.　　　(18~34)

본문 적용

　요셉과 형제들 간에 놓여있던 갈등과 긴장과 반목과 질시를 무너뜨리고 위대한 화합과 일치의 대역사가 일어나는 장면입니다. 무엇이 그들을 그렇게 만들었을까요? 물론 그것은 어느 한 사람만의 전유물이나 공로 때문만은 아닙니다. 다만 어느 누군가는 보여야 하는 정신, 곧 자기희생입니다. 그리스도인들에게도 요구되는 것은 사랑과 용서, 희생과 양보입니다. 그리고 무엇보다도 진실입니다. 잠시 위기를 돌파하기 위한 수단이나 사람의 다른 목적을 위하여 그렇게 한다면 그것은 희생도 아니고 감격도 일어날 수 없습니다. 논리가 아니라 진심입니다. 이런 아름다운 결론을 맺게 하시는 분은 하나님이십니다. 그리고 그 하나님을 믿는 믿음입니다. 모든 그리스도인들은 각 사람의 역할과 기능이 다 있지만 기본적으로는 요셉이 아니라 유다가 되어야 합니다. 그리스도인은 희생이기 때문입니다.

❶ 마지막 테스트를 통과하라!

핵심구절 : "요셉이 그들에게 이르되 너희가 어찌하여 이런 일을 행하였느냐 나 같은 사람이 점을 잘 치는 줄을 너희는 알지 못하였느냐 유다가 말하되 우리가 내 주께 무슨 말을 하오리이까 무슨 설명을 하오리이까 우리가 어떻게 우리의 정직함을 나타내리이까 하나님이 종들의 죄악을 찾아내셨으니 우리와 이 잔이 발견된 자가 다 내 주의 노예가 되겠나이다 요셉이 이르되 내가 결코 그리하지 아니하리라 잔이 그 손에서 발견된 자만 내 종이 되고 너희는 평안히 너희 아버지께로 도로 올라갈 것이니라"(창 44:15~17)

요셉의 형들은 과거에 요셉을 노예상인들에게 팔아먹었었습니다. 아버지가 요셉을 편애하는 것 때문에 시기했고 요셉이 눈치 없이 자기 꿈을 고스란히 형들에게 이야기함으로써 더 큰 미움을 얻었습니다. 그리고 세월이 많이 흘렀습니다. 요셉은 형제들의 마음을 시험하고 싶었습니다. 어떻게 시험하면 되겠습니까? 형들에 대한 요셉의 대응방식은 결국 형제애를 시험하기 위한 것으로 집중되었습니다. 그러니까 아버지와 형들이 그것을 이해할 수 없었던 것입니다. 시험은 거듭된 위기 상황에서 형제들의 반응을 떠보는 것으로 계속되었습니다. 형제들이 얼마나 서로 아끼는가와 얼마나 아버지에 대하여 사랑과 존경심을 가지고 있는가를 알아보고 싶었습니다. 그리하여 막내 동생 베냐민에게 큰 위기를 주고 형들이 어떤 반응을 보이는가를 알아보고자 했습니다. 결과는 대성공이었습니다.

우리가 신앙생활을 하면서 만나는 모든 과정들은 전부 하나님의 시험입니다. 물론 하나님께서 직접 시험하시는 경우는 예외입니다만, 우리가 매일매일 만나는 선택의 과정과 크고 작은 결정들은 바로 우리가 만들어내는 시험문제인 것입니다. 자기생각대로 또는 상황에 맞게 선택하는 모든 문제들은 그것을 대하는 우리들의 반응에 따라 그 신앙수준을 말해줄 것입니다. 똑같은 문제에 대해서도 신앙이 어릴 때와 신앙이 자랐을 때의 반응은 전혀 달라집니다. 우리의 언어와 행동 하나하나가 시험이며 우리 신앙수준은 그것으로 결정될 것입니다. 날마다 크고 작은 시험을 잘 치르시기 바랍니다.

"너희는 믿음 안에 있는가 너희 자신을 시험하고 너희 자신을 확증하라"
(고후 13:5)

적용하기 : 당신이 어떤 종류의 시험이든 그 시험에서 승리하여 믿음이 성장한 경험이 있다면 이야기해 보십시오.

❷ 리더십은 유다처럼

핵심구절 : "주의 종이 내 아버지에게 아이를 담보하기를 내가 이를 아버지께로 데리고 돌아오지 아니하면 영영히 아버지께 죄 짐을 지리이다 하였사오니 이제 주의 종으로 그 아이를 대신하여 머물러 있어 내 주의 종이 되게 하시고 그 아이는 그의 형제들과 함께 올려 보내소서 그 아이가 나와 함께 가지 아니하면 내가 어찌 내 아버지에게로 올라갈 수 있으리이까 두렵건대 재해가 내 아버지에게 미침을 보리이다"(창 44:32~34)

유다는 형제들을 인도할 수 있는 리더십을 갖춘 사람입니다. 비록 다말의 일로 큰 오점을 남겼지만, 그런 실수는 이미 하나님께 수용이 된 것 같습니다. 하나님께서 유다에게 다윗과 그리스도의 가계를 허락하신 것을 보면 충분히 수긍이 됩니다. 유다의 리더십은 2차로 애굽에 내려갈 때부터 드러나기 시작합니다. 1차로 애굽에서 구입해온 양식을 거의 다 소진해서 다시 애굽으로 양식을 구하러 내려갈 수밖에 없을 때부터 유다가 앞에 나서기 시작합니다. 아버지를 설득하는 일을 앞장서서 감당하고 애굽 총리와 교섭하는 일도 책임을 지게 되었습니다. 큰 형인 르우벤이 뒤로 물러서게 된 이유를 우리는 알 수 없지만 상황이 그렇게 만든 것 같습니다.

우리는 유다의 리더십의 실체를 알게 되는데 그것은 베냐민 대신 요셉의 종이 되겠다는 결단입니다. 아버지에 대한 사랑과 막내 동생에 대한 애처로움이 죽을 때까지 대신 종노릇하겠다는 결심으로 나타났던 것입니다. 마치 인간의 죄를 씻으시려고 십자가에서 희생당하신 예수 그리스도의 모습과도 흡사합니다. 복음의 기본원리는 타인을 위한 자기희생입니다. 만약에 그리스도인의 인식 속에 타인을 위해 희생되려는 마음이 없다면 그는 온전한 그리스도인이라고 할 수 없습니다. 기독교신앙의 실체가 바로 자기희생이라는 사실만은 의식하고 있어야 합니다. 온통 축복, 성공, 응답에만 초점을 맞추고 산다면 그리스도께서는 우리와 결코 함께 하실 수 없을 것입니다.

"둘째는 이것이니 네 이웃을 네 자신과 같이 사랑하라 하신 것이라 이보다 더 큰 계명이 없느니라"(막 12:31)

적용하기 : 그리스도인은 받을 것만 생각하면 오히려 예수님으로부터 멀어집니다. 당신은 얼마나 이웃에게 줄 것을 생각합니까?

하나님은 우리의 삶의 과정을 통하여 깨닫고 회복되고 성장하기를 원하십니다. 당신은 삶의 자리에 멈추어 있습니까, 아니면 조금씩이라도 변화되는 과정 중에 있습니까?

오늘 받은 은혜

전체적으로 당신이 받은 은혜와 느낌을 기록해보십시오.

실천을 위한 도전 (기도하여 성령님의 인도하심을 받으십시오.)

당신이 지금 만난 문제를 놓고 조금 더 성장한 기준을 가지고 새로운 결단을 내려 보십시오.

본문 개론

    요셉은 자신을 팔아먹은 일과 비교하여 베냐민을 어떻게 하는 가를 주시했을 것입니다. 그러나 유다가 베냐민 대신 종이 되겠다고 하는 장면에서 요셉은 크게 감동이 되어 크게 울며 자기를 밝히고 형제들을 위로합니다. 단순한 위로가 아니라 모든 것이 하나님의 인도하심인 것을 공개적으로 고백한 것입니다. 이것이 요셉의 성화를 말하는 장면입니다. 요셉이 종으로 팔리지 않았다면 형제들의 단합이 없었을 것입니다. 요셉은 충동적이 아니라 꾸준한 원칙을 가지고 살았습니다. 그의 고통은 형들의 잘못이 아니라 하나님의 섭리였습니다. 마치 예수님께서 십자가 고난을 '아버지께서 주신 잔'(요 18:11)이라고 하신 것과 같습니다. 모든 것은 진정한 공동체로 성화시키기 위한 과정이었습니다. 바로가 그토록 기뻐한 것은 요셉이 히브리 종 출신이지만 크게 존경받는다는 사실을 말해주고 있습니다. 이렇게 하여 야곱에게 주신 하나님의 언약이 성취되는 것입니다. 야곱은 바로가 보낸 수레를 보고 모든 것을 믿을 수 있었습니다.

자기를 밝히고 형제들을 위로하다.　　　　　　(1~8)

아버지를 초청하고 대화가 시작되다.　　　　　(9~15)

바로가 요셉의 가족들을 초청하다.　　　　　(16~20)

형제들이 돌아가 아버지에게 고하다.　　　　(21~28)

본문 적용

　　우리는 본장을 읽으면서 요셉 가족들의 상봉의 클라이맥스를 보는 것 같은 감동을 느낄 수 있습니다. 마침내 이스라엘 민족의 출발점이 되는 직조물을 완성하였습니다. 모든 사람들이 작품입니다. 그리고 하나님께서 직접 날줄과 씨줄로 직조하셨습니다. 물론 유다의 희생과 요셉의 탁월한 영적 지도력과 베냐민을 중심으로 흐르는 야곱의 사랑과 다른 형제들의 지원과 대흉년이라는 상황과 심지어 바로의 신뢰와 대신들의 지원까지 하나님의 완벽한 시나리오였습니다. 우리 자신에게도 하나님의 시나리오가 있습니다. 하나님의 마음을 소유하고 전적으로 신뢰하여 순종한다면 요셉의 기적과 같은 일들이 우리 삶에서도 일어날 수 있음을 믿어야 할 것입니다.

❶ 생명을 구원하시려고

핵심구절 : "당신들이 나를 이곳에 팔았다고 해서 근심하지 마소서 한탄하지 마소서 하나님이 생명을 구원하시려고 나를 당신들보다 먼저 보내셨나이다 이

땅에 이 년 동안 흉년이 들었으나 아직 오 년은 밭갈이도 못하고 추수도 못할지라 하나님이 큰 구원으로 당신들의 생명을 보존하고 당신들의 후손을 세상에 두시려고 나를 당신들보다 먼저 보내셨나니 그런즉 나를 이리로 보낸 이는 당신들이 아니요 하나님이시라 하나님이 나를 바로에게 아버지로 삼으시고 그 온 집의 주로 삼으시며 애굽 온 땅의 통치자로 삼으셨나이다"(창 45:5~8)

요셉은 옥에서 2년 동안 겪은 온전한 변화를 통하여 크게 깨달은 바가 있었습니다. 자신이 애굽에 팔려온 것이 하나님의 계획 중 일부였다는 사실입니다. 결코 우연이 아니었습니다. 하나님은 이미 세계적으로 큰 흉년이 들 것을 아시고 미리 요셉을 보내어 준비시키셨고, 애굽 나라도 거기에 대비해서 위기를 넘길 뿐 아니라 타국에 곡식을 판매하여 이득을 취하고 후에는 곡식으로 백성들의 토지를 구입하여 왕권을 더욱 강화하는 일을 감당하게 하셨던 것입니다. 왕권을 강화시킨 것은 야곱의 자손들이 애굽 땅에서 더욱 단단하게 정착해야 큰 민족을 이루는 데 도움이 되기 때문일 것입니다. 물론 요셉의 말대로 가장 큰 목적은 요셉의 가족들이 흉년에 죽지 않도록 하시기 위한 조치였습니다.

아무튼 요셉이 어릴 때 형들이 자신을 죽이려고까지 생각하다가 애굽에 팔아먹은 일 자체는 이제는 아무런 문제가 되지 않습니다. 물론 형들이 요셉을 미워하고 노예로 팔아버린 일 자체가 사라지는 것은 절대 아닙니다. 사실은 사실대로 그대로 존재합니다. 그러나 그 일을 어떻게 바라보는가의 문제는 굉장히 다양할 것입니다. 그 중에서 요셉의 시각은 인간이 도달할 수 있는 최고의 수준입니다. 물론 하나님과의 관계 속에서만 가질 수 있는 인식입니다. 이제 요셉에게는 그 사건은 아무 문제도 되지 않습니다. 오히려 하나님의 섭리와 은혜를 찬양할 따름입니다. 모든 일에 이런 시각을 가질 수 있다면 우리 속에는 그리스도께서 언제나 살아계시는 것입니다.

"그가 또 그 땅에 기근이 들게 하사 그들이 의지하고 있는 양식을 다 끊으셨도다 그가 한 사람을 앞서 보내셨음이여 요셉이 종으로 팔렸도다"(시 105:16~17)

적용하기 : 하나님께서 당신을 가족과 친족과 친구들 앞서 보내지 않으셨습니까?

❷ 하나가 되게 하시려고

핵심구절 : "당신들의 눈과 내 아우 베냐민의 눈이 보는 바 당신들에게 이 말을 하는 것은 내 입이라 당신들은 내가 애굽에서 누리는 영화와 당신들이 본 모든 것을 다 내 아버지께 아뢰고 속히 모시고 내려오소서 하며 자기 아우 베냐민의 목을 안고 우니 베냐민도 요셉의 목을 안고 우니라 요셉이 또 형들과 입 맞추며 안고 우니 형들이 그제서야 요셉과 말하니라"(창 45:12~15)

요셉은 이미 깨닫고 있었겠지만, 하나님의 목적은 단지 아브라함의 후손들의 생명을 건지는 데에서 그치는 것은 물론 아닙니다. 아브라함의 후손들이 큰 민족을 이루게 하시고 모든 족속들이 그들로 인하여 복을 받게 하셔야 합니다. 그런데 거기에는 필수적인 조건이 필요합니다. 그 조건은 바로 하나가 되는 것입니다. 본문에서 요셉과 형제들은 진정한 하나 됨을 이룬 것 같습니다. 열두 형제들이 하나가 되지 못하면 하나님께서 민족을 만들어주셔도 자기들끼리 나누어질 것입니다. 요셉이 하나님의 이 계획을 이해했든 그렇지 못하든 요셉이 형들에게 행한 일은 마음으로 하나가 되게 만들었습니다. 요셉의 계속된 시험은 바로 형제들이 진정으로 하나가 되게 만들어주는 과정이었던 것입니다. 예수님은 마지막 유언과도 같은 기도에서 제자들이 하나가 되게 해달라고 요청하셨습니다. 아버지 하나님과 아들 예수님이 하나인 것과 같이 제자들도 하나가 되게 해달라고 기도하셨습니다. 하나님은 지금도 모두가 하나 되기를 바라고 계십니다. 국가 안에서 교회가 하나가 되기를 원하시고 교회 안에서 서로가 하나가 되기를 원하십니다. 저절로 되지는 않을 것입니다. 요셉과 형제들처럼 서로 미워하고 배신할 수 있겠지만 방향만큼은 서로 하나가 되는 쪽으로 지속적으로 나아가야 하는 것입니다.

"아버지여, 아버지께서 내 안에, 내가 아버지 안에 있는 것 같이 그들도 다 하나가 되어 우리 안에 있게 하사 세상으로 아버지께서 나를 보내신 것을 믿게 하옵소서"(요 17:21)

적용하기 : 혹시 당신으로 인하여 교회의 하나 됨이 어려워진 적이 있었습니까? 이야기해 보십시오. 당신이 잘못한 것이 없음에도 그럴 수 있습니다.

하나님의 마음

모든 그리스도인은 예수님의 피로 말미암아 이미 하나가 된 사람들입니다. 그래서 성찬을 통하여 그것을 확인하는 것입니다. 하나 됨에 대해서 얼마나 의식하고 있습니까?

오늘 받은 은혜

전체적으로 당신이 받은 은혜와 느낌을 기록해보십시오.

실천을 위한 도전 (기도하여 성령님의 인도하심을 받으십시오.)

하나가 되기 위해서는 누군가의 헌신과 희생이 필요합니다. 교회에서 하나가 되기 위하여 당신이 실천할 수 있는 한 가지 사항을 생각해내고 행해보십시오.

애굽에 정착한 이스라엘

창세기 46:1~34

본문 개론

애굽으로 내려가기 전에 중요한 것은 하나님의 뜻이었습니다. 죽은 줄로만 알았던 요셉이 애굽의 총리가 되었고 바로가 수레까지 보냈으므로 기쁜 마음으로 출발했지만 아버지 이삭에게는 애굽으로 가지 말라고 명하신 적이 있기 때문에 꼭 확인해야 하는 일이었습니다. 하나님은 큰 민족을 이루게 하시고 야곱과 함께 애굽으로 가실 것이며 반드시 다시 가나안 땅으로 돌이키실 것이고 평안히 수명을 다할 것이라고 약속하셨습니다. 그리하여 야곱은 평안하게 애굽으로 갈 수 있었습니다. 한편 유다는 아버지로부터 완전히 신뢰를 받아 미리 고센 땅에 보내지기도 했습니다. 요셉은 이미 야곱에게 주신 하나님의 언약을 항상 염두에 둔 것 같습니다. 고센 땅은 가나안과의 경계지역으로 이후에 가나안으로 올라가기 수월한 땅이며, 현실적으로는 유목민인 가족이 목축하기에 적합한 곳이기도 합니다. 요셉은 유목민임을 전혀 부끄러워하지 않았습니다.

브엘세바에서 하나님께서 나타나시다.   (1~4)

바로의 수레를 타고 애굽으로 떠나다.   (5~7)

함께 내려간 70명의 가족들을 소개하다.   (8~27)

야곱과 요셉이 재회하다.   (28~30)

바로에게 고센 땅을 청하기로 하다.   (31~34)

본문 적용

아무리 애굽이 요셉과 가족들이 살기 좋은 곳일지라도 그것은 단지 정착지가 아니라 통과해야 할 곳일 뿐입니다. 그래서 야곱은 자신을 조상의 묘에 장사지내 달라고 청하였고(47:30) 요셉도 죽으면서 자기 해골을 조상들의 땅으로 가져가 달라고 청했던 것입니다(50:25). 이것을 잊고 산다면 그리스도인으로서 충실한 삶을 살수는 없습니다. 비록 부족하고 연약하고 약한 부분들이 있더라도 본향으로 돌아갈 생각을 염두에 두고 모든 것을 선택하고 결정해야 합니다. 고센 땅에 사는 것처럼 혹시 차별받고 멸시당한다고 해도 최후의 종착점은 저 영원한 천국인 것입니다.

❶ 거꾸로 행하시는 하나님

핵심구절 : "야곱과 함께 애굽에 들어간 자는 야곱의 며느리들 외에 육십 육 명이니 이는 다 야곱의 몸에서 태어난 자이며 애굽에서 요셉이 낳은 아들은 두 명이니 야곱의 집 사람으로 애굽에 이른 자가 모두 칠십 명이었더라"

(창 46:26~27)

　우리는 때때로 하나님께서 일하시는 방식을 이해하기 힘들 때가 있습니다. 하나님은 아브라함의 약속의 자손들을 세상의 방식과는 정 반대로 인도하시는 것 같습니다. 사실 아브라함의 후예들 중에서 이스마엘이나 에서의 경우는 특별한 하나님의 돌보심이 아니라도 많은 복을 받고 나름대로 한 민족을 이루어간 것 같습니다. 물론 하나님께서 그들에게도 복을 주겠다고 약속하셨기 때문에 그 약속대로 된 것입니다만, 그래도 이삭이나 야곱이 겪어야 했던 인생의 과정에 비하면 세상적으로는 오히려 더 성공한 것 같습니다. 왜 야곱에게는 약속하셨던 가나안 땅도 주지 않으시고 또다시 남의 나라 애굽으로 인도하시는 것일까요?

　하나님은 복을 주셔도 세상 사람들이 성공하는 방식으로는 잘 행하지 않으시는 것 같습니다. 그것은 하나님의 백성들로 만드시기 위한 훈련의 과정을 주시는 것이기 때문입니다. 자기들 마음대로 죽은 우상을 섬기면서 살아가는 것은 어렵지 않습니다. 닥치는 대로 살아가면 되니까요. 그러나 하나님의 사랑을 안고 하나님의 백성들로 살아가게 하시려면 그렇게 내버려두어서는 안 됩니다. 연단과 훈련의 과정을 거쳐서 하나님의 섭리와 은혜를 가슴깊이 새기지 못하면 하나님의 백성으로 살아갈 수가 없습니다. 물론 어려움만 주시는 것은 아니고 사랑과 기쁨으로도 인도하시지만, 전체적으로 보면 모든 그리스도인의 삶의 과정은 훈련의 과정임을 우리는 이해하고 있어야 하겠습니다.

"좁은 문으로 들어가라 멸망으로 인도하는 문은 크고 그 길이 넓어 그리로 들어가는 자가 많고 생명으로 인도하는 문은 좁고 길이 협착하여 찾는 자

가 적음이라"(마 7:13~14)

적용하기 : 당신은 하나님께서 인도하시는 좁은 길로 가기를 원합니까, 아니면 잘되고 잘 사는 넓은 길로 가기를 원합니까? 마음에 있는 바를 솔직하게 이야기하십시오.

❷ 구별하라!

핵심구절 : "요셉이 그의 형들과 아버지의 가족에게 이르되 내가 올라가서 바로에게 아뢰어 이르기를 가나안 땅에 있던 내 형들과 내 아버지의 가족이 내게로 왔는데 그들은 목자들이라 목축하는 사람들이므로 그들의 양과 소와 모든 소유를 이끌고 왔나이다 하리니 바로가 당신들을 불러서 너희의 직업이 무엇이냐 묻거든 당신들은 이르기를 주의 종들은 어렸을 때부터 지금까지 목축하는 자들이온데 우리와 우리 선조가 다 그러하니이다 하소서 애굽 사람은 다 목축을 가증히 여기나니 당신들이 고센 땅에 살게 되리이다"(창 46:31~34)

이스라엘의 가장 큰 특징은 거룩함, 곧 구별됨입니다. 야곱 족속을 고센 땅에 두시는 것은 애굽 민족과의 구별을 위함이었습니다. 출애굽하여 가나안 땅에 가서 원주민을 몰아내라고 명하신 이유도 세상과 이스라엘을 구별하시기 위함이었습니다. 율법도 세상과의 구별을 위한 명령이었고, 다른 나라들처럼 왕을 세우지 않으신 것도 하나님의 직접 통치를 통하여 세상과 구별하시기 위함이었습니다. 하나님은 우리 그리스도인들이 세상과 타협하거나 섞이는 것을 극도로 싫어하신다는 것을 알 수 있습니다. 물론 신약시대에는 세상 속에서 거룩성을 지켜야 되는 것으로 바뀌었습니다.

우리는 과연 어떻게 우리의 영적 거룩성을 지킬 수 있겠습니까? 구약에서처럼 이방인과 혼인도 하지 말고 동업도 하지 말고 심지어 식사도 한자리에서 함께하지 말아야 하는 것은 물론 아닙니다. 그러나 일상을 함께하면서 그들의 사상이나 문화나 영적 우상들을 배격하는 일은 쉬운 일은 아닙니다. 살아가는 방식과 생각하는 방식이 전혀 다르지만, 그리스도인다운 삶을 유지하면서도 그들에게 예수 그리스도의 모습을 보여주어야 합니다. 그들의 문화에 섞여서 복음적인 삶의 방식을 보여주지 못하고 세상 사람들과 동일하게 축복과 성공을 쫓아간다면 세상과는 전혀 구별되지 못하고 오히려 영적 싸움에서 실패하고 말 것입니다.

"너희 마음에 그리스도를 주로 삼아 거룩하게 하고 너희 속에 있는 소망에 관한 이유를 묻는 자에게는 대답할 것을 항상 준비하되 온유와 두려움으로 하고"(벧전 3:15)

적용하기 : 당신은 세상에서 일을 하거나 사업을 하면서 어떤 방식으로 세상과 구별되려고 노력합니까?

하나님의 마음

하나님은 우리에게 무엇이 가장 복된 것인지를 분명하게 알고 계십니다. 당신은 하나님 보시기에 가장 복된 길을 향하여 가고 있습니까?

오늘 받은 은혜

전체적으로 당신이 받은 은혜와 느낌을 기록해보십시오.

실천을 위한 도전 (기도하여 성령님의 인도하심을 받으십시오.)

교회가 일하는 방식은 세상과 달라야 합니다. 어떻게 달라야 하는 것인지 생각해보고 실천방안을 연구해보십시오.

본문 개론

　요셉이 고센을 선택한 것은 또 다른 의미에서 탁월한 선택이었는데, 애굽 본토인들과 경쟁의 대상이 되지 않고 이스라엘만의 공동체를 형성할 수 있었기 때문입니다. 그리하여 고센에 거주하며 생업을 얻어 생육하고 번성하였더라고 함으로써(27) 하나님의 언약 성취의 과정임을 밝혀주고 있는 것입니다. 한편 요셉이 세운 토지법과 과세법은 오늘날의 시각으로만 보면 비판의 여지가 크겠지만 본문에 나타난 애굽인들의 반응은 오히려 크게 고마워하는 것이었습니다. 대흉년에는 먹고 사는 문제가 자유보다 훨씬 큰 문제였으며, 요셉의 토지정책을 보면 농사지을 씨앗들을 먼저 제공했고, 애굽은 수확물이 풍성했으며, 20%의 세율은 당시 다른 나라의 그것에 비하여 대단히 낮았다고 합니다.

본문 구성

바로가 고센에 살도록 허락하다.　　　　　(1~6)

야곱이 바로를 만나다.　　　　　　　　　(7~12)

기근 때문에 바로가 토지를 소유하다.　　　(13~20)

요셉이 애굽의 토지법을 세우다. (21~26)

야곱이 가나안에 장사할 것을 요청하다. (27~31)

세상이 잘 되게 하는 것이 그리스도인들에게 도움이 될 수 있을까요? 요셉은 애굽의 바로와 백성들이 잘 되는 일에 최선을 다하는 모습을 보였습니다. 그것은 요셉이 총리로서 당연히 할 일을 한 것이었습니다. 그리스도인은 세상 속에서 자기가 맡은 일에 최선을 다함으로써 섬기는 사람들이 잘 되도록 할 책임이 있습니다. 요셉은 마치 자신이 바로의 입장에 선 것처럼 모든 것을 헌신하며 도왔습니다. 바로도 백성들도 서로가 다 잘되는 모습을 보여줍니다. 그리스도인이라고 해서 세상과 완전히 배타적이고 멸시하는 태도를 지니면 안 됩니다. 물론 그들과 모든 면에서 어울리고 동화되라는 말이 결코 아닙니다. 그럴 바에는 고립되는 것이 더 낫습니다. 야곱의 일족들은 결코 애굽에 동화되거나 어울리지 않았습니다. 다만 그 속에서 빛과 소금의 역할을 잘 감당해야 합니다.

❶ 야곱의 꿈은 언제 이루어지려나?

핵심구절 : "바로가 야곱에게 묻되 네 나이가 얼마냐 야곱이 바로에게 아뢰되 내 나그네 길의 세월이 백삼십 년이니이다 내 나이가 얼마 못 되니 우리 조상의 나그네 길의 연조에 미치지 못하나 험악한 세월을 보내었나이다 하고 야곱이 바로에게 축복하고 그 앞에서 나오니라 요셉이 바로의 명령대로 그의 아버지와 그의 형들에게 거주할 곳을 주되 애굽의 좋은 땅 라암셋을 그들에게 주어

소유로 삼게 하고 또 그의 아버지와 그의 형들과 그의 아버지의 온 집에 그 식구를 따라 먹을 것을 주어 봉양하였더라"(창 47:8~12)

하나님께서 약속하신 야곱의 비전은 끝내 이루어지지 않았습니다. 가나안 땅을 주시고 큰 민족을 이루게 하신다는 약속은 70명의 대가족 외에는 이루어진 것이 전혀 없었습니다. 하나님은 야곱이 애굽으로 내려올 때 브엘세바에서 같은 약속을 되풀이하셨습니다. 그 약속은 야곱이 하란으로 가다가 꿈에 사닥다리 위의 천사들을 보여주시면서 하신 것과 동일한 약속이었습니다(창 28:12~15). 지금 야곱의 나이가 130세인데 또다시 가뭄을 피해 애굽으로 내려간다면 그 꿈이 이루어질 가능성은 거의 사라지는 것입니다.

그런데 야곱은 147세 때 자기가 죽으면 아브라함과 이삭이 묻혀있는 선영에 묻어달라고 부탁합니다. 야곱은 여전히 그 꿈이 이루어진다는 믿음을 가지고 있는 것처럼 보입니다. 우리도 하나님은 반드시 이루신다는 믿음을 가져야 합니다. 하나님은 약속하신 것을 완전하게 성취하십니다. 반쪽짜리나 어설프게 이루어주지 않으십니다. 사람이 그렇게 만들 뿐입니다. 우리에게는 영생과 천국이라는 가장 큰 선물이 주어져 있습니다. 혹시 당신에게 주신 꿈이 전혀 이루어지지 않고 있습니까? 당신이 죽은 후에 그 꿈이 이루어지는 것을 어떻게 생각합니까? 그 꿈은 우리의 꿈임과 동시에 하나님의 꿈임을 기억해야 합니다. 지금 열매가 없을지라도 끝까지 기쁨으로 꿈을 이루어나가야 하는 이유입니다.

"너희에게 인내가 필요함은 너희가 하나님의 뜻을 행한 후에 약속하신 것을 받기 위함이라"(히 10:36)

적용하기 : 당신은 하나님께서 주신 약속을 따라 추구하고 있는 꿈이 있습니까? 크든 작든 그리스도인은 꿈을 가진 사람들입니다.

❷ 완벽한 보호자

핵심구절 : "요셉이 백성에게 이르되 오늘 내가 바로를 위하여 너희 몸과 너희 토지를 샀노라 여기 종자가 있으니 너희는 그 땅에 뿌리라 추수의 오분의 일을 바로에게 상납하고 오분의 사는 너희가 가져서 토지의 종자로도 삼고 너희의 양식으로도 삼고 너희 가족과 어린 아이의 양식으로도 삼으라 그들이 이르되 주께서 우리를 살리셨사오니 우리가 주께 은혜를 입고 바로의 종이 되겠나이다 요셉이 애굽 토지법을 세우매 그 오분의 일이 바로에게 상납되나 제사장의 토지는 바로의 소유가 되지 아니하여 오늘날까지 이르니라"(창 47:23~26)

요셉이 애굽에서 한 일들 중에는 선뜻 이해가 가지 않는 부분이 있습니다. 대흉년을 이용하여 애굽 왕 바로에게 국가의 모든 토지를 바치게 한 일은, 정의와 공평이라는 시각에서는 전혀 맞지 않는 것 같습니다. 즉, 국민 전체를 소작농으로 만드는 토지대개혁을 이루었다는 점입니다. 당장 흉년을 이겨내기 위해 추수의 오분의 일만 내면 먹고 살 걱정은 사라지므로 백성들이 요셉에게 고마움을 표했지만, 이렇게 되면 절대왕정이 더욱 강화되는 것이므로 그만큼 위험성도 있는 것입니다. 과연 요셉의 토지개혁이 하나님의 계획이었을까요? 이방나라의 상황에 대해 선악 간에 판단을 내리는 것은 별 의미가 없지만 이것을 요셉이 감당했다는 점에서 하나님과의 관련성을 찾을 수밖에 없을 것입니다.

야곱의 모든 식솔들이 애굽으로 내려왔지만 만약에 바로의 권력이 쇠퇴하거나 다른 권력이 등장한다면 이스라엘이 한 민족으로 성장하는 데 상당한 애로를 겪을 것이 분명합니다. 요셉이 그런 사실을 이해했건 아니면 그냥 상황을 잘 처리한 것이든 이것은 하나님의 계획 중의 하나라고 보는 것이 맞을 것입니다. 우리는 우리가 가지고 있는 상황만을 바라보지 말고 되도록 하나님의 전체적인 계획이라는 시각으로 생각하도록 노력해야 합니다. 요셉의 토지개혁으로 말미암은 바로의 왕권 강화는 이스라엘의 완벽한 보호자로서의 기능을 맡기기 위한 하나님의 섭리였습니다.

"여호와께서 그를 황무지에서, 짐승이 부르짖는 광야에서 만나시고 호위하시며 보호하시며 자기의 눈동자 같이 지키셨도다"(신 32:10)

적용하기 : 당신은 생각 이상으로 일이 잘 풀린 경험이 있습니까? 그것이 당신에게 주시는 복이라고 생각했습니까? 아니면 그 일을 통하여 주의 나라를 이루어 가시는 것으로 생각했습니까?

하나님의 마음

하나님은 우리보다 앞서도 가시고 함께도 가시고 뒤따라도 오십니다. 우리가 하나님의 계획 안에 거하기만 하면 필요한 모든 것을 공급해주십니다. 당신은 그 계획 안에 있습니까?

오늘 받은 은혜

전체적으로 당신이 받은 은혜와 느낌을 기록해보십시오.

실천을 위한 도전 (기도하여 성령님의 인도하심을 받으십시오.)

고난과 역경이 주어지는 것도, 모든 일이 잘 되고 성공하는 것도 하나님의 약속을 이루어주시는 방식입니다. 당신은 얼마나 하나님을 신뢰합니까? 신뢰하기 어려운 부분을 말해보십시오.

본문 개론

본장은 특별히 야곱의 열한 형제들과는 다른 정체성을 가졌을
수도 있는 요셉의 아들들의 상속권에 대한 내용입니다. 므낫세와
에브라임은 애굽의 고위관리인 총리의 아들로서 총리 요셉의 삶의
테두리 안에서 생활했을 것이고 그들이 받는 대우도 목동으로 천
대받는 다른 형제들과는 달랐을 것입니다. 더구나 야곱은 요셉의
아들들을 양자로 들이는 선언을 함으로써 다른 형제들과 달리 두
배의 축복을 내렸습니다. 이것은 후에 레위 지파가 하나님께 구별
되어 바쳐지는 상황을 염두에 둔 것 같은 조치였습니다. 그런데 왜
야곱이 동생 에브라임을 형인 므낫세보다 우위에 두었는지에 대해
서는 그 이유를 알 길이 없습니다. 다만 야곱의 축복이 예언자적인
관점에서 이루어졌고 실제로 후에 에브라임이 므낫세보다 더 큰
지도자의 위치에 있게 됨을 볼 때 하나님의 섭리라고 할 수 있을
것입니다.

야곱이 요셉의 두 아들을 양자로 삼다.　　　(1~7)

야곱이 므낫세와 에브라임을 축복하다.　　　(8~16)

형제의 순서를 바꾼 이유를 설명하다.　　　(17~20)

야곱이 요셉에게 특별한 유산을 남기다.　　　(21~22)

본문 적용

왜 특별히 요셉의 아들들, 곧 두 손자를 양자로 삼았는지에 대해서는 여러 가지 해석이 가능할 것입니다. 여전히 요셉에 대한 편애에 의한 것일 수도 있고, 야곱 자신이 동생으로 오히려 상속자가 된 것을 생각했을 수도 있으며, 앞으로 400여 년 동안 애굽에서 지내게 될 것을 생각할 때 애굽 국적을 가진 므낫세와 에브라임이 받을 것을 생각했을 수도 있습니다. 본장의 의도와는 무관할 수도 있지만 에브라임과 므낫세가 주인공이기 때문에 그들의 입장에서 생각해보아야 할 것입니다. 야곱이 말한 뜻은 에브라임과 므낫세가 애굽을 고향으로 생각하지 말고 애굽 사람들과 섞이지 말며 어디까지나 히브리인으로 역할과 기능을 해야 할 것을 주문하는 것이었습니다. 이렇게 해야 히브리인으로서의 정체성을 가지고 상속권을 받을 수가 있는 것입니다. 요셉의 두 아들이 앞으로 지켜나가야 할 모습을 우리의 모델로 생각할 필요가 있는 것입니다.

❶ 죽을 때 기억되는 것들

핵심구절 : "요셉에게 이르되 이전에 가나안 땅 루스에서 전능하신 하나님이 내게 나타나사 복을 주시며 내게 이르시되 내가 너로 생육하고 번성하게 하여 네게서 많은 백성이 나게 하고 내가 이 땅을 네 후손에게 주어 영원한 소유가 되게 하리라 하셨느니라 내가 애굽으로 와서 네게 이르기 전에 애굽에서 네가 낳은 두 아들 에브라임과 므낫세는 내 것이라 르우벤과 시므온처럼 내 것이 될 것이요 이들 후의 네 소생은 네 것이 될 것이며 그들의 유산은 그들의 형의 이름으로 함께 받으리라"(창 48:3~6)

하나님께서 약속하신 꿈들이 이루어지지 않은 채 숨을 거두어야 할 때 그것이 회한으로 남는가 약속 있는 비전으로 남는가는 굉장히 중요합니다. 반응에 따라 그 사람의 인생 전체가 정의되기 때문입니다. 우리가 모든 일을 완벽하고 온전하게 마무리할 수는 없습니다. 그리고 하나님의 일은 사람의 판단과는 전혀 다른 결론이 날 수도 있습니다. 사람이 볼 때는 실패한 것 같아도 하나님이 보시기에는 대성공일 수도 있고 또는 그 반대일 수도 있습니다. 예수님은 십자가 사형이라는 대실패를 하셨지만 하나님께는 대성공이었습니다. 아무튼 그렇기 때문에 그 일을 어떤 마음가짐으로 행하는지가 굉장히 중요한 것입니다. 하나님 안에서 최선을 다하면 그것이 100점입니다. 그런 마음이 될 때 우리는 안식을 누릴 수 있습니다.

야곱은 이제 기력이 쇠하여 죽음을 앞두고 있습니다. 처음으로 하나님을 만나서 약속을 받았던 일을 요셉에게 말하고 있습니다. 그리고 자신에게 주신 하나님의 약속이 자손들에게 이루어지기를 위해 축복하고 있습니다. 비록 실수와 실패와 아픔이 반복되는 인생을 살았지만 야곱에게 회한은 없는 것 같습니다. 스스로를 위로하라는 말이 아니라 그때그때 하나님을 지속적으로 만나면서 최선을 다했다는 뜻입니다. 자신이 추구하던 일이 이루어지지 않은 것에 대해 후회나 회한이 있다면 그것은 하나님과의 관계가 온전하지 않았다는 증거가 될 수 있습니다. 한 순간 한 순간을 주님께 하듯이 최선을 다하는 사람이 되어야 하겠습니다.

"기쁜 마음으로 섬기기를 주께 하듯 하고 사람들에게 하듯 하지 말라"
(엡 6:7)

적용하기 : 당신은 어려운 여건에서 교회 일을 감당할 때 어떤 마음가짐으로 행하고 있습니까? 후회 없는 섬김이 필요합니다.

❷ 요셉에게는 두 지파가

핵심구절 : "그의 아버지에게 이르되 아버지여 그리 마옵소서 이는 장자이니 오른손을 그의 머리에 얹으소서 하였으나 그의 아버지가 허락하지 아니하며 이르되 나도 안다 내 아들아 나도 안다 그도 한 족속이 되며 그도 크게 되려니와 그의 아우가 그보다 큰 자가 되고 그의 자손이 여러 민족을 이루리라 하고 그 날에 그들에게 축복하여 이르되 이스라엘이 너로 말미암아 축복하기를 하나님이 네게 에브라임 같고 므낫세 같게 하시리라 하며 에브라임을 므낫세보다 앞세웠더라"(창 48:18~20)

마치 리브가가 쌍둥이를 임신했을 때 하나님께서 주신 말씀과 일치하는 것 같습니다. "두 민족이 네 복중에서부터 나누이리라 이 족속이 저 족속보다 강하겠고 큰 자가 어린 자를 섬기리라"(25:23) 물론 에서와 야곱 자신은 다른 민족이 되었지만 에브라임과 므낫세는 이스라엘 족속 안의 다른 지파이므로 큰 차이가 있습니다. 에브라임과 므낫세는 다른 지파와는 여러 가지로 다른 점이 많습니다. 그들의 아버지 요셉을 비롯하여 열두 형제들은 참으로 다사다난했던 세월을 품고 있습니다. 형제들은 요셉에 대한 시기와 미움으로 말미암아 노예로 팔아먹고 요셉 자신은 20년 동안 애굽에서 노예생활과 옥살이 끝에 총리까지 되는 등 절말 극적인 인생을 체험했습니다. 그러다가 큰 흉년이 든 것을 계기로 요셉이 여러모로 시험한 끝에 다시 하나가 되었습니다. 그러나 에브라임과 므낫세에게는 이런 과정이 전혀 없었습니다. 그들의 인생에서도 이런 과정은 없을 것입니다. 그런데 야곱은 이렇게 두 배의 축복을 내리는 것입니다. 모든 것은 요셉의 엄청난 사명과 책임 때문에 주어지는 축복이었습니다. 요셉은 그럴 만했습니다.

우리는 가나안 땅에 도착한 사람들이 아닙니다. 마치 에브라임과 므낫세처럼 앞으로 약속의 땅으로 갈 때까지 애굽이라는 세상을 헤쳐 나가야 할 사람들입니다. 우리 역시 에브라임과 므낫세처럼 이방인들과 같은 사람들이었습니다. 그리스도인들에게도 주어진 삶에 따라서 상급이 달라집니다. 고난과 영광이 동시에 공존하는 요셉에게만 두 배의 축복이 주어진다고 해도 거의 누구도 이의를 제기하기 어려울 것입니다. 후에 이스라엘이 서로를 축복할 때에 사용하는 말로 '하나님이 에브라임 같고 므낫세 같게 하시리라'는 말이 표준적이 축복의 언어가 되었습니다. 물론 에브라임과 므낫세라고 표현하지만 그것은 요셉과 같은 축복이라는 의미로 받아들일 수 있습니다. 이 세상의 축복을 말하는 것이 아닙니다. 그것은 많을 수도 있고 적을 수도 있습니다. 클 수도 있고 작을 수도 있습니다. 우리는 저 영원한 세계에서의 복을 이야기합니다. 구약의 의미도 마찬가지입니다. 그들도 약속의 땅 가나안에서 하나님의 통치를 받고 살아갈 것을 소망하는 사람들이었습니다. 좀 더 성숙한 시각으로 하나님의 나라를 바라보면서 소망을 품고 가는 것이 가장 큰 복입니다.

"보라 내가 속히 오리니 내가 줄 상이 내게 있어 각 사람에게 그가 행한 대로 갚아 주리라"(계 22:12)

적용하기 : 당신은 어떤 마음을 품고 신앙생활을 하고 있습니까? 마치 요셉처럼, 에브라임과 므낫세처럼 먼 미래를 보고 살고 있습니까? 그렇지 못하다면 그 이유는 무엇입니까?

하나님의 마음

하나님은 하나님을 믿는 사람들에 대해 끝까지 책임을 지십니다. 다만 그 사람이 그것을 기억하고 있어야 합니다. 당신은 하나님이 주신 은혜에 얼마나 감사하면서 삽니까?

오늘 받은 은혜

전체적으로 당신이 받은 은혜와 느낌을 기록해보십시오.

실천을 위한 도전 (기도하여 성령님의 인도하심을 받으십시오.)

현재와 미래의 당신의 인생 전체를 생각하면서 하나님의 마음과 뜻을 헤아리고 있습니까? 모든 것이 불투명하다면 무엇부터 시작해야 할지 한 가지만 택하여 실행하십시오.

끓는 물, 폭력의 도구, 사자 새끼, 배 매는 해변, 건장한 나귀, 뱀과 독사, 추격하는 군대, 왕의 수라상, 놓인 암사슴, 무성한 가지, 물어뜯는 이리, 이것은 야곱이 열두 아들들에게 붙인 별명들입니다. 그리고 그들의 행동과 삶의 특징입니다. 이제 족장시대는 야곱에게서 막을 내리고 그의 아들들을 통한 선민 이스라엘의 역사가 새롭게 전개됩니다. 아들들에 대한 예언은 단순한 축복기도가 아니라 앞으로 전개될 이스라엘의 역사에서 아들들을 통하여 이루어질 일들을 미리 알려주신 것으로서 야곱의 축복을 따라 거의 다 이루어져 감을 볼 수 있습니다. 한편 이스라엘의 신앙은 오늘날과 같은 천국신앙은 아니지만 사후에 조상들의 나라 혹은 이 땅에서의 성취가 연결되는 신앙이었습니다. 죽음이 마지막이 아니고 또 다른 하나님의 세계가 있다는 믿음인 것입니다.

본문 구성

아들들에게 유언하기 위해 모이게 하다.　　　(1~2)
레아의 여섯 아들들에 대해 예언하다.　　　(3~15)

여종들의 네 아들들에 대해 예언하다.　　　　(16~21)

라헬의 두 아들들에 대해 예언하다.　　　　(22~28)

야곱이 유언을 남기고 죽다.　　　　(29~33)

본문 적용

　본장을 읽으면서 우리 자신은 어떤 사람에 해당될까를 생각하는 것은 의미가 있을 것입니다. 비록 형제들 각각의 성격과 기질이 다르고 때로는 악한 죄와 연결되기도 했지만, 그래서 다소 부정적인 의미의 상징을 통하여 그들의 내면을 적나라하게 밝힌 것은 조금은 불편하게 느껴질 수도 있겠지만, 야곱의 시대와 오늘날은 시대적인 상황이 전혀 다르다는 점을 먼저 생각하고 오늘날에는 어떤 모습으로 나타날까를 생각한다면 하나님은 열두 아들을 그 모습 그대로 사용하는 것을 알 수 있을 것입니다. 믿음 안에서 얼마든지 부정적인 모습들을 긍정적으로 만들 수 있고 또 성화되어 온전해져 간다는 것을 생각할 때 우리 자신을 여기에 대입해보는 것은 의미가 있을 것입니다. 열두 아들들은 전부 나름대로 역할을 잘 감당했습니다.

❶ 성격과 기질과 행위를 따라

핵심구절 : "르우벤아 너는 내 장자요 내 능력이요 내 기력의 시작이라 위풍이 월등하고 권능이 탁월하다마는 물의 끓음 같았은즉 너는 탁월하지 못하리니 네가 아버지의 침상에 올라 더럽혔음이로다 그가 내 침상에 올랐었도다 시므온과 레위는 형제요 그들의 칼은 폭력의 도구로다 … 유다야 너는 네 형제

의 찬송이 될지라 네 손이 네 원수의 목을 잡을 것이요 네 아버지의 아들들이 네 앞에 절하리로다 유다는 사자 새끼로다 내 아들아 너는 움킨 것을 찢고 올라갔도다 그가 엎드리고 웅크림이 수사자 같고 암사자 같으니 누가 그를 범할 수 있으랴 ⋯ 요셉은 무성한 가지 곧 샘 곁의 무성한 가지라 그 가지가 담을 넘었도다 ⋯ 베냐민은 물어뜯는 이리라 아침에는 빼앗은 것을 먹고 저녁에는 움킨 것을 나누리로다 이들은 이스라엘의 열두 지파라 이와 같이 그들의 아버지가 그들에게 말하고 그들에게 축복하였으니 곧 그들 각 사람의 분량대로 축복하였더라"(창 49:3~5, 8~9, 22, 27~28)

야곱이 자손들을 축복하는 모습을 보면 각 사람의 성격과 기질과 그 동안 행했던 일들이 중심인 것을 알 수 있습니다. 장점과 단점, 그리고 행위들을 정확하게 알고 거기에 맞는 복을 기원하는 것입니다. 비록 구약에서 아버지의 축복이 가지는 의미가 지대하지만, 야곱이 축복하는 것이 아주 완전하게 자손들에게 이루어지는 것은 아닐 수 있습니다. 하지만 우리는 여기에서 하나님께서 우리 그리스도인들을 어떻게 대하시는가에 대한 원리를 발견할 수 있습니다. 하나님은 성도들에게 어떻게 복을 주실까요?

우선은 우리의 성격인데 성격에 따라 다양한 삶의 방식을 볼 수 있고 거기에 따라 각 사람에게 맞는 일을 맡기십니다. 또 하나는 기질입니다. 야곱은 자녀들의 성격과 기질을 정확하게 알고 축복하는데, 기질은 어떤 일이나 사람을 대하는 독특한 대응방식입니다. 믿음도 기질에 따라 다르게 나타납니다. 그 다음에 살아온 행적을 따라 축복하고 있습니다. 성격과 기질보다는 어떻게 세상에 반응해 왔는가를 보면 축복의 방향도 대략 알 수 있습니다. 우리에게 모든 것이 주님의 은혜이지만 하늘에서 주어지는 복에 대해서는 삶의 궤적이 결정적인 역할을 합니다. 아무 이유 없이 복을 주시지도 않고 자기 삶과는 관계없이 화를 내리지도 않으십니다. 말 한마디, 행동 하나하나가 우리의 복을 결정합니다.

"자유롭게 하는 온전한 율법을 들여다보고 있는 자는 듣고 잊어버리는 자 가 아니요 실천하는 자니 이 사람은 그 행하는 일에 복을 받으리라"(약 1:25)

적용하기 : 그리스도인은 세상의 복을 많이 받기 위해서 사는 사람들이 아닙니다. 그것은 하나님의 일을 위한 수단일 뿐입니다. 당신은 복을 목적으로 여깁니까, 수단으로 여깁니까?

❷ 의식을 바꾸라!

핵심구절 : "그가 그들에게 명하여 이르되 내가 내 조상들에게로 돌아가리니 나를 헷 사람 에브론의 밭에 있는 굴에 우리 선조와 함께 장사하라 이 굴은 가나안 땅 마므레 앞 막벨라 밭에 있는 것이라 아브라함이 헷 사람 에브론에게서 밭과 함께 사서 그의 매장지를 삼았으므로 아브라함과 그의 아내 사라가 거기 장사되었고 이삭과 그의 아내 리브가도 거기 장사되었으며 나도 레아를 그 곳에 장사하였노라"(창 49:29~31)

죽음 직전에 의식이 희미한 상태에서도 야곱은 벧엘 언약과 조상 아브라함에게 주신 언약들을 정확하게 기억하고 있었습니다. 물론 그것은 상황에 따라 점진적으로 구체화되어가고 있었습니다만, 전체적으로는 같은 내용입니다. 아브라함에게 주신 언약은 후손들 각자에게도 구체화된 언약으로 전해졌고, 그것은 언제 어떤 상황에서도 그들의 의식 속에 강렬하게 남아있어서 언젠가는 틀림없이 이루어질 것을 믿고 있었습니다. 무의식 속에서도 그렇습니다. 그것은 거의 유전자처럼 아브라함의 후손들의 마음속에 새겨져서 모든 인생 자체가 그 언약을 중심으로 흘러갔던 것입니다. 애굽에 종으로 팔려가서 20년 동안 가족들의 생사조차도 모르는 상황에서도 요셉은 자신이 언약백성임을 결코 잊지 않았습니다. 후에 이스라엘에 율법이 주어지고 그것을 반복함으로써 민족의 정체성을 유지하기 이전부터 그랬습니다. 의식이 행동을 결정합니다.

야곱은 초기에 부족함이 많았던 사람입니다. 그는 그 실체와 본질을 잘 알지 못하는 상황에서도 할아버지 아브라함에게 주신 하나님의 언약을 받기를 원했습니다. 에서는 그런 것에 별 관심이 없었고요. 아무튼 서서히 언약의 본질을 깨달아가면서 야곱은 그것이 이루어지고 있음을 다각도로 의식하고 있었습니다. 얍복강가에서 천사와 씨름한 이후로 시각이 많이 열렸습니다. 많은 문제를 겪으면서도 하나님께서 자신을 통하여 언약을 이루어주실 것을 믿었습니다. 그 믿음을 의식 속에 깊이 새긴 결과 그에게서 아들들에 대한 예언이 터져 나왔던 것입니다. 잠시도 잊지 않았던 하나님의 언약은 그렇게 서서히 이루어져가고 있었고 우리 그리스도인들도 그리스도인으로서의 의식수준을 예수님의 마음의 수준으로 높여서 하나님께서 우리를 통하여 계획하신 모든 것을 믿을 수 있어야 합니다. 그래야 세상이 뒤집어지더라도 변치 않는 굳은 믿음을 소유할 것입니다. 그리스도의 의식을 소유하기 바랍니다.

"우리가 다 하나님의 아들을 믿는 것과 아는 일에 하나가 되어 온전한 사람을 이루어 그리스도의 장성한 분량이 충만한 데까지 이르리니"(엡 4:13)

적용하기 : 예수님의 마음을 100이라고 한다면 당신의 의식은 몇 점이나 되겠습니까? 당신의 믿음은 왜 더 이상 자라지 않는 것일까요? 그 이유를 이야기해 보십시오.

하나님의 마음

야곱의 예언은 각각의 아들들을 위한 하나님의 마음입니다. 있는 그대로의 모습을 인정하시고 약속의 땅으로 인도해가십니다. 당신은 그 길에 서 있습니까?

오늘 받은 은혜

전체적으로 당신이 받은 은혜와 느낌을 기록해보십시오.

실천을 위한 도전 (기도하여 성령님의 인도하심을 받으십시오.)

구약과 같은 의미는 아니지만 우리는 영적 가계를 이어서 하나님의 약속을 성취해야 합니다. 당신은 특히 가족들의 영적 가계를 얼마나 세워갑니까? 그것이 없다면 지금부터 세우시기 바랍니다.

본문 개론

창세기는 빛과 생명으로부터 시작하여 어둠과 죽음으로 끝나는데, 이것은 죄의 결과로 나타날 수밖에 없는 슬픈 변화입니다. 그러나 하나님은 인간의 죽음을 죽음으로 끝나게 하지 않으시고 또다른 새로운 생명과 민족의 근원으로 삼으십니다. 야곱의 죽음은 열두 아들로 인하여 이스라엘 민족을 탄생시키는 계기가 되었고, 요셉의 죽음은 출애굽 사건의 태동을 이야기하는 것이었습니다. 그리하여 두 사람의 죽음의 기록은 이스라엘 역사에서 새로운 구원의 소망을 가져다주었던 것입니다. 야곱의 장례는 거의 바로의 장례식 수준으로 성대하게 치러졌습니다. 그리고 아버지라는 울타리가 사라졌을 때 요셉의 형들이 느낀 불안은 욥의 진심을 다한 위로와 모든 것이 하나님의 섭리였음을 믿는 고백으로 해소가 되었습니다. 알지 못하는 사이에 가로막고 있던 도단에서의 범죄는 사라지고 아버지 없이도 하나가 되는 역사가 일어나게 했습니다.

야곱의 시신을 70일 동안 방부처리하다.　　　(1~3)

야곱을 막벨라 굴에 장사지내다.　　　　　(4~14)

요셉이 형들을 위로하고 안심시키다.　　　(15~21)

요셉이 죽다.　　　　　　　　　　　　(22~26)

　성경을 보면 사람의 전체 인생을 조명하는 모습을 볼 수 있습니다. 특히 한 인물의 죽음에 관한 묘사에서는 그의 인생 전체를 생각나게 하기에 충분할 것입니다. 우리가 순간순간 선택하고 결정해야 하는데 그런 모든 과정이 합쳐져서 인생의 굴곡이 될 것입니다. 중요한 것은 좀 더 멀리 보자는 것입니다. 영적으로는 저 영원한 천국까지 생각하면서 살아야 하지만, 그렇지는 못하더라도 우리가 죽는 날의 모습까지 넓게 바라보면서 모든 일을 행해나간다면 우리의 목숨은 우리 자신뿐 아니라 하나님의 섭리에서도 중요한 자리를 차지하게 될 것입니다. 멀리 넓게 신앙생활을 해야 하겠습니다.

❶ 요셉이 아니었다면

핵심구절 : "그 수종 드는 역원에게 명하여 아버지의 몸을 향으로 처리하게 하매 의원이 이스라엘에게 그대로 하되 사십 일이 걸렸으니 향으로 처리하는 데는 이 날수가 걸림이며 애굽 사람들은 칠십 일 동안 그를 위하여 곡하였더라

… 요셉이 자기 아버지를 장사하러 올라가니 바로의 모든 신하와 바로 궁의 원로들과 애굽 땅의 모든 원로와 요셉의 온 집과 그의 형제들과 그의 아버지의 집이 그와 함께 올라가고 그들의 어린아이들과 양 떼와 소 떼만 고센 땅에 남겼으며 병거와 기병이 요셉을 따라 올라가니 그 떼가 심히 컸더라"(창 50:2~3, 7~9)

아무리 한 인물이 위대한들 애굽에서의 요셉과 같은 대접을 받는 사람이 다시 날 수 있을까요? 바로는 요셉의 친족들 모두를 애굽의 고센 땅으로 초대하였습니다. 그들에게 목축지와 먹을 것과 관직도 주었습니다. 그렇게 최고의 예우를 했는데 마치 왕과도 같은 대우를 했습니다. 바로가 요셉을 어떻게 생각했는지는 야곱이 죽고 나서 더욱 분명해졌습니다. 시신에 향 재료를 넣는 데 40일을 꼬박 채웠고 백성들은 70일 동안 곡하였습니다. 야곱을 장사하러 가나안 땅으로 올라갈 때에는 애굽의 모든 신하와 모든 장로들이 함께 올라갔고, 병거와 기병들까지 함께 올라갔습니다. 아닷 마당에 가서는 칠 일 동안 호곡하게 했습니다. 실로 대단한 지위에 있었던 요셉입니다.

요셉의 일생을 보면 성품이나 능력도 굉장해서 능히 애굽 총리의 일을 훌륭하게 수행할 수 있는 사람이었습니다. 하지만 우리 그리스도인들이 간과해서는 안 될 부분은 모든 과정을 하나님께서 이끌어 가셨다는 사실입니다. 요셉이 보디발의 집에 있을 때 모든 일이 형통하고 주인의 집이 계속 잘되는 모습을 보았습니다. 거기까지는 그렇다고 하고, 옥에 갇혀서도 하나님께서 함께 하시고, 그리고 술 맡은 관원장을 보내셔서 나중에 바로에게 발탁되게 하십니다. 그 후의 모든 과정은 전부 하나님께서 이끌어 가셨다는 사실을 알아야 합니다. 그런 사실을 인정한다면 그 사람은 교만하거나 자랑하거나 자기를 내세우지 못할 것입니다.

"그러나 너욱 큰 은혜를 주시나니 그리므로 일렀으되 하나님이 교만한 자를 물리치시고 겸손한 자에게 은혜를 주신다 하였느니라"(약 4:6)

적용하기 : 당신은 무엇인가 이루었을 때 그것을 누구의 공적이라고 생각합니까? 모든 것을 하나님의 은혜로 돌리고 겸손할 수 있는 사람이 진정한 믿음의 소유자입니다.

❷ 끝까지 화평하라!

핵심구절 : "너희는 이같이 요셉에게 이르라 네 형들이 네게 악을 행하였을지라도 이제 바라건대 그들의 허물과 죄를 용서하라 하셨나니 당신 아버지의 하나님의 종들인 우리 죄를 이제 용서하소서 하매 요셉이 그들이 그에게 하는 말을 들을 때에 울었더라 그의 형들이 또 친히 와서 요셉의 앞에 엎드려 이르되 우리는 당신의 종들이니이다 요셉이 그들에게 이르되 두려워하지 마소서 내가 하나님을 대신하리이까 당신들은 나를 해하려 하였으나 하나님은 그것을 선으로 바꾸사 오늘과 같이 많은 백성의 생명을 구원하게 하시려 하셨나니 당신들은 두려워하지 마소서 내가 당신들과 당신들의 자녀를 기르리이다 하고 그들을 간곡한 말로 위로하였더라"(창 50:17~21)

하나님은 믿음 안에 있는 사람들이 나누이거나 다투는 것을 아주 싫어하시며, 마음을 활짝 열고 서로가 화평을 누리는 것을 크게 기뻐하십니다. 그래서 야곱은 요셉의 두 아들에게도 동등한 지위를 부여하기를 원했고, 요셉도 아버지가 죽은 후에 형들이 요셉을 두려워할 때 그 모든 의혹을 해소함으로써 한 민족으로서 찌꺼기가 사라지도록 했던 것입니다. 형들은 아버지가 죽은 후에야 자신들의 죄에 대해 용서를 구했습니다. 요셉은 이미 용서하고 마음의 찌꺼기도 없는 상황이기 때문에 그 동안 걸림돌처럼 품고 있었던 두려움에 대해 안타까운 마음으로 눈물을 보였던 것입니다.

그리스도인은 예수 그리스도의 피로 말미암아 새롭게 태어난 사람들입니다. 예수님을 믿는 사람이라면 모두가 한 핏줄이고 한 형제라는 사실을 자각하고 있어야 합니다. 주님은 그것을 원하고 계십니다. 예수님께서 십자가에서 고통스럽게 돌아가신 것은 하나님과 사람을 화평하게 하시기 위함이었습니다. 동시에 사람과 사람 사이의 화평을 위한 것이기도 했습니다. 다른 사람을 용서하지 못하는 것은 예수님의 용서도 인정하지 않는 것입니다. 그리스도인은 구원을 훼방하는 것이 아니라면 사람을 용서하고 화평하게 하는 사람들입니다. 창세기의 결론은 화평과 서로 하나가 되는 것이었습니다.

"모든 것이 하나님께로서 났으며 그가 그리스도로 말미암아 우리를 자기와 화목하게 하시고 또 우리에게 화목하게 하는 직분을 주셨으니"(고후 5:18)

적용하기 : 당신의 생활 속에서 사람들끼리 불화했던 경험이 있습니까? 그 때 어떻게 화해할 수 있도록 애를 썼습니까?

하나님의 마음

성자 예수님을 보내심으로써 사람과 화목하게 되신 하나님께서 오늘 당신에게
무엇을 원하시겠습니까?

오늘 받은 은혜

전체적으로 당신이 받은 은혜와 느낌을 기록해보십시오.

실천을 위한 도전 (기도하여 성령님의 인도하심을 받으십시오.)

미래를 준비하는 요셉의 가족들을 보면서 당신이 오늘 사람들을 하나님과 화
목하게 할 수 있는 한 가지 실천사항을 발견하고 행해보십시오.

도서목록표

제 목	면수	정가	제 목	면수	정가
■ 복음소책자			**■ 하나님과의 관계회복**		
1.당신을향한예수님의사랑	252	12,000원	1.그리스도인의 개혁:출발점	504	22,000원
2.기독교에 대해 궁금해요	276	13,000원	2.그리스도인의 회복:정체성	404	20,000원
3.교회는 왜? 성경은 왜?	256	10,000원	3.그리스도인의성화:두번째만남	376	18,000원
4. 통째로 예수님 읽기	272	10,000원	4.그리스도인의 개혁 워크북	164	8,000원
5. 천국과 지옥 보고서	205	8,000원	5.그리스도인의 회복 워크북	128	6,000원
6. 믿음 이야기	256	10,000원	6.그리스도인의 성화 워크북	136	7,000원
7. 예수님의 행복수업(팔복)	208	9,000원	**■ 이웃과의 관계회복**		
■ 핵심복음제자훈련			1. 보이는 복음, 이웃사랑	504	22,000원
1. 구원의 핵심	104	6,000원	2. 복음의통로, 비움과나눔	486	22,000원
2. 믿음의 핵심	113	6,000원	3. 넘치는복음, 낮춤과섬김	484	22,000원
3. 확신의 핵심	108	6,000원	4. 이웃사랑 워크북	152	8,000원
4. 복음의 핵심	116	6,000원	5. 비움과 나눔 워크북	136	7,000원
5. 소망의 핵심	120	6,000원	6. 낮춤과 섬김 워크북	136	7,000원
6. 말씀의 핵심	108	6,000원	**■ 하나님과의관계 묵상**		
■ 나만의 성경 시리즈			1.당신을깨우는한마디1출발점	254	12,000원
1. 나만의 마태복음	168	6,000원	2.당신을깨우는한마디2정체성	244	12,000원
2. 나만의 마가복음	168	6,000원	3.당신을깨우는한마디 3 성화	240	12,000원
3. 누가복음 새 큐티	240	12,000원	**■ 이웃과의 관계 묵상**		
4. 요한복음 새 큐티	240	12,000원	1.하나님마음에쏙드는이웃사랑	200	11,000원
■ 단행본			2.이웃의문을활짝여는나눔의삶	210	11,000원
만약에(성경 속 들락날락)	208	11,000원	**■ 예수님동행훈련**		
작은 교회에 길을 묻다	408	22,000원	1. 예수님과 노숙하기	184	9,000원
단에서 브엘세바까지	344	17,000원	2. 십자가 지고 골고다로	248	12,000원
천만 번의 발걸음/이성용	348	19,000원	3. 예수님따라 복음서 속으로	186	9,000원
오직 변화를 위하여	276	14,000원	4. 한달월급 아낌없이 나누기	240	12,000원
완전하게 하려 함이라	336	17,000원	내가 세례 요한이다	246	12,000원

도서출판 개혁과회복